西方哲学研究丛书

往昔被忽视的力量：

以赛亚·伯林的自由民族主义思想研究

张 圆 著

中国社会科学出版社

图书在版编目（CIP）数据

往昔被忽视的力量：以赛亚·伯林的自由民族主义思想研究／
张圆著．—北京：中国社会科学出版社，2016.6
ISBN 978-7-5161-8210-9

Ⅰ.①往…　Ⅱ.①张…　Ⅲ.①伯林，I.（1909－1997）—
民族主义—思想评论　Ⅳ.①D095.61

中国版本图书馆 CIP 数据核字（2016）第 109517 号

出 版 人	赵剑英	
责任编辑	冯春凤	
责任校对	张爱华	
责任印制	张雪娇	

出　　版	中国社会科学出版社	
社　　址	北京鼓楼西大街甲 158 号	
邮　　编	100720	
网　　址	http://www.csspw.cn	
发 行 部	010－84083685	
门 市 部	010－84029450	
经　　销	新华书店及其他书店	

印　　刷	北京君升印刷有限公司	
装　　订	廊坊市广阳区广增装订厂	
版　　次	2016 年 6 月第 1 版	
印　　次	2016 年 6 月第 1 次印刷	

开　　本	710×1000　1/16	
印　　张	18.5	
插　　页	2	
字　　数	302 千字	
定　　价	68.00 元	

凡购买中国社会科学出版社图书，如有质量问题请与本社营销中心联系调换
电话：010－84083683

序　言

这是一部全面而系统地阐释伯林的民族主义思想的著作，为研究伯林的自由多元主义和自由民族主义理论提供了新的视角。

以赛亚·伯林是 20 世纪当之无愧的自由主义思想大师，他的"两种自由概念"改变了自由主义的一元论走向，阐述了自由多元主义的新思想，对其后的自由主义政治哲学产生了深远的影响。面对多元文化的事实，自由主义者不得不再度反思过去那些被当作根本价值观和理论前提的东西，重新寻找塑造人类生活的合法的、理性的基石；同时，也重新审视一度被忽视的维系社会或社群的纽带——共同的习惯、地域的语言、传统的宗教、伦理、归属感和荣誉感等。在这个问题上，伯林显然具有高度的前瞻性。作为一名活跃的政治理论家、英国的犹太人，伯林始终强调个人的民族认同感与归属感对个人自由的重要作用。

在伯林看来，无论是出于对人的尊重的需要，还是对自由的讨论，都无法回避个人和群体对地位和承认的渴望。这种渴望既不是"消极自由"，也不是"积极自由"，却与两种自由都密切相关，也同样是"人类深刻的需要和充满激情地为之奋斗的东西。它是某种与自由相近但本身却非自由的东西"。伯林认为，能够提供承认与认同的别无他物，只有民族身份的认同感与归属感。

在《两种自由概念》一文中，伯林曾提出，民族归属感不是一种迟滞人类理性发展的力量；恰好相反，它是人类自我认识、自我认同的重要因素。抹杀了个体的在境性本质，忽视了情感、忠诚、社会联系等个人身份的构建因素，人就只能被抽象为原子式的、异化的狭隘自我。人的自由和幸福感不仅出自拥有个体自主权利和自由，即享有"消极自由"；当然，人们更不需要立法者为其设计的某种"最佳"的地位分配。人们所需要的地位和承认依赖于他们所处的社群、政治机构、文化生活体现出的独特价值观和生活方式。或许，正是这种民族身份获得承认的需要，使得许多族群成员宁可放弃提供他们"消极自由"的自由民主的外部管理者，反而愿意屈服于威权制度的统治之下，只因为统治者是自己的民族成员。对地位和身份的承认，直接影响着人们对与"积极自由"相关的很多问题的回答，如"该让谁来做我的代表？""我们应该听从谁的指令，过怎样的生活？"；同时，它也影响着人们对"消极自由"的界定，在怎样的群体或文化中生活，才不会让人们感到自己最低限度的"消极自由"受到侵犯。

有关民族归属感与自由的关系的论断，给伯林自己，也给20世纪乃至21世纪的自由主义学者提出了一个新的话题：我们可以在何种程度上满足人们的民族情感和民族主义需要？如何处理无差别的个人自由权利与差异化的民族主义诉求之间的矛盾？伯林自己的回答是模糊的，其中既有他相对保守的对民族主义的认知，又掺杂了大量犹太复国主义的实践主张，以至于我们在阅读时常常发现，伯林对民族主义的论述似乎杂乱无章，甚至有点自相矛盾。

与他的《两种自由概念》不同，伯林的民族主义观少有长篇大论，多散见于他的访谈、对话、广播录音、观念史研究等资料当中，表现在他的犹太复国主义政治活动中。唯有在"民族主义：往昔被忽视的与今日的威力"一文中，伯林着力论述了他对民族主义的看法。他一针见血地指出：民族主义不仅被19世纪那些著名的政治预言家们所忽视，也被当代的政治家、思想家们无视；然而，"强烈的民族主义感情支配了大多数主权国家在联合国会议的行为，这种情况比国际联盟时代尤甚。"被视为"欧洲的一段小插曲"的民族主义不但没有逐渐衰亡，而是在很大程度上左右着一个民族、一个多民族国家乃至世界的未来走向，且这种影响力在可预见的未来没有消退的迹象。在现实中，伯林积极主张以色列建国，倡导建立犹太人自己的家园，给世界犹太人一个精神的寄居地和实质的民族国家，但他始终反对将文化的、政治的民族主义引向进攻性的民族主义，反对以战争、暴力和极权的方式来实现民族主义诉求。

今天，民族主义仍然是世界政治、经济和社会发展中一个十分重要而敏感的话题。巴以冲突的枪炮声依然不曾断绝，民族沙文主义、民族极权主义、民族分离主义等民族主义依然以各种变形存在于世界的各个角落。我们重读伯林的上述宏文，仍然不得不叹服他敏锐的观察力和洞见。的确，从 20 世纪到如今，民族主义在世界政治舞台上日益呈现出更为多元化、复杂化和交叉性的态势，渗透到人类政治生活的每个角度。可以说，这股"往昔被忽视的"力量似乎可以与各种思潮结合起来，并借助其他思潮的力量越来越展现出"今日的威力"，这也正是我们今天再度关注伯林民族主义思想的原因所在。

张圆的这部新作，从自由主义与民族主义的历史关系入手，分析了 18、19 世纪以来自由主义与民族主义从相伴相生到相互冲突的演变原因，勾勒了伯林民族主义思想的历史背景，并详述了伯林自由多元主义思想及其对伯林民族主义思想的影响；继而剖析了伯林民族主义思想的来源、伯林对民族主义的定义，以及伯林民族主义思想中最重要的关于"两种民族主义概念"的区分；详细阐述了伯林以降的自由主义的民族主义理论，诠释了伯林的自由民族主义思想对 20 世纪、21 世纪自由主义的民族主义理论的影响。最后，作者还介绍了自由主义的民族主义在当代的实践，简要概述了当今世界各国都面对的主要民族问题、民族主义的诉求（如民族文化自决权、特殊代表权、民族自治权利、民族分离主义等），以及自由主义的民族主义的应对措施。

值得一提的是，本书遵循了伯林一贯喜好的从观念史的角度进行研究的进路，呈现给读者的不仅有伯林的自由民族主义思想，还有他的犹太复国主义政治主张，也介绍了伯林自身的民族情感和归属感的需求对其学术思想的影响。从本书的论述，我们不仅可以系统而全面地了解伯林的民族主义思想，还获得理解自由主义与民族主义之间的关系、理解自由民族主义思想的新视角。

因此，我十分乐意向读者推荐这本《往昔被忽视的力量——以赛亚·伯林自由民族主义思想研究》，希望能够从中分享对政治哲学相关问题的思考。

顾　肃
2016 年 1 月于南京

目　录

导　论

在过去的近两个世纪，西方国家在政治走向和权力基础方面发生了一个显著变化，那就是"民族主义"的兴起。在这一时期，以民族为基础的国家形式逐步取代了之前存在过的其他国家形式，如城邦、帝国、神权国、殖民地等，这种国家民族化的趋势在很大程度上影响着现代文明的政治、经济、文化等各个方面。

一方面，国家民族化催生的民族认同感消除了同一社会中由于社会阶级、阶层差别产生的社会成员差异和不平等，促成社会成员产生共同的自尊心和自豪感，增强了社会凝聚力，这正是现代西方社会民主化和自由化进程中必不可少的力量，国家的民族化走向使得 20 世纪成为"民族主义的时代"，也正是在这一时期，自由民主国家成为西方社会主流的国家形式。但是，从另一个角度看，民族问题在自由民主国家内部也引发了新的社会问题。如，在多民族国家内部，由于少数民族的领地要求、语言和教育的表达、习俗和宗教信仰差异和不同诉求等差异和矛盾，引发了形形色色的社会问题，如何处理少数民族与多数民族间的关系也日益成为影响政府制定和修改民族政策的重要因素，如美国、加拿大的原住民问题、加拿大的魁北克分离主义、西班牙巴斯克运动、南非族群运动，等等；民族主义问题的加深和激化也不断产生出不利于社会稳定与繁荣的因素。

另一方面，对民族权利的诉求也导致了 20 世纪绝大多数战争和内战，民族主义成为两次世界大战及二战后大部分战争的根源——民族主义不仅为民族间或国家间将矛盾诉诸武力提供了一系列依据，还为战争的爆发营造了必要的环境。回顾人类近代史，在 20 世纪，第一次民族主义浪潮发端于巴尔干半岛，帝国主义国家利用半岛的民族矛盾瓜分利益，诱发了第一次世界大战；第二次民族主义浪潮主要是一战结束到二战结束这一时期，亚非拉国家人民借民族运动之机，摆脱了殖民地的境遇，赢得了民族国家的独立；第三次民族主义浪潮是二战结束后（特别是冷战后期）在苏联、东欧社会主义阵营掀起的民族主义运动，其影响一直延续至今。到了 20 世纪后半叶，无论是苏联和东欧社会主义国家，还是西方资本主义阵营的国家和地区，乃至非洲、南美洲等国家和地区，无论国家意识形态如何、经济和社会文化发展程度高低，都不得不直面民族主义的挑战。由民族矛盾引发的冲突甚至战争不断上演，直至今日并无消停迹象：北爱尔兰冲突、巴以冲突、印巴冲突、前南斯拉夫冲突、两伊战争、南非种族斗争、车臣战争、土耳其库尔德工人党运动、斯里兰卡泰米尔独立运动、德国"新法西斯主义"的回潮，在卢旺达甚至发生了骇人听闻的种族大屠杀，这些冲突、战争、屠杀无不是民族主义的恶果，给当地各族人民带来了深重灾难。可以看出，20 世纪的三次民族主义浪潮总体上呈现出范围越来越广、矛盾越来越深、诉求越来越具体的趋势。

2014 年伊始，民族主义运动及与民族主义相关的一系列国际事件就频频出现在公众视野中。3 月，乌克兰联邦的克里米亚自治共和国议会宣布脱离乌克兰独立。3 月 16 日，克里米亚举行全民公投，以将近 97% 的赞成票决定脱离乌克兰加入俄罗斯联邦。一时间，乌克兰这个东欧国家成为世界大国关注的焦点，北约国家和俄罗斯都对此表示强烈关注。公投后，美国和欧盟相继发表声明，称公投违背乌克兰宪法和国际法，不会承认其结果的合法性，并支持乌克兰对克里米亚地区实施经济封锁。一年多以来，乌克兰地区冲突愈演愈烈，一次看似"任性"的公投升级为"冷战结束以来最激烈东西方冲突"，美国、欧盟与俄罗斯之间的对立和抗衡已经远远超过了一次民族独立运动的本意，也让乌克兰国内的政治动荡最终演变成为全球性政治危机。

2014 年 4 月 7 日，非洲国家卢旺达举行了一系列纪念活动，纪念和反思 1994 年部族大屠杀惨案① 20 周年。4 月 8 日，西班牙众议院就加泰罗尼亚独立问题进行投票表决，以 299 票反对、47 票赞成、1 票弃权的结

---

① 1994 年 4 月 6 日至 6 月中旬，卢旺达胡图族对图西族及胡图族温和派进行了有组织的种族灭绝大屠杀，共造成 80 万—100 万人死亡，死亡人数占当时卢旺达全国总人口 1/9 以上。大屠杀甚至得到了卢旺达政府、军队、官员和大量当地媒体的支持。

果否决了为加泰罗尼亚独立举行全民公投的草案。

还是 2014 年，面对即将开始的苏格兰独立全民公投，为了挽留住苏格兰，并争取尚处于摇摆不定状态的 1/3 苏格兰人，英国首相卡梅伦在 2 月 7 日发表讲话，呼吁全国人民为留住苏格兰努力，并告诫全英国的人，如果苏格兰分离出去，将会影响英国在国际上的地位并影响每一个英国人。虽然公投尚未开始，但英国政府表示，无论结局怎样，都会尊重公投的结果。苏格兰政府于 9 月 18 日就苏格兰是否应该从大不列颠及北爱尔兰联合王国中独立出来举行全民公投①。9 月 19 日，苏格兰独立公投计票结果公布，共计 1877252 名选民投了反对票，占投票总人数 55%。根据投票结果，英国继续得以保持统一。然而，这并不意味着苏格兰独立运动的终结，公投结束后，苏格兰获得了伦敦给予的更大自主权。与此同时，这次公投还带来了后续的一些影响，如英国的"核心城市"（Core Cities UK）② 也要求获得更大的自主权。

还是 2014 年，在东南亚地区，缅甸政府与各类反抗势力的武装冲突也有明显的上扬趋势。缅甸是历史上的多民族国家，拥有 135 个民族。占人口总数 65% 的缅族与其他较大的少数民族，如克伦族、掸族、克钦族、钦族等少数民族长期共存，但缺乏统一的民族国家认同，各少数民族大多保有自己的武装力量。为了各自的民族利益，少数民族武装与政府军之间长期发生着大大小小的武装冲突。与缅甸的政治民主化进程的推进同时，少数民族地方武装的诉求也在不断增加，尽管多方寻求和平解决这些矛盾的方案，但缅甸政府和少数民族群体始终没有找到一个可以相互容纳的共同点，达成实质性的谅解与共识。

通过以上为数不多的案例，我们不难看出，民族和民族主义这一话题，持续影响着两次世界大战前后的世界格局和国际政治生活，任何国家、地区，任何民族都无法不直面民族主义带来的问题。正如以赛亚·伯林（Isaiah Berlin，1909—1997）所说："在当今世界上，它是最强大的运

---

①　"Scotland to hold independence poll in 2014 - Salmond"．BBC．2012 年 1 月 10 日。

②　英国的"核心城市"是指除伦敦以外的十个地区性大都市的联盟，包括伯明翰、布里斯托、利兹、谢菲尔德、利物浦、曼彻斯特、纽卡斯尔、诺丁汉，以及新近加入的卡迪夫和格拉斯哥。

动之一，在某些地区甚至是唯一最强大的运动。"① 绝大多数主权国家的许多行动都受到民族主义情绪的驱使。1945 年至今，民族主义不但没有如许多世界主义者所愿迅速衰落，反而呈现出相较二战之前更丰富的形态和更复杂的发展趋势，让人目不暇接。本书将主要讨论著名自由主义者以赛亚·伯林的民族主义思想，对其自由主义的民族主义思想作详细分析，并展望自由民族主义思想在当今世界处理民族和民族主义问题上的积极作用。

一　20 世纪以来西方学界的民族主义思想研究

一直以来，经典自由主义也好，马克思主义也好，甚至更为激进的共产主义，都认为民族主义不过是人类不成熟阶段的产物，是理性主义暂时受挫的后遗症，认为民族主义及其问题会随着人类的进步最终消亡，民族主义只是一个暂时性的假问题。的确，现代意义上的民族主义并不是伴随人类文明产生的，而是近 400 年② （伯林认为，现代民族主义缘起于 16 世纪法国对德国及德语地区人民的压迫和受压迫地区德意志民族的反抗。）才出现的。不过，到目前为止，没有任何征兆显示民族主义会随着时间的推移而迅速消亡，相反，民族主义与当前世界形势联系越发密切。尽管民族主义已经在世界政治舞台扮演着重要角色，但学界对民族主义的重视却是近三四十年的事。按照伯林的说法，学者们预见到了资本主义、军事工业化、共产主义、法西斯主义，但谁也没能预见到民族主义会影响 20 世纪的整个后半叶，也没有谁料到民族主义会成为冲击自由民主社会稳定与繁荣的巨大潮流。如何化解民族矛盾、解决民族冲突、促进世界和平与繁荣等课题已经使民族主义成为摆在政治哲学研究者面前的一个热切话题。

然而，我们能够找到的 20 世纪之前关于民族主义的文献非常有限，毕竟在当时，民族和民族主义都未能引起学者们的足够重视，且通常意义上我们讨论的近现代民族主义也还刚诞生不久。要追溯民族和民族主义研

---

① ［英］以赛亚·伯林：《反潮流：观念史论文集》，冯克利译，译林出版社 2002 年版，第402 页。

② 注：民族研究的现代主义观点多认为现代意义上的民族主义是在 18 世纪，随着欧洲社会的部落主义消沉而兴起的，表现为爱国心和民族意识的混合体。

究的历史，我们可以查阅安东尼·史密斯（A. D. Smith）所著《民族主义：趋势报告与文献目录》（*Nationalism: A Trend Report and Bibliography*）（1975）一书，此书详细收录了 1973 年以前关于民族主义研究的相关文献。

19 世纪末 20 世纪初，国际社会主义运动的理论家们率先开始关注民族和民族主义问题。卡尔·考茨基（Karl Johann Kautsky，1854—1983）就既是社会主义运动的拥护者，又是民族主义者，其一生都怀有亲捷克的民族主义情愫。罗莎·卢森堡（Rosa Luxemburg，1871—1919）也在大量著述中表明了自己对民族解放运动的看法，提出了民族平等的原则和民族自治的思想，认为只有实现社会主义才能彻底解决世界民族问题。此外，列宁的《论民族自决权》（1914），奥托·鲍尔（Otto Bauer，1881—1938）的《民族主义与社会民主》（1907），斯大林的《马克思主义和民族问题》（1913）等著作，都直接讨论了民族主义、民族问题和社会主义运动的关系。对于民族主义，社会主义理论家大多持乐观态度，认为社会主义、共产主义是解决世界民族问题、实现世界和平统一的唯一路径，资本主义的民族国家模式必将随着世界社会主义运动的蓬勃发展最终走向灭亡：社会主义国家不仅消灭剥削阶级，还会消弭人们之间的民族差异，民族问题自然会迎刃而解。虽然历史并没有按照他们设想的那样发展——相反，民族主义对社会主义产生了巨大的反作用，影响了世界社会主义运动的进程——但是，列宁、斯大林等人关于民族主义的著述极大地影响了苏联和社会主义阵营国家对待民族和民族主义的政治取向。

第一次世界大战以后，卡尔顿·海斯（Carleton B. Hayes）出版了非常著名的《现代民族主义演进史》（*The Historical Evolution of Modern Nationalism*）（1931）一书，这本著作把欧洲的历史、人文、政治运动等与民族主义联系起来，并对民族主义作了不同类别的划分。海斯开拓了民族主义研究史上的一个全新领域，即以"民族原则"（principle of nationality）来重新划分欧洲版图，并使被殖民的亚非拉各国也开始以此为模板展开民族解放运动。值得注意的是，在这本著作中，海斯使用了"自由民族主义"（liberal nationalism）这个概念，概述了 18、19 世纪著名的自由主义者（如边沁、基佐、韦尔克、马志尼）对民族主义的态度和基本观点。当然，海斯所述的"自由民族主义"和本文将要讨论的现代意义上的"自由民族主义"在很大程度上是不同的，甚至在有的时候是完全对立的。汉斯·科恩（Hans Kohn, 1891—1971）的《东方民族主义史》（*History of Nationalism in the East*）（1929）、《民族主义的观念：民族主义的根源及背景研究》（*The Idea of Nationalism: A Study in its Origin and Background*）（1944）等著作则表明，他认为民族主义是一种心理状态，是个人将自己与所在土地、文化传统和社会背景联系起来的产物。由于对民族主义作了全新的诠释和区分，开启了对民族和民族主义的学院式论述的先河，海斯和科恩被西方学界誉为"民族主义建基双父"（the twin founding fathers）。总体而言，这一时期的民族和民族主义的专门研究学者不多，大多数对民族和民族主义的论述都是在社会学、政治学中无法回避的时候才浮光掠影有些许提及，更多的是针对某国的民族状况和民族主义提出一定的见解。此外，卡尔·多伊奇（K. W. Deutsch, 1912—1992）也是这一时期的重要作者，著有《民族主义与社会沟通》（*Nationalism and Social Communication*）、《民族主义及其替代选择》（*Nationalism and its Alternatives*）等著作。

20 世纪 60 年代到 80 年代，关于民族和民族主义的著作开始大量涌现，不少哲学家、社会学家、政治学家纷纷开始关注二战期间及战后风起云涌的民族解放运动。比较突出的有埃里·凯杜里（Elie Kedourie）的《民族主义》（*Nationalism*）（1960），此书整理归纳了民族主义学说的发展史并对民族主义的政治实践及影响作了论说。此外还有米洛斯拉夫·罗奇（Miroslav Hroch）的《欧洲民族复兴的社会先决条件》（*Social Precondition of National Revival in Europe*）（1985），他开创了论述民族解放运动的新课题。此外还有 J. A. 阿姆斯特朗（J. A. Armstrong）的《民族主义形成之前的民族》（*Nations Before Nationalism*）（1982），约翰·布鲁伊利（John Breuilly）的《民族主义与国家》（*Nations and the State*）（1982），厄恩斯特·盖尔纳（Ernest Gellner）的《民族与民族主义》（*Nations and Nationalism*）（1983），安东尼·史密斯（Anthony Smith）的《民族主义诸理论》（*Theories of Nationalism*, 2nd）（1983）、《民族的族群起源》（*The Ethnic Origins of Nations*）（1986），P. 夏特基（P. Chatterjee）的《民族主义思想与殖民地世界》（*Nationalist Thought and the Colonial World*）（1986）等著作。这些著作都从各自的立场和角度出发，对民族主义进行了研究和阐释。这一时期，关于民族主义的著作的主要研究角度较之以前有了大的突破，侧重于讨论民族的本质、构成、形成根源等问题，其核心问题是"民族是什么"。虽然这些著作对民族和民族主义都给出了各自的定义、划分标准（如语言、宗教、共同的居住地、生活习俗、文化传统、共有的历史经验等），但是，学界从未就这个核心问题达成一致，给出划分民族的客观标准，其中非常重要的原因之一，就是无论给出的标准多么详尽，人们都会找到某个或某些民族的特性与这标准不尽相符。

及至 20 世纪 80 年代到现在，民族主义似乎成了世界政治学者、社会学者研究和关注的热点。20 世纪 80 年代末到 90 年代初，随着苏联和东欧社会主义国家的民族问题愈加突出，各种社会矛盾不断激化，最终导致了苏联和东欧诸多社会主义国家纷纷解体，这些国家和地区一直为国际共产主义运动掩盖的民族问题迅速浮出水面，成为影响这些国家政治民主化进程、经济复苏以及国家安定的重要因素。与此同时，世界其他国家的民族问题也随着全球化浪潮的冲击出现了新的倾向和形式，如多民族国家内的民族自治呼声和分离主义倾向开始增强，民族矛盾引起的社会问题与意识形态差异结合起来，使民族主义问题更趋复杂化。在这一时期纷繁芜杂的论著中，产生了一些比较有代表性和影响力的著作，讨论的主题和中心思想主要可以分为几个方面。

（一）民族和民族主义是想象的吗？

有些学者认为，民族和民族主义是人为的、有目的的虚构，并不是客观的历史存在。这种观点认为，人们为了某种目的，如把人民从政治上联结在一起或为建立一个共同的国家或同为一国国民等，从而构造出共同的语言、共同的历史，进而使人们相信他们具有共同的祖先、领地和文化，属于所谓共同的民族，进一步在政治上投射出更加集中和统一的权益属性的假设。例如，波西米亚地区本来没有自己的民族语言，贵族和中产阶级都使用德语，只有平民和乡下人才讲捷克语。在构建自己民族的过程中，为了证明捷克语是捷克民族自古以来使用的文学语言，精英阶层杜撰了中世纪捷克语诗篇手稿的存在[①]，而这种杜撰对培育捷克语、塑造捷克人久远的历史传统起了极为重要的作用。从构成民族的另一个要素——共同的

---

① 参见 H. Seton - Watson, *Nations and States*, London：Methuen, 1977, ch. 4。

历史来看，往往也是虚构而成的：勒南（Renan）就认为"遗忘和弄错历史是创立一个民族的基本要素"①。由于王朝更迭、领土变迁、战乱征伐，真正具有统一文化传统的人群或许早已流散，真实的历史无法还原，现在的许多民族记忆都是为了将特定地域的人们联结起来重新编造的。

与认为民族和民族主义虚构的理论相反，研究民族主义的学者们大多肯定民族和民族主义的真实存在及其对世界的影响，然而这种肯定又分为不同的程度和层面。其一，认为民族和民族主义是人类特定历史阶段的一种社会现象，就像自然界的暴风骤雨一样，不是人力的创造，其出现与人类社会生产力的进步和文化发展相关，也必将随着人类社会的发展和文明的进步最终消亡。爱因斯坦（Albert Einstein，1879—1955）就把民族主义描绘成人类的幼稚病，认为民族主义在特性上低于人类属性或者是原始的人类属性，理性、文明的人不会受其影响。② 哈耶克（F. A. Hayek，1899—1992）也是如此态度，他认为民族主义不过是"我们的情感仍受到适合于小狩猎群体的直觉支配"③ 的产物，人类可以用人性中理性的、文明的部分对抗非理性的、原始野蛮的民族性。马克思及其共产主义理论的追随者都否认民族对个人的影响和作用，不把民族和民族主义当作一个真问题。马克思在著述中反复号召广大民众认同于一种新的社会属性——无产阶级，以无产阶级的名义来谋取个人和集体的利益，反对资产阶级的统治。马克思认为，无产阶级成员的身份才是人的本质属性，至于民族和民族主义，不过是资本家发明来愚弄无产阶级、使之遵从其统治的意识形态，所谓的民族性和民族共同体成员的身份仅仅是一层虚假的外衣，民族的对抗归根到底是阶级的对抗，"只要人们有清楚的认识，从而摆脱民族主义的偏见和障眼物，那么，如果面具被揭破，人们就会从中受益的。"④全世界无产者的胜利是实现世界的大同，国家、民族都将随着无产阶级在

① 参见 E. Renan, "What is a Nation", in A. Zimmern（ed.）, *Modern Political Doctrine*, London: Oxford University Press, 1939, p. 190。

② 参见 H. Dukas and B. Hoffman, *Albert Einstein: The Human Side*, Princeton: Princeton University Press, 1979。

③ 参见 F. A. Hayek, *Law, Legislation and Liberty*, 1976; 2. *The Mirage of Social Justice*, London: Routledge and Kegan Paul, ch. 11. "The Atavism of Social Justice", *New Studies in Philosophy, Politics, Economics and the History of Ideas*, London, 1978。

④ ［英］盖尔纳：《民族与民族主义》，韩红译，中央编译出版社 2002 年版，第 123 页。

全世界范围内的胜利，理性、和谐、合理的社会主义（共产主义）取代民族国家成为世界政治经济的主体而消亡。①

爱因斯坦、哈耶克、马克思的观点，代表了他们同时代不少学者的看法，他们都认为民族和民族主义不过是人类理性不成熟时期的特殊状况，是人类幼年期的"麻疹"，是理性彻底取代感性之前的精神寄托，无论最终实现人类统一的是何种意识形态，世界的一元性最终会把民族区分这一鸿沟填平，因种族、语言、宗教信仰、文化等差异造成的民族矛盾和社会问题最终能够通过各种途径得到解决，人类的一切分歧都能由理性最终消除。

其二，不否认民族和民族主义真实存在，但认为民族和民族主义是人为建构之物。海斯是这一观点的首倡者。他指出，民族和民族主义是随着传统国际主义的崩塌开始登上历史舞台的，无论是民间流传的民族主义还是精英们宣扬的民族主义，都随着欧洲现代国家制度的兴起而来，直到18世纪才普遍地被言说，19世纪才真正兴起。而民族和民族主义本身是由各族群、国家的精英构建起来的，其目的最终是以"新的民族主义的新建筑物，代替教会主义的旧神殿"②。民族之所以能够兴盛一时，是因为它恰好填补了由于传统君主制和普遍宗教信仰权威解体后民众的精神缺失。按照埃里克·霍布斯鲍姆（Eric J. Hobsbawm）的观点，民族"必定是由居上位者所创建"③，用以塑造集体认同的共识，为统治精英自身利益服务的。他们为挽救革命带来的政权合法性危机，设计了民族成员这一无差别的身份，创造了民族这一全体社会成员的集称，催生了资产阶级革命后民众新的效忠对象——民族国家，进而发展了现代的民族和民族主义。④ 本尼迪克特·安德森（Benedict Anderson）在《想象的共同体——民族主义的起源与散布》（*Imagined Communities：Reflections on the origin and spread of nationalism*）（1991）一书中明确了他关于民族主义是现代社

---

① ［英］以赛亚·伯林：《反潮流：观念史论文集》，冯克利译，译林出版社2002年版。

② ［美］海斯：《现代民族主义演进史》，帕米尔等译，华东师范大学出版社2011年版，第15页。

③ ［美］本尼迪克特·安德森：《想象的共同体——民族主义的起源与散布》（第二版），吴叡人译，上海世纪出版集团1991年版，第10页。

④ 同上书，第82页。

会构建的观点。他所谓的"想象的共同体"并非指民族和民族主义是完全的虚构，而是指它们的存在依赖于现代的媒介得以表达，从而构成一种集体的关于政治共同体的想象。① 资本主义、印刷科技和人类语言的固定化等多种因素的重合，使民族这一想象的共同体成为可能。② 厄内斯特·盖尔纳甚至认为，"是民族主义造就了民族，而不是相反"③，民族主义只不过是设计来实现民族文化复兴或达到政治目的的意识形态。

其三，民族和民族主义真实性研究中还有另一种相当重要的观点，认为民族性是人类的本质特征，随着人类文明的发展存续了数千年，无论是传统意义上的民族，还是现代意义上的民族和民族主义，都是人类自然属性中归属感与家园感的体现。通常所说的"民族永存主义"是这种学说的支持者。"民族永存主义"的观点认为，民族是人类历史上长存不衰的持续情感，其存在可能是一以贯之的，从古至今延续着自己独特的传统和文化；也可能是周而复始的，在同一族群内周期性地产生、发展和消失——无论如何，民族性总是伴随着人类存在的。现代主义者中也有不少人支持这种观点，强调民族性作为人的自然属性具有不可替代的作用和意义。休·希顿－沃森（Hugh Seton－Watson）就认为，人类社会既依赖于主权国家而存在，又无法消灭自身的民族属性，二者必然既纠葛又相互依存。民族感情和民族文化作为人类的基本属性，必须与国家保持微妙的平衡关系，否则就有触发全人类战争的危险。④ 现代主义中还有一种观点认为，虽然在古代社会不存在真正的民族和民族主义，但人类是本能的民族主义者，心中潜藏着的民族主义的种子早已成熟，只待现代化为其提供足够肥沃的土壤，便立即生根发芽，开花结果。本尼迪克特·安德森把民族主义同人类深层的意识与世界观结合起来，肯定了民族主义是一种人类深层次归属感需求的外现，探究了人类民族意识的文化根源，语言在民族意识形成过程中的推动作用以及政治需求对民族主义的利用和民族主义在世

---

① ［美］本尼迪克特·安德森：《想象的共同体——民族主义的起源与散布》（第二版），吴叡人译，上海世纪出版集团 1991 年版，第 6 页。

② 同上书，第 45 页。

③ ［英］盖尔纳：《民族与民族主义》，韩红译，中央编译出版社 2002 年版，第 73 页。

④ ［英］休·希顿－沃森：《民族与国家——对民族起源于民族主义政治的探讨》，吴洪英等译，中央民族大学出版社，上海世纪出版集团 2009 年版，第 45 页。

界不同环境中的变形。

（二）民族和民族主义是现代性的产物吗？

在民族和民族主义存在和发展的时间问题上，不同的学者也存在分歧，主要可以分为"现代主义"和"永存主义"两大派别。其中一种非常重要也是主要的观点是民族现代主义。埃里·凯杜里，厄内斯特·盖尔纳、霍布斯鲍姆、约翰·布鲁伊利、里亚·格林菲尔德、本尼迪克特·安德森等著名的民族主义学者都持有民族现代主义的观点，只是研究路径有所差别而已。现代主义普遍认为真正的民族和民族主义产生于 18 世纪，最早至多可以追溯到 16 世纪。一方面，现代主义认为在时间顺序上，民族和民族主义是现代的产物，是新近出现的现象；另一方面，现代主义认为民族和民族主义是全新的产物，不是以前某种现象的回潮。

厄内斯特·盖尔纳直言自己是民族主义的现代主义者，他通过追问"民族是否有肚脐眼"这一问题，借以证明民族主义的现代性特征。盖尔纳认为，族裔、文化、共同的历史就像是民族的肚脐眼一样，对现代主义而言是不存在的，不过是一种虚构般的过去，其继承性是"附随的和非本质的"①。例如，在 19 世纪初，爱沙尼亚人连自己的名字都还没有，后来通过现代过程才发展了自己的文化和民族意识，文化不过是工业化时期一种新的对个人社会地位和身份的认定，其作用是将个人纳入某个民族体系之中。关于民族主义的未来，盖尔纳认为："民族主义最动荡的阶段，是伴随着早期工业主义和工业主义扩展的那个阶段。"② "随着经济发展，这个距离也会在绝对意义上继续扩大。不过，一旦特权阶层和非特权阶层都达到某种水准之后，距离感就不再那么强烈了。"③ 由此盖尔纳认为，在未来社会，"我们可以预期，民族主义冲突的尖锐程度将减弱。致使冲突尖锐化的，是早期工业主义带来的社会差别，是工业主义发展的不均衡。那些社会差别可能并不比农业社会泰然容忍的差别更糟，但是，它们不再会长期存在，因为已经成为传统，而被淡化或者被合法化，它们存在的环境，在其他方面给人以希望，鼓励人们对平等的期望，要求流动性。

① ［英］爱德华·莫迪默主编：《人民·民族·国家——族性与民族主义的含义》，刘泓等译，中央民族大学出版社 2009 年版，第 55 页。

② ［英］盖尔纳：《民族与民族主义》，韩红译，中央编译出版社 2002 年版，第 147 页。

③ 同上书，第 150 页。

凡是文化差别起着划分这些差别的地方，就会出现麻烦；反之，就会天下太平。"①"由于上述原因，可以期望晚期工业社会（如果人类有足够的时间来享受它的话）成为一个民族主义仅以一种淡化的、毒害程度较轻的形式存在其中的社会。"② 可见，对于民族主义，盖尔纳持有乐观的态度，他不仅认为民族主义是现代工业社会的产物，更认为它会随着工业文明的高度发达最终淡出人类社会。

在《想象的共同体——民族主义的起源与散布》一书第二版中，安德森特别强调了他反对将西欧视为民族主义发源地的西方传统学术观念，尽量摈弃了传统民族主义研究中的欧洲中心主义立场。他认为"第一波"民族主义发端于 18 世纪末、19 世纪初的南北美洲殖民地独立运动，并从美洲向欧洲、亚非等地逐步扩散。安德森着重从文化层面对民族主义进行解读，认为民族主义不仅是与国家、政治相关的社会因素，更重要的是民族主义有其深刻的社会历史、经济、文化根源，并在世界不同的地域生成不同的特点，进而产生多种形式。安德森认为，在世界范围内而言，民族国家的兴起在一战时期成为正式的国际规范，并在二战后达到了高潮；欧洲以外其他国家和地区的民族主义要早于欧洲地区，出现在早期的欧洲海外移民及其族裔当中，而后来的民族主义运动则是在工业资本主义兴起、本土精英的诞生以及欧洲式现代化教育等因素的推动下产生的，最终演化为世界范围内的从殖民地到独立民族国家的巨大民族主义运动。欧洲国家的民族主义则是由王朝和贵族主导的由社会精英创设的王朝替代物，用以对抗从群众中逐渐浮现的民族主义这一"想象的共同体"。

里亚·格林菲尔德的《民族主义：走向现代的五条道路》一书开辟了一条研究民族和民族主义的特殊进路，他分别论述了英国、法国、德国、俄罗斯和美国五个国家的民族主义发展史，阐述了民族主义发展的多种可能。由于不同的民族性格、社会经济、政治、文化背景和历史机遇，民族主义的萌芽因各国各民族不同的社会历史条件产生了不同倾向。民族和民族主义起源于特殊历史时期人类的心理需求，而它的存续和发展也随

---

① ［英］盖尔纳：《民族与民族主义》，韩红译，中央编译出版社 2002 年版，第 158—159页。

② 同上书，第 160 页。

着人类社会的发展不断改变。但是，与一般的现代主义者不同，沃森认为，民族主义或许会消亡，但民族主义消亡后的那个世界将与我们现存的世界完全不同；换言之，民族主义及其因素必然长期影响着现实人类世界，因为民族性是世界现代性的基本原则之一。

霍布斯鲍姆认为真正的民族和民族主义起源于 1830 年之后，是借由对民族历史、神话、象征等的创造而产生的新的意识形态，是社会工程师们的构想和杰作，其根本目的是在现代社会创建有领土的国家。在此之前的 16 世纪到 18 世纪，只有少数几个例外的民族（如英格兰、塞尔维亚和俄罗斯）以超地域的普遍认同和少数特定团体的政治关系和词汇为基本特征，产生了民族主义的原型。而且，这种"民族原型"并非现代的民族和民族主义，只不过有一些相同的因素，为后来现代民族主义成长构建了传统。而我们目前熟知的民族主义实际上是基于族群和语言产生的新类型，其根本目的是争取民族的政治权利和旗帜。① 霍布斯鲍姆指出，从 16 世纪到 20 世纪末，经历了产生、发展、高峰、狂潮几个阶段的民族主义已经日薄西山，不会再呈现当初的巨大浪潮。他不仅相信民族主义是一种现代产生的意识形态，还特别强调民族和民族主义不会在未来的人类历史上扮演重要的角色，"至多只能扮演一个使问题复杂化的角色，或充任其他发展的触媒"②，跨国的世界体系将会把民族、民族国家湮没在历史的长河之中。对此，他得出的结论是"智慧女神的猫头鹰会在黄昏时飞出。如今它正环飞于民族与民族主义的周围，这显然是个吉兆"③。

安东尼·史密斯对民族现代主义的观点作了精辟总结，他指出，民族现代主义通常认为民族和民族主义的诞生最早不超过 19 世纪初期，是民族主义和现代国家制度创造了民族这一观念，由知识分子和资产阶级人为构建的，族群的民族主义和公民政治的民族主义应当区分开来，民族和民族主义已经完成其历史使命，正在全球化进程中变得过时。④ 然而，安东

---

① 〔英〕埃里克·霍布斯鲍姆：《民族与民族主义》，李金梅译，上海世纪出版集团 2006 年版，第 99 页。

② 同上书，第 183 页。

③ 同上书，第 184 页。

④ 〔英〕安东尼·史密斯：《民族主义：理论、意识形态、历史》（第二版），吴叡人译，上海世纪出版集团 2011 年版，第 102 页。

尼·史密斯却不是一个现代主义的拥护者，相反，他持有一种类似"民族永存主义"的观点。"民族永存主义"认为民族几乎是与人类历史同时发生的古老存在，她自然地随着族群的繁衍、国家的产生而生成，即便民族主义的意识形态是现代的，民族都始终存在于历史的每一个时期，并在不同的历史时期体现出各种形态。在永存主义者看来，民族既不是现代的产物，也不会随着时代的推演而消失在人类历史中。黑斯廷斯（Hastings）、休·希顿-沃森、安东尼·史密斯等人都是这种观点的拥趸者。黑斯廷斯发展了"新永存主义"学说，他以西欧历史为中心，将民族的生长分为三个阶段：5—14世纪的口语族群民族时期、中世纪晚期至现代早期的第一类民族时期和现代的由意识形态驱动的第二类民族时期。在他看来，一个族群形成了固定的本地语言和文字，根据圣经的原型塑造出来，居住并拥有祖国的领土就可以称为民族。根据黑斯廷斯提出的民族构成的基本标准，民族就不只是现代社会的产物，而是随着族群的集中与生长自然演变而成的，并非受"现代派"所说的现代意识形态、传播方式等影响、推动而成的。根据希顿-沃森的分类，她将世界的民族分为前现代的（1789年以前）和现代的，把"古老的、持续的"民族与1800年以后诞生的新民族区分开来。她指出，民族主义理论形成之前的"1789年，欧洲已有不少古老民族，例如：西部有英吉利人、法兰西人、荷兰人、卡斯蒂利亚人和葡萄牙人，北部有丹麦人、瑞典人，东部有匈牙利人、波兰人和俄罗斯人"①。正是拥有这些充足的历史证据，永存主义才对现代主义提出的民族和民族主义的特征提出了质疑和考问。

安东尼·史密斯在前两者的基础上对民族永存主义作了新的理解和修正。首先，他反驳了现代主义认为民族兴起于现代的观点。他指出，以族群语言为首要区分标准的民族是人类古老文明起源时期就已经成熟的人类社会结构，古埃及人、古希腊人、古巴比伦人以及古波斯人甚至已经具备了现代民族的其他一些基本特征，如共同的领土，建立了统一、强大的国家，一致的宗教信仰等，而现代主义的观点是无法回答古代民族客观存在这个问题的。其次，史密斯将民族发展的历史分为"早期的族群范畴"

---

① ［英］休·希顿-沃森：《民族与国家——对民族起源于民族主义政治的探讨》，吴洪英等译，中央民族大学出版社，上海世纪出版集团2009年版，第9页。

（松散的族群共同体）、族群国家和早期的民族（共同的国家和政治要求）、中世纪晚期出现的王朝和贵族的民族（以王朝和贵族为精神领袖）、17世纪开始的革命的民族主义民族（与意识形态相结合的现代民族）几个阶段，以此证明虽然古代民族和现代民族存在许多差异，但其文化脉络的传承与延续是无可否认的。最后，史密斯指出，虽然现代的民族主义以意识形态为主导，与古代民族区分开来，但其族群基础仍延续了古代民族的文化因素，分享了共同的族群象征，"共享的黄金时代记忆，共同的祖先和男女英雄、他们所代表的共同的价值观、族群起源的神话、移民和神的选择、群体的象征、领土、令他们与众不同的历史和命运以及他们的各种血族关系和祭祀的传统和习俗等，为理解族群的过去与民族的现在及未来之间的相互联系，尤其是为理解族群和民族、前现代与现代之间的链接和断裂提供了解惑的钥匙。"① 在史密斯看来，民族主义在将来可能会出现多种情况，民族主义运动并不是像霍布斯鲍姆等现代主义者所设想的那样已经式微，而是在多民族国家中演变出新的民族认同模式，即使是面对日益强大的全球化趋势，民族主义不但没有减弱，反而在凝聚力、分离倾向等方面得到了刺激和强化。史密斯认为，民族主义不会是一个短暂的过程，由于民族既存续了现代之前的族裔纽带、又依靠现代化在现代社会得以发展，因此只要构成民族的诸多因素存在，民族主义就会长期存续下去，只不过是生发出不同的形态而已。②史密斯说过："我们在有生之年好像很难见证对于民族的超越和民族主义消亡——对此有许多乌托邦主义者曾经梦想过。"③

　　回顾20世纪30年代以来西方学者研究民族和民族主义的主要著作和观点，不难看出，学者们多从民族和民族主义的形成机制、模式进行研究，尤其是在20世纪80年代之前，学者们对民族和民族主义的关注集中在"民族主义是什么"这一问题上。20世纪90年代以后，安东尼·史密斯的《民族主义：理论、意识形态、历史》（第二版）一书对现代民族主

---

　　① ［英］安东尼·史密斯：《民族主义：理论、意识形态、历史》（第二版），吴叡人译，上海世纪出版集团2011年版，第128—129页。

　　② 同上书，第158页。

　　③ ［英］爱德华·莫迪默主编：《人民·民族·国家——族性与民族主义的含义》，刘泓等译，中央民族大学出版社2009年版，第55页。

义的研究作了梳理，从意识形态的角度对民族主义作了分析①，但也并没有从某种意识形态来解读民族和民族主义。一些拥有特定意识形态立场的学者对民族和民族主义有了新的解读，这种解读往往与学者们所持的意识形态相联系，如社群主义的、马克思主义的或者自由主义的。鉴于本书的主旨在于介绍自由主义学者以赛亚·伯林的自由民族主义思想，我们将着重考察自由主义学者们对民族和民族主义的研究情况。

二　以赛亚·伯林之前的自由主义学者对民族和民族主义的研究

自由主义对民族主义的关注由来已久。18、19 世纪，正是欧洲自由主义思想勃兴的时代，也恰好是现代民族主义全面影响国家及国际关系的年代，自由主义与民族主义似乎有天然的联系，从一开始，自由主义就是民族主义的。许多著名的自由主义学者和革命理论家对民族主义有着自己独到的见解。英国政治哲学家杰里米·边沁（Jeremy Bentham，1748—1832）被誉为第一个正面讨论民族主义的自由主义学者。从个人情感来说，边沁非常赞美英国的独特魅力，他说英语是最优越的语言，建议将英语作为世界的普通话。② 他也曾多次暗示似乎只有英吉利民族才有真正的爱自由之心③，对英国民族的热爱是他个人的骄傲所在。作为功利主义的代表人物，边沁将民族爱国主义视为一个非常功利化的事实，因为在他看来，民族爱国主义在忠于国家的问题上，很大程度上能够增进最大多数的最大利益。民族差异在于民族成员根本的身心构造的不同、各民族所处地域气候的冷热各别以及所信仰的宗教支配民众风俗的势力大小相异，因此，民族成为国家和政府的正当基础。④ 他认为，自由主义的世界主义与对民族的忠顺是一致的，国际主义者同时也应该是一个好的民族主义者，这样才能构建一个更好的世界制度。19 世纪优秀的自由主义学者约翰·

---

① ［英］安东尼·史密斯：《民族主义：理论、意识形态、历史》（第二版），吴叡人译，上海世纪出版集团 2011 年版，第 24—46 页。

② Bentham, Jeremy, "Essay on Language", *The Works of Jeremy Bentham*, Vol. 8：310, Gale, 1843.

③ Bentham, Jeremy, "Plan of Parliamentary Reform", vol. 3：490; *A Plea for the Constitution*, Vol. 4：260, 280, *The Works of Jeremy Bentham*, Vol. 8：310, Gale, 1843.

④ ［英］边沁：《道德与立法原理导论》，时殷弘译，商务印书馆 2000 年版。

密尔（John Stuart Mill，1806—1873）在《功利主义、自由主义和代议制政府》（*Utilitarianism*，*Liberty and Representative Government*）一书中也对民族和民族主义有过论述。作为一位自由主义政治哲学家，密尔在论及民族时不仅将它作为一种情感，还从国家的角度对民族认同作了界定：民族的认同感就是"想在同一个政府之下效忠国家，或者想通过自治或部分自治的方式来管理国家"①。

在边沁和密尔之后，法国政治家基佐（Francois Guizot，1787—1874）在自己的著述中阐述了对民族主义的思考。他站在自由主义的立场，基于对法国民族主义运动的考量，一方面，鼓吹自由主义所倡导的个人自由政策、攻击贵族和民主主义者、赞同自由贸易；另一方面，出于对法兰西民族的热爱和保护，他又提出关税的保护主义，并热切赞美法兰西独特的文化历史，声称"任何一种文化观念，任何一个伟大的文化主义，如果要普遍传播的话，没有不先经过法国的"②。意大利人朱塞佩·马志尼（Giuseppe Mazzini，1805—1872）是19世纪最具影响力的、对民族主义有巨大热情的自由主义学者。马志尼的一生都在争取意大利的自由和独立自主，自称爱意大利胜于爱世界上一切东西。他认为："人类权利的要求应当存续在民族中，人类伟大的中心义务是以全人群为对象的，各民族和民族国家存在的目的乃在使人类能够完成他对全人群的义务。"③另外，马志尼又是一个热切的国际主义者，他相信存在"一个全人类自由、平等、友爱的将来"④，号召各国的青年们为争取自己民族的独立自由奋斗。在当时的自由主义者看来，"他们全都认为各民族应当是一个在独立立宪政府统治下的政治单位，这个政府将消灭专制贵族和教会的势力，使各个国民在最广泛的意义上切实运用政治上、经济上、宗教上和教育上的个人自由权。"⑤

然而，当世界进入20世纪，自由主义学者对民族主义的研究进入了

---

① 参见 J. S. Mill，*Utilitarianism*，*Liberty and Representative Government*，pp. 359 – 366.
② ［美］海斯：《现代民族主义演进史》，帕米尔等译，华东师范大学出版社2011年版，第113页。
③ 同上书，第121页。
④ 同上书，第122页。
⑤ 同上书，第124页。

停滞阶段。或许是由于民族主义诉求的特殊性与自由主义一贯强调的普遍性有了无法化解的理论冲突，也可能是因为以法西斯面貌出现的民族主义给世界带来了巨大的灾难，导致学界谈之色变，以至于在整个 20 世纪虽然自由主义思想得到了极大的发展，然而，自由主义对民族主义的讨论却陷入了僵局，回避或者否定成为了学者们主要的态度。

三 伯林自由民族主义思想研究的现状和发展

从传统的研究领域划分来看，自由主义与民族主义涉及两个层次和范围都不尽相同的主题，甚至在自由主义某些立场看来，这是两个风马牛不相及甚至相冲突的理论体系——自由主义属于规范体系而民族主义是政治的或伦理的话题，自由主义是普遍主义的而民族主义是特殊主义的。要研究伯林自由主义的民族主义思想，对研究者提出了更高的要求，要求他们能够站在历史的高度、抛弃理论体系的偏见，需要重新认识自由主义和民族主义。

作为开创性地提出了"两种自由概念"的自由主义学者，以赛亚·伯林的民族主义思想也似乎与 20 世纪的自由主义思想家们有所区别。在诸多自由主义者对民族主义讳莫如深之际，伯林却从不掩饰他对民族主义的看法，多次撰文或在访谈中直接讨论这个话题。也正因为此，伯林的民族主义思想成为了 20 世纪 80 年代之后的自由主义学者们重新审视、研究民族主义、自由主义与民族主义的关系问题时无法回避的重要内容。戴维·米勒就曾提出：鉴于伯林的"两种自由概念"和"两种民族主义概念"的深远影响，他可以称得上是"现代自由民族主义思想之父"[1]。

作为一名社会活动十分活跃的思想家，伯林在接受各类访谈时，经常会直面采访者提出的关于民族主义的问题。他关于民族和民族主义的独到观点，被一些学者整理发表，成为反映伯林民族主义思想的重要依据。拉明·贾汉贝格鲁（Ramin Jahanbegloo）所著的《伯林谈话录》中有《关于文化的差异》《文化相对主义和人权》《身为今日之犹太人》《摩西·赫斯：犹太复国主义者》《德国人的耻辱感》等数篇涉及民族主义的访

---

① Miller, David, "Crooked Timber or Bent Twig? Isaiah Berlin's Nationalism". *Political Studies*, 2005, p. 23.

谈，这些访谈着重讨论了多元文化与民族主义的关系，犹太人的民族身份与公民身份，德国浪漫主义民族主义理论产生的根源等问题。又如，在内森·嘉德尔斯（Nathan Garrels）著《两种民族主义概念——以赛亚·伯林访谈录》中，伯林创造性地提出了"两种民族主义"这个概念，划分了不同类型的民族主义，提出了一种新的自由主义对民族主义的理解方式；在嘉德尔斯著《民族精神再兴：论民族主义之善与恶（与伯林对谈）》这一采访实录中，伯林重申了其对民族主义区分和自身的自由主义民族主义思想立场。约翰·格雷（John Gray）著《伯林》一书第四章专门论述了伯林的民族主义思想；而后，在《自由主义的两张面孔》中，格雷又再次运用了伯林的价值多元论和多元论的自由主义思想诠释了民主和民族自决之间的关系，企图用"权宜之计"来解说现代民族国家问题。①

一些研究伯林思想的论文集也对他的民族主义思想有讨论。如马克·里拉（Mark Lira）等编《以赛亚·伯林的遗产》一书的第三部分"民族主义与以色列"，罗伯特·西尔维斯（Robert Silvers）、阿维赛·玛格利特（Avishai Margalit）、理查德·魏赫姆（Richard Wollheim）、迈克尔·沃尔泽（Michael Walzer）四位学者分别就伯林的自由民族主义思想发表了相关论文，评论了伯林关于民族主义的"曲木"比喻、其犹太复国主义思想以及自由主义与民族主义的关系；该书的最后还收录了纪念伯林逝世一周年大会的讨论记录"民族主义与以色列"，专门对伯林的自由民族主义和"锡安主义"②思想作了讨论。

此外，伯林之后的很多政治学家、社会学家在著作中都提及或者引用到了伯林的民族主义思想。如威廉·盖尔斯敦（William A Galston）著《自由多元主义——政治理论与实践中的价值多元主义》；乔治·克劳德（George Crowder）著《伯林：自由主义与多元主义》；杜赞奇（Prasenjit Duara）著《从民族国家拯救历史民族主义话语与中国现代研究》等文献中都有对伯林民族主义思想的直接引用或转述，主要论述了伯林的犹太复

---

① ［英］约翰·格雷：《自由主义的两张面孔》，顾爱彬等译，江苏人民出版社 2005 年版，第 163—173 页。

② 注：锡安主义（Zionism），阿拉伯世界称之为犹太复国主义，是由犹太人发起的一种政治运动，也泛指对犹太人在以色列土地建立家园表示支持的一种意识形态。

国主义思想与多元文化主义的关系，文化民族主义历史与现实的政治诉求间的关系等。

事实上，伯林对民族主义的思考从根本上讲都基于他的自由多元主义思想。在伯林之后，他的自由多元主义思想受到了广泛的关注，而他所提倡的两种民族主义概念的区分以及对自由民族主义的解读影响了后来许多自由主义学者对民族和民族主义问题的研究。

20世纪90年代以后出现的关于民族主义、少数族群权利和社会多元主义的著作，大多都对伯林的著述有所引证。例如，伯林的博士研究生耶尔·塔米尔（Yael Tamir）对伯林的自由多元主义与民族主义进行了整合性研究并提出了她自己关于自由民族主义的观点和政治实践的可能。她曾专门撰文"A Strange Alliance：Isaiah Berlin and the Liberalism of the Fringes"综述了伯林的自由民族主义思想。此外，她的著作《自由主义的民族主义》（此书由陶东风翻译，于2005年由上海译文出版社出版）对自由主义和民族主义的关系、文化选择、民族自决和自治的关系、少数民族的权利等问题作了不同以往自由主义者或民族主义者的论述，其思想可谓是伯林自由民族主义思想的直接延续。在书中，一方面，塔米尔继承了伯林消极自由的概念，强调自由选择是自由多元主义的必然要求，也是人类的根本需要；另一方面，她又分析了民族主义具有的特殊要求和共同体利益，她认为，自由主义的普遍性与民族主义的特殊要求并非必然对立的，而是在现实中可以共存的。进一步的，塔米尔提出了妥协的、折中的"温和的民族主义"的可行方案，希望能以文化自决、政治自治的方式来解决民族主义问题。

威尔·金里卡（Will Kymlicka）是20世纪90年代以来研究少数民族权利非常有成就的自由主义学者之一。《多元文化公民权》《少数的权利》都是站在自由主义立场关于民族主义和少数民族权利问题的论述，非常具有代表性。《多元文化公民权》一书通过讲述多元文化的客观性，反思了自由主义传统，论证了少数民族的差别性权利。值得注意的是《少数的权利》一书，这本书的第三部分"误解民族主义"论述了自由民族主义在当今世界的发展状况及其合理性；第四部分"多民族国家中的民主公民"探讨了民主公民的实践在多元化的时代如何得以保持和发展。在这本书中，金里卡着重探讨了自由民族主义的几个重要问题：其一，自由民

族主义的基本原则及其与传统意义的民族主义的区别；其二，分析了传统
自由主义的世界主义理想与民族主义特殊主义的冲突及其各自在当今世界
局势下实现的可能性；其三，在自由民族主义中，自由和民族的原则是如
何互动的。

　　戴维·米勒（David Miller）曾发表了题为 "Crooked Timber or Bent
Twig? Isaiah Berlin's Nationalism" 的文章专门论述伯林自由民族主义思想
的两个来源。在《论民族性》一书中，米勒大量引用了伯林的自由民族
主义思想，特别是伯林对民族主义的定义。《论民族性》论述了民族主义
不同层次的诉求，如民族主权、国家与民族的边界、民族性与国内政策的
关系以及个人应赋予民族性的伦理分量。米勒研究了民族本身是否真实存
在，民族的实践要求及其正当性，什么样的民族自决要求是合理的等当今
世界面临的民族主义问题。在分析民族自决权的过程中，戴维·米勒始终
坚持以社会的多元主义本质为前提，并利用自由多元主义和两种民族主义
概念的基本理论进行分析。他认为，作为一种复杂的意识形态和理论，自
由主义具有多种可能的选择，正因为此，自由主义和民族主义并不是完全
无法兼容，与此相反，直面民族主义的挑战，并在一定限度上调整自由主
义的尺度与之相容是今后自由主义的必经之路。

　　此外，还有许多学者的著述中都引用了伯林的思想或受到伯林思想的
影响。如本尼迪克特·安德森所著《想象的共同体——民族主义的起源
与散布》考察了不同民族主义的起源和构成，论证了民族多元和文化多
元的客观存在。C.W. 沃特森（C. W. Watson）所著《多元文化主义》
论述了民族主义与多元文化主义的关系，以及与全球统一性的对立统一。
埃里·凯杜里所著《民族主义》；迈克尔·莱斯诺夫（Michael Lessnoff）
所著《二十世纪的政治哲学家》；安东尼·史密斯所著《全球化时代的民
族与民族主义》；鲍曼（Zygmunt Baunam）所著《寻找政治》；查尔斯·
泰勒（Charles Taylor）所著《承认的政治》；沃特金斯（Friedrich Wat-
kins）所著《西方政治传统：近代自由主义之发展》等专著和论文都有对
伯林的民族主义思想的解读，并从作者各自认同的自由主义或其思想流派
基本立场出发对自由民族主义或宪政主义等相关问题作了阐释。

　　总体而言，伯林之后的自由民族主义者的研究都坚持了两个基本观
点：一是民族主义应当是有限的，受自由主义基本原则的约束；二是自由

主义应当是多元的、宽容的，应尽可能满足民族主义的特殊要求。这与伯林价值多元论基础上的自由多元主义思想和民族主义思想是一致的，也成为当前西方自由民族主义思想的主要理论基础。

四　关键词

（一）民族（Nation）

根据意大利学者泽尔纳多（Guido Zernatto）的考证，民族一词的词源是拉丁语 natio（出生、出身），其最初的含义是贬义的，用于指比罗马人地位更低的来自同一地区的外国人团体。后来，民族一词被引申为西方基督教世界几所大学的学生团体，开始不仅意味着同一出身的共同体，也意味着具有相同意见和意图的群体。进入 13 世纪晚期后，民族一词被用于指代"教会共和国"中的派别，即文化与政治权威的代表，或政治、文化和社会精英。① 到了 16 世纪初的英国，民族一词被用来指称英格兰的全体居民，与"人民"具有了相同的含义，这时候的"民族"才具有了现代的意义。② 直到 1884 年之后，民族一词才与国家联系在一起；而现代意义上的民族，其"意义跟所谓的族群单位几乎是重合的，不过之后则愈来愈强调民族'作为一政治实体及独立主权的涵义'"。③

根据不同的区分标准和研究重点，学者们纷纷给出了不同的关于"民族"的定义，大致可以分为三种类型：一是强调语言、宗教、历史、习惯、领土和制度等民族构成的"客观"因素。如斯大林在继承马克思、恩格斯、列宁有关民族特征的论述的基础上，亲自考察和分析了当时欧洲和俄国的民族的实际情况后提出："民族是人们在历史上形成的一个有共同语言、共同地域、共同经济生活以及表现于共同文化上的共同心理素质的稳定的共同体。"④ 另一种是强调如行为、感受、情感等民族的"主观"

① Zernatto, Guido, "Nation: The History of a Word", *Review of Politics*, 6, 1944, pp. 351 - 366.

② ［美］里亚·格林菲尔德：《民族主义：走向现代的五条道路》，王春华等译，上海三联书店 2010 年版，第 5 页。

③ ［英］埃里克·霍布斯鲍姆：《民族与民族主义》，李金梅译，上海世纪出版集团 2006 年版，第 17 页。

④ ［英］安东尼·史密斯：《民族主义：理论、意识形态、历史》（第二版），吴叡人译，上海世纪出版集团 2011 年版，第 11 页。

因素，将民族界定为一种文化现象。比较著名的此类定义有盖尔纳的观点：“当且只当两个人共享同一种文化，而文化又意味着一种思想、符号、联系体系以及行为和交流方式，则他们同属一个民族”①；“当且只当两个人相互承认对方属于同一个民族，则他们属于同一个民族。换言之，民族创造了人；民族是人的信念、忠诚和团结的产物。”② 又如本尼迪克特·安德森把民族定义成“一种想象的政治共同体——并且，它是被想象为本质上有限的，同时也是享有主权的共同体。”③ 然而，民族就其构成的复杂性而言，单纯从客观或主观因素来定义未免有失偏颇，因此，第三种定义方式既综合了主客观因素，又强调了民族与其他含义相近词汇（如国家、族群等）相区别的特征。比较具有代表性的如安东尼·史密斯的定义：“（民族是）具有名称，在感知到的祖地（homeland）上居住，拥有共同的神话、共享的历史和与众不同的公共文化，所有成员拥有共同的法律与习惯的人类共同体。”④ 塔米尔则认为，“如果一个群体既展现出足够数量的共同而客观的特征——比如语言、历史、领土等——又展现出对于其独特性的自我意识，那么这个群体就被界定为民族。”⑤ 戴维·米勒则使用了他更为偏好的民族性（Nationality）一词代替民族（Nation），他对此的定义也结合了主客观因素：“（民族是）一种共同体，它（1）由共享信念和相互承诺构成；（2）在历史中绵延；（3）在特征上积极的；（4）与特定的地域相联；（5）通过其独特的公共文化与其他共同体相区分。”⑥ 希顿－沃森也认为“一个共同体中相当数量的成员认为自己形成了一个民族，或者其行为好像是形成了一个民族”⑦，就可以说这个民族已经存在了，但与此同时，这个共同体“它的成员通过一种凝聚感、公共文化

---

① ［英］盖尔纳：《民族与民族主义》，韩红译，中央编译出版社 2002 年版，第 9 页。
② 同上。
③ ［美］本尼迪克特·安德森：《想象的共同体——民族主义的起源与散布》（第二版），吴叡人译，上海世纪出版集团 1991 年版，第 6 页。
④ 同上书，第 13 页。
⑤ ［以色列］塔米尔：《自由主义的民族主义》，陶东风译，译林出版社 2005 年版，第 59 页。
⑥ ［英］戴维·米勒：《论民族性》，刘曙辉译，译林出版社 2010 年版，第 27 页。
⑦ Seton - Watson, H., *Nations and States*, London: Methuen, 1977, p. 7.

以及民族意识联系在一起"①。此外，有另一种对民族一词定义的侧重点——民族的政治含义。阿尔弗雷德·科班（Alfred Cobban）的定义就认为民族一词具有双重含义，可以指一群具有很多共同性（如历史、语言、族裔起源、宗教、政治信仰、对共同敌人的担忧、想要生活在自己的政治体制之下的愿望）的人："任何的地域共同体，只要其成员意识到自己作为一个共同体存在，并希望维持他们的共同体的整体性，就是一个民族。"② 也可以指政治体，即已存在的国家或者仅仅指所有居民。③

（二）民族主义（Nationalism）

相较于民族一词，民族主义的定义更为纷繁复杂。人们一直试图用共同的地域、共同的语言、国家情状、共同的传统和历史，又或者是血缘族群来描述民族主义，然而，无论哪种解释方法，总能在现实世界找到与之相左的例外情形——这也是导致民族主义形式多样、概念变化多端的原因。总体而言，有两种描述方式，其一是试图以其分类来说明民族主义是什么。例如，霍布斯鲍姆就将民族主义区分为民族主义原型，国家民族主义，以族裔、语言为重要标准的民族主义三种，分别讨论其不同的特性与影响力。其他一些西方学者则将民族主义分为"西方的"和"东方的"两种形式，并将其作合理与否的对比。如汉斯·科恩就认为，西方民族主义是理性的、自由的、向往普遍的人权；而东方民族主义则是神秘主义的，建基于一种排外的、准部落性质的民族性之上。④ 约翰·普拉门纳兹（John Plamenatz）认为"西方的民族主义是拥有能够与现有民族国家认同平等竞争的强烈文化认同之人的民族主义（例如 19 世纪德国人和意大利人），而东方民族主义是其本土文化相对原始而为了在现代世界成功竞争必须为自身创造新认同之人的民族主义（如斯拉夫人）。"⑤ 安东尼·史密斯也认可了这种分类方法，将西方民族主义认定为"公民—领土的"（civic - territorial）而东方民族主义是"族群—血缘家系的"（ethnic - ge-

① Seton - Watson, H., *Nations and States*, London: Methuen, 1977, p. 1.

② Cobban, A., *The Nations States and National Self - Determination*, London: Collins, 1969, p. 107.

③ ［英］戴维·米勒：《论民族性》，刘曙辉译，译林出版社 2010 年版，第 1 章。

④ Kohn, H., *The Idea of Nationalism*, New York: Macmillan, 1944, ch. 8.

⑤ ［英］戴维·米勒：《论民族性》，刘曙辉译，译林出版社 2010 年版，第 9 页。

nealogical）的。这种东方、西方的分类目的在于表明西方民族主义是对自由民主国家有益的，或至少无害的，而东方民族主义则多少受到权威主义的影响和压制。另一种重要的民族主义分类方法是把民族主义分为"公民的民族主义"（civic nationalism）和"族裔的民族主义"（ethnic nationalism）。这种分类法以民族主义本质是否是自由主义的为标准，认为"公民的民族主义"包含以国家界限为标准的人群，他们无论种族、民族如何，都以对国家的忠诚来维系民族主义，与民主、自由、平等等自由民主国家的基本理念相联系；"族裔的民族主义"则以血缘和传统文化为依据，是封闭的民族主义系统，与集体威权主义相联系，民族成员个人被绑缚在民族群体和民族文化之中。① 当然，也有学者反对以是否是自由主义的为标准对民族主义进行如此划分，因为很多案例证明，"公民的"和"族裔的"区分并不能证明民族主义是进攻性的还是温和的属性。②

其二是将民族主义描述成一种理论或者一种意识形态。最为著名的有盖尔纳的定义："民族主义首先是一条政治原则，它认为政治和民族的单位应该是一致的。民族主义作为一种情绪或者一种运动，可以用这个原则做最恰当的界定。民族主义情绪是这一原则被违反时引起的愤怒感，或者是实现这一原则带来的满足感。民族主义运动是这种情绪推动的一场运动。……简言之，民族主义是一种关于政治合法性的理论，它在要求族裔的（ethnic）疆界不得跨越政治的疆界，尤其是某一个国家中，族裔的疆界不应该将掌权者与其他人分隔开。"③ 又如，沃森认定民族主义既是一种关于民族的特性、利益、权利和责任的理论，又是一个有组织的政治运动，旨在进一步加强民族所宣称的目标和利益。④ 海斯认为，民族主义可以有三个层次：文化心理、群体信念和国家政治理论。他将民族主义归纳为"一种历史进程——在此进程中建设民族国家；民族主义一词意味着

---

① 参见 Alter, P., *Nationalism.* London：Edward Arnold, 1989. 及 Meinecke, F., *Historicism： The Rise of a New Historical Outlook*, 1st edn 1959. London：Routledge and Kegan Paul, 1972。

② 参见迈克尔·伊格纳捷夫（Michael Ignatieff）：《温和的民族主义？文明理想的可能性》，见爱德华·莫迪默、罗伯特·法恩主编：《人民·民族·国家——族性与民族主义的含义》，刘泓等译，中央民族大学出版社 2009 年版。

③ ［英］盖尔纳：《民族与民族主义》，韩红译，中央编译出版社 2002 年版，第 1、2 页。

④ ［英］休·希顿－沃森：《民族与国家——对民族起源于民族主义政治的探讨》，吴洪英等译，中央民族大学出版社、上海世纪出版集团 2009 年版，第 9 页。

包含在实际的历史进程中的理论、原则或信念；民族主义是某种将历史进程和政治理论结合在一起的特定的政治行动；民族主义意味着对民族和民族国家的忠诚超越于其他任何对象。"① 安东尼·史密斯概括了民族主义的五层含义："（1）民族的形成和发展过程；（2）民族的归属情感或意识；（3）民族的语言和象征；（4）争取民族利益的社会和政治运动；（5）普遍或特殊意义上的民族信仰和（或）民族意识形态。"② 在此基础上，史密斯将民族主义定义为"一种为某一群体争取和维护自治、同意和认同的意识形态运动，该群体的部分成员认为有必要组成一个事实上的或潜在的'民族'。"③ 伯林则将民族主义更多地定义为一种意识形态，这种意识形态来源于人类根深蒂固的民族情感，一方面，强调同质化群体的共同性；另一方面，又伴随着对其他群体的反感或蔑视。伯林总结了民族主义的四个基本特征："坚信归属一个民族是压倒一切的需要；坚信在构成一个民族的所有要素之间存在这一种有机关系；坚信我们自己的价值，仅仅因为它是我们的；最后，在面对争夺权威和忠诚的对手时，相信自己民族的权利至高无上。"④

（三）价值多元论（Value – pluralism）

价值多元论是当代西方政治哲学中的一个热切话题，主要具有以下几方面的含义：首先，价值多元论反对以单一价值凌驾于其他价值之上的一元论主张，与之相反，价值多元论认为我们这个世界具有的终极价值是多样的，正如伯林所说"我们所追求的目标、生活的最终目的，即使在同一个文化与世界内也是多样的"⑤。"所谓'原则上，我们必然可以发现某种模式，可以使一切价值获得和谐'之类的观念，肯定是建立在一种对 what the world is like（世界的本性究竟是什么）错误的、先验的看法之上的。"⑥ 其次，各种不同的价值间具有不可通约性（incommensurability）。

---

① 王联主编：《世界民族主义论》，北京大学出版社 1995 年版，第 13—14 页。

② ［英］安东尼·史密斯：《民族主义：理论、意识形态、历史》（第二版），吴叡人译，上海世纪出版集团 2011 年版，第 6 页。

③ 同上书，第 9 页。

④ ［英］以赛亚·伯林：《反潮流：观念史论文集》，冯克利译，译林出版社 2002 年版，第 411—412 页。

⑤ ［英］以赛亚·伯林：《自由论》，胡传胜译，译林出版社 2003 年版，第 169 页。

⑥ ［英］以赛亚·伯林：《自由四论》，陈晓林译，台湾联经出版公司 1988 年版，第 55 页。

所谓不可通约，是指"如果 A 与 B 之间有一个更好或者 A 与 B 具有同等价值都不属实，那么，A 与 B 就是不可通约的"①，换言之，即不同的价值之间并非必然具有可比较性，有的价值是无法用某种一致的标准来进行衡量的。最后，价值多元论的存在是客观的事实，进而导致人类的选择成为无法逃避的必然，"人的目的是相互冲撞的，人不可能拥有一切事物，……于是，选择的需要，为着一些终极价值而牺牲另一些终极价值的需要，就成为人类困境的永久特征。"②"否认冲突，甚至试图系统地、一劳永逸地解决它们，肯定是违反关于价值的某种绝对真实的东西的。"③价值多元论的三个基本含义之外，我们能够看到一个隐含的但非常重要的意涵——宽容，即在面对自己不欲的或厌憎的价值时，能够为了保持他人的利益或获利可能而不采取对他人冷淡的、敌视的和不友好的举动。在价值多元的世界中，唯有宽容能够允许多元的价值存在，也是允许众多选项存在，从而允许不同的选择存在，实现选择主体的自主性。

（四）自由主义的多元主义（Liberal Pluralism）

在当代自由主义思想体系中，自由主义的多元主义（简称自由多元主义）是伯林在价值多元论基础上对自由主义的重构，自由多元主义的观点成为伯林同时期和之后许多自由主义者推崇的基本理论。自由多元主义主要从三个方面为自由主义作了辩护：其一，价值多元论包含了自由主义所信奉的中立性所需的多样性内涵。其二，自由多元主义倡导的个人选择实现了自由主义信奉的个人自我创造和自律的本质特征，同时也实现了个人选择的自主权利。其三，多元主义避免了自由主义因理性主义走向独裁的可能，尊重社会的多元性，保护差异性，从而实现个人自由。

五　本书的结构

在本章中，笔者简要回顾了 20 世纪以来西方学者对民族主义研究的

---

① ［美］约瑟夫·拉兹：《自由的道德》，孙春晓等译，吉林人民出版社 2006 年版，第 328 页。

② ［英］约翰·格雷：《自由主义的两张面孔》，顾爱彬等译，江苏人民出版社 2005 年版，第 48 页。

③ B. Williams, "Introduction of Concepts and Categories", *Concepts and Categories*, London: Hogarth Press, 1978: ⅩⅦ.

历史，并回顾了近代以来自由主义者对民族主义的研究情况，从而引发了对以赛亚·伯林这位坚定的自由主义学者对民族主义的基本思想的研究愿望。

本书研究的出发点是基于对自由主义与民族主义的冲突和对立的考问。在第一章中，笔者将探讨自由主义与民族主义的冲突根源、历史渊源和后果。自由主义与民族主义的冲突本质上是自由主义一元论与民族主义多元化二者巨大反差的外现。传统的自由主义理论建基于理性主义一元论之上，认为除了普遍的、无差别的人性和权利，全人类再无其他本质属性。而民族主义则恰好与之相反，强调民族特性和民族的特殊诉求，并将民族性视为个人的最基本本质。由此看来，自由主义普遍主义的理念与民族主义特殊主义的需求二者之间似乎有不可调和的冲突，这也成为 20 世纪大多数自由主义者对民族主义都讳莫如深的原因之一。虽然自由主义一元论认为民族主义并非人性中的必然要素，民族主义却在现实世界引发了诸多我们不得不面对的问题，如民族冲突甚至战争，社会平等问题，移民的族群权利问题，少数族群文化权利、民族分离主义等，践行自由主义理念的自由民主国家已经无法按照自由主义一元论的观点来解决当前面临的诸多民族问题，迫切需要寻找一条新的路径。

第二章将讨论伯林自由民族主义思想的理论基础：价值多元论和自由多元主义。价值多元论是伯林思想中的一个核心概念，既是伯林自由主义思想的基础，也是其民族主义理论的前提，从价值多元论引申出来的自由多元主义恰好又是自由民族主义思想另一个非常重要的理论基础。本章将通过对价值多元论和自由多元主义思想的梳理，论证价值多元论和自由多元主义的基本要求及其与自由民族主义基本契合点。

第三章主要阐明伯林的民族主义观的渊源和他对民族主义的起源、定义和基本特征的分析。伯林的民族主义思想具有三个来源：一是他个人幼年流亡的人生经历；二是他温和的犹太复国主义情怀；三是他对自由民主国家公民身份和民族成员身份间冲突的思考。伯林认为，多元主义不仅表现在价值上，也表现在复杂多变的人性中。正因为复杂多元的人性，人们对民族的特殊情感、对民族归属感的渴求才成为不同于自由权利的独特需要。伯林指出，民族主义的共同来源：民族情感、民族意识和民族认同感在一定条件下催生了民族归属感和对承认的需要，并且在遭受民族耻辱的时候，就会激起强烈的民族主义。在不同的情况下，伯林对民族和民族主义作了不尽相同的表述，但明确了民族主义的四个基本特征："坚信归属一个民族是压倒一切的需要；坚信在构成一个民族的所有要素之间存在这一种有机关系；坚信我们自己的价值，仅仅因为它是我们的；最后，在面对争夺权威和忠诚的对手时，相信自己民族的权利至高无上。"① 根据伯林对民族主义四个基本特征的表述，我们能够看出伯林对民族主义的基本观点：民族主义的不同特征因素可以根据特定的历史环境彼此消长，构成多元的、不同的形态民族主义。

　　第四章主要论述伯林的"两种民族主义概念"。由于形成的历史背景各不相同，民族主义也并非千篇一律，由此伯林提出了"两种民族主义概念"的著名思想，从民族主义的不同成因探讨了"温和的民族主义"和"进攻性民族主义"的差异。"温和的民族主义"以赫尔德的文化民族主义为代表，它源自强烈的民族归属感和自豪感，在多元文化基本思想的指导下，要求不同民族精神和民族文化的平等相处和自由表达，排斥民族主义当中的政治要求。"进攻性民族主义"则源自浪漫主义的反理性主义思潮，也受到理性主义从价值普遍性到特殊性、从先验个人到民族集体自我观念转化的影响，并在特定环境（强烈民族耻辱感）刺激下产生的。

　　第五章对自由民族主义的合理性作详细论证。本章首先描述伯林的自由民族主义思想。伯林自由主义的民族主义思想表现在他同情温和的、文化的民族主义和极度反对任何可能产生暴虐的、进攻性的民族主义诉求。作为一个坚定的自由主义者，伯林肯定消极自由界限之内的普遍人类善，但又无法回避民族主义或多或少的特殊主义需求，因此在他的思想中始终存在有二者的冲突。本章第二部分对自由民族主义作出论证。自由民族主义挑战了自由主义一元论的民族主义观点，建基在价值多元论和自由多元主义之上，其内在的要求一方面是自由主义的；另一方面是多元的。自由民族主义的基本构成在于在自由主义的框架内，寻求对民族共同体特殊诉求的合理满足，其最终目的是用自由主义基本善的理念化解民族主义中可能产生进攻性的因素，也让民族主义成为当前自由民主国家构建过程中的

---

① ［英］以赛亚·伯林：《反潮流：观念史论文集》，冯克利译，译林出版社2002年版，第411—412页。

必须考虑的重要问题。

第六章是本书的结论部分，主要展望了自由民族主义的实践及价值。在当今世界多元化趋势日益明晰的情况下，在自由民主国家内如何借鉴自由民族主义的理念来解决民族问题、化解民族矛盾成为学者们研究的热点。在伯林之后，他的追随者们就当前各国内的具体情况提出了具有可行性的指南，这也为验证自由民族主义这一新的民族主义形态的可行性提供了必要的佐证。

鉴于本书的主要研究对象是伯林的自由民族主义思想，因此在书中笔者使用到的诸多名词术语都是基于伯林所建构的价值多元论和自由多元主义思想而来，而对民族和民族主义的解释也更多地倾向于伯林所持有的观点，不再对其他差异较大的理论做详细论述。

第一章　自由主义还是民族主义

自由主义是一个体系繁复、流派众多的理论体系：古希腊的传统哲学思想、基督教神学、理性主义、自然法、功利主义等各不相同甚至相互冲突的哲学思想都是自由主义汲取灵感的来源；同时，自由主义又在不同的民族文化中发生了本土化变异，如英国自由主义和法国自由主义就有明显差别，而德国自由主义、美国自由主义又各具特色。不过，自由主义虽然多样，但其基本特征总是容易辨认的。鉴于本章内容旨在表明伯林所支持的自由多元主义之前的自由主义一元论对民族主义的态度和观点，因此本章中所提及的自由主义特指的是以理性主义一元论为理论核心的、具有自由主义一般特征的自由主义思想，对自由主义基本特征的描述也以伯林及其追随者的论述为主，而不会过多讨论自由主义这一广博话题。

现代以来，自由主义和民族主义仿佛两条异面直线各自运行在自己的平面之上。自由主义者遵循着理性主义的传统，努力追寻世界的真理和人类的真正幸福。他们绝大多数时候都以世界主义的面貌出现，宣扬无差别人性基础上的个人权利、自由和幸福。民族主义则孜孜不倦地对传统、文化、历史、集体权利进行反复论证，并以集体的名义提出自己的诉求。自由主义对民族主义长期抱以冷漠或充满敌意的态度，因为民族主义总是无法避免地提出集体权利的诉求，这与自由主义以个人权利和国家中立性为基础的政治理念恰好南辕北辙。对民族主义而言，自由主义彻底否认了集体的存在和意义，否认了个人的民族成员身份对个人的重要意义，使得每个人成为抽象的个体而不具有其独特的历史、社会关系，这同样是无法容忍的。正是如此，在通常政治哲学的意义上讲，支持自由主义还是民族主义，看起来就只能是非此即彼的单项选择。但是，自由主义与民族主义的差异并不仅限于此，二者的关系实际上比我们通常看到的更为复杂，有着更深的历史渊源。

　　为了厘清自由主义与民族主义的历史关系和分歧根源所在，本章将简要回顾 20 世纪之前的自由主义的发展状况、自由主义与民族主义的联系，并分析自由主义普遍主义与民族主义特殊诉求的对立，并梳理一下 20 世纪前的自由主义对民族主义的态度及其后果，为进一步论证二者之间的关系寻找最根本原因。

第一节　自由主义的历史回顾

　　从自由主义的历史来看，人类关于自由的观念可以追溯到古希腊、罗马时期，苏格拉底、柏拉图即已论说过"自由""自愿"等观念；古罗马时期的斯多亚学派亦有关于人的欲望与自由关系的讨论。当然，作为一种关于社会理想理论体系的自由主义伊始自 16、17 世纪的英国。自由主义理论最初是作为资产阶级革命的理论产物出现的，其根本特征在于运用理性主义否定君权神授的封建君主专制制度，形成以个人主义、人性论和契约论为基本要素的自由主义思想体系，在政治上旨在寻求权力分立与制衡，经济上要求自由经济和确认私有财产的合法性。这一时期，著名的自由主义者洛克（John Locke，1632—1704）奠定了古典自由主义的传统。洛克认为，在上帝赋予的自然法统治之下，人类享有谁都不能侵犯或干涉的自由权利和获得财产的权利。人类因避免陷入混乱的需要而放弃部分自然权利，结成社会、组织政府、建立国家。"国家"只是一种手段，保障公民个人权利才是目的；与国家相比，个人是应当被放在第一位优先考虑的。这种自由主义所倡导的具有后来伯林提出的"消极自由"的基本特征。个人主义式的自由主义基调一直延续到 19 世纪约翰·密尔（John Stuart Mill，1806—1873）时代，其深远影响遍及整个西方世界。从 A. J. P. 泰勒（A. J. P. Taylor，1906—1990）对一战前英国人生活的描述，我们可以看到古典自由主义是如何在当时英国人的生活和思想中活化的："直到 1914 年 8 月为止，任何一个明智守法的英国人都可以安然地度过其一生，除了邮局和警察之外，他几乎意识不到国家的存在。他可以居住在他喜欢住的任何地方；他没有官方的号码或身份证；他无须护照或任何官方的许可就可以出境旅游或永久地离开故国。……一个外国人可以无须批准，也不必通知警方就在英国安度年华。"①

17、18 世纪的自由主义承袭了古典自由主义传统，又与启蒙运动紧密联系起来，带有极为浓厚的人文主义色彩。法国的启蒙主义思想家们高举理性主义的大旗，以"天赋人权"、自然法、社会契约论等古典自由主义的理论来打破法国封建专制对人性的压抑，强烈要求将"平等"作为社会的基本原则。自由主义中个人主义、理性主义的要求再次得到强化，并以个人权利基础上的契约论作为建构社会政治权力的基础。这一时期法国、英国尤其是美国的国家政治生活都秉承了这种自由主义信条：法国大革命的暴政让人们重新审视启蒙运动的乐观主义和理性主义，使自由主义者坚定了毫不妥协的个人主义理念，并对国家极权主义可能给个人自由造成的危害保持高度警惕。法国的自由主义学者贡斯当（Benjamin Constant，1767—1830）极其精准地提出了古代人的自由和现代人的自由两种不同取向的自由类型，前者是保障个人独立空间的自由，而后者是参与集体决策、服从集体决定的自由。与英国古典自由主义不同的是，"法国人更多地着眼于积极自由，而不是霍布斯式的消极自由"②。美国则在更大的程度上践行了古典自由主义关于天赋人权的理念，在 1776 年《独立宣言》中正是"自然的、不可转让的权利"让北美殖民地人民反叛了英国国王的统治，在其后的建国方略中，美国更是遵从了英国和法国自由主义思想家和启蒙思想家们关于法治国家的理论，构建了全新的三权分立的民主国家模式。

到了 19 世纪，随着资本主义经济的迅猛发展，人们越来越感到除了政府之外还有一种新的压迫在威胁个人自由权利，即来自垄断资本的剥削与压榨，在英国也掀起了以宪政斗争争取全民自由的新诉求。受到当时历史背景的影响，自由主义发生了第一次重大转折，功利主义成为自由主义非常重要的一种观点，取代了建基于自然法和社会契约论之上的古典自由主义。以边沁为代表的功利主义者认为社会契约和自然法违反了经验事实，只不过是人们的理论虚构和幻想，不能用于解释国家和政治的基础及产生根源，因此，人们只能以经验主义为出发点来论证自由主义，积极追

---

① ［英］约翰·格雷：《自由主义》，曹海军等译，吉林人民出版社 2005 年版，第 39 页。

② 顾肃：《自由主义的基本理念》，中央编译出版社 2003 年版，第 264 页。

求平等、自由和人道主义等。功利主义的另一重要代表人物密尔进一步阐述了"把'功利'或'最大幸福原理'当作道德基础的信条主张，行为的对错，与它们增进幸福或造成不幸的倾向成正比"①。这一功利主义的基本道德理论，把幸福作为唯一值得欲求的目的，个人幸福对其本人而言是一种善，"公众幸福就是对所有的人的集体而言的善"②，"追求最大多数人的最大幸福"自然也就是作为道德取舍的唯一标准。同时，密尔也强调，这种最大多数人的最大幸福仍然是以个人自由为其根本诉求的，探讨的是"社会所能合法施用于个人的权力的性质和限度"，并指出"对统治者所施加于群体的权力要划定一些它应当受到的限制；而这个限制也就是他们所谓的自由"③。这在很大程度上消解了功利主义中集体幸福对个人自由的冲击，使功利主义和自由主义的基本理念不那么龃龉。

19世纪末20世纪初，在英国又生发出一种自由主义的新形式，这种自由主义批判古典自由主义提倡的消极自由，转而寻求某种值得为之奋斗的积极的权利，享受积极自由，要求"建立在理性的同意基础上也同意接受理性的检查的国家必须发挥重要作用"④。这使得自由主义超出了个人主义的界限，极大修正了那种以避免国家干预为核心的自由放任学说，在扩大国家作用的指导思想下，促成了近代福利国家的产生。至此，西方的自由主义传统逐步开始了新的转变，从主张限制国家权力、维护个人权利的消极自由转向强调国家干预和增强政府职能的积极自由。这种自由主义的理念是借国家、政府通过合法的途径平衡社会的不公平现象，给予被剥削者、弱势群体以较大的扶助，从而实现每个人的自由权利。以格林（Thomas Hill Green，1836—1882）为代表的修正主义的自由主义者认为自由是积极的而非消极的，且应该目标明确。从这种自我实现的自由观出发，格林进而提倡加强政府和国家的合理干涉。他挑战了古典自由主义天赋人权的自然法则学说，认为社会生命才是个人价值和意义的来源，因为只有社会生命能给个人充分发展的道德力量，个人权利是社会充分道德发展的必要条件。霍布豪斯（Leonard Trelawney Hobhouse，1864—1929）则

---

① ［英］约翰·密尔：《功利主义》，徐大建译，上海世纪出版集团2008年版，第7页。
② 同上书，第36页。
③ ［英］约翰·密尔：《论自由》，程崇华译，商务印书馆1959年版，第2页。
④ 胡传胜：《自由的幻像——伯林思想研究》，南京大学出版社2001年版，第49页。

试图将格林和密尔的哲学综合起来，以分配正义和社会和谐理想取代天赋人权的自然体系。他认为："自由学说中没有任何东西会阻碍普遍意志（即国家）在其真正有效的领域内活动……自由与强迫具有相辅相成的功能，而自主的国家既是自主个人的产物，也是自主个人的条件。"① 粗略看来，强调国家干涉的自由主义中的个人自由与国家并不矛盾，是以国家的积极干预保障和增进个人自由，然而在实践运作中，国家的权力没有被有效限制，反而大大增强了——自由主义偏离了个人主义的方向，不断朝集体主义那端加码。在这种积极自由的背后，是理性主义力量的再次增强。积极自由肯定理性力量的支配地位，认为只有理性能让人找到"真正"自我，也能让人类社会向着幸福的"正确"方向前进。② 事实上，这一时期的自由主义已经背离了 18 世纪、19 世纪初古典自由主义的基本原则，发展到完全受理性主义一元论指导的阶段，也就是后来伯林所说的"积极自由"阶段。也正是在这个阶段，自由主义与民族主义的关系发生了根本的变化。

第二节　自由主义与民族主义关系的演变

18、19 世纪，在自由主义理论不断丰富和完善，并逐步由个人主义向着集体主义方向发展的同时，欧洲大陆兴起了一种全新的意识形态——民族主义。民族主义一开始就展现了惊人的作为，从美国的独立战争到法国大革命，从经受了"拿破仑征伐"的普鲁士、俄罗斯、西班牙等国的反应到塞尔维亚、希腊、波兰等国家的蔓延，民族主义迅速渗透到欧洲、美洲、亚洲、非洲各地，影响着世界各国家和地区的格局与政治。作为一种广包的意识形态学说，自由主义当然不可能无视民族主义的力量。与许多当代自由主义思想家所认为的相反，自由主义传统中对民族主义有过相当多的论述。实际上，在某些时期，自由主义曾经把民族主义看作自由主义的明确标志。

① L. T. Hobhouse, *Liberalism.* op. cit., p. 81.

② ［英］以赛亚·伯林：《自由论》，胡传胜译，译林出版社 2003 年版，第 202 页。

一　自由民族主义的兴起

自由主义与民族主义的关系由来已久，自由主义的民族主义（Liberal Nationalism）一词最早或见于海斯的《现代民族主义演进史》。在海斯看来，自由民族主义于18世纪在人道主义的基础上发展起来，勃兴于19世纪的英国、法国以及欧洲其他国家。海斯给自由民族主义的界定是："它是民族主义的学说，它希望世界的政治地图能重新画定，使各民族有其自己的独立国家。为实现这个计划起见，各帝国的领土须依民族的界限而分解起来，同时使一民族的各分散部分统一起来，成为一个新国家。"①

早在18世纪的英国，热爱民族的英国人就发展出了自己的民族主义思想，其中不乏著名的自由主义哲学家为之作出论证。在英国自由主义学者边沁看来，自由主义和民族主义是双生一体的，民族主义就是"对于一个整个国家的现在和将来居民情感的同情心"。边沁认为，世界各民族的存在首先是因为有种族的差异，这种身心构造的差别使得人们能够分辨出一个种族与另一个种族的大不同；其次是气候冷热的差别；最后是宗教所支配的民众风俗的势力不同。这些基本差异使得各民族间界限分明，一个民族附庸并推崇自己的法律、宗教、风俗习惯，并因此与其他民族产生隔阂与偏见。正是这种民族的差异，形成了国家和政府正当的基础。边沁反对英法等国对殖民地的统治，认为任何国家和民族都不应统治其他民族，而应该由当地的民族根据自由的原则建立自己的民族国家。他的民族主义思想同他的世界主义思想并行不悖，即便作为一名英国的爱国者，边沁也从不认为英国有任何对所谓落后民族的使命。边沁的民族主义思想服从于他的功利主义目的，即让最大多数人获得最大的幸福，这种目的不允许民族主义的好战精神，或是帝国主义以及其他任何侵略行为的存在。"他在他的民族主义里是一个和平主义者和反帝国主义者，一个'主张小英格兰者（a Little Englander），一个坚决拥护一切大小民族自决权的勇士。'"② 边沁建基在功利主义基础之上的民族主义观决定了他反对旧的世

---

① ［美］海斯：《现代民族主义演进史》，帕米尔等译，华东师范大学出版社2011年版，第105页。

② 同上书，第101页。

界主义企图消灭民族差异的做法，而是提倡代表民族国家与民族间关系的新的国际主义。边沁的国际主义思想认为人们应当既拥有爱国心和民族热诚，又反对民族偏爱和偏见，才能成为一个好的民族主义者，才能实现一个更好的世界制度。同为功利主义思想家的密尔同样从国家的角度对民族主义做了论述，他认为民族和民族主义有利于建构稳定的国家、政府与民族间的关系，并通过民族为纽带管理国家。同时，密尔也看到 1848 年以后欧洲民族主义的巨大能量，他写道："民族主义使人们对人类任何其他权利和利益都漠不关心，除非那些人与他们自己有同样的名称、讲同样的语言。……民族主义的情绪远远超过了对自由主义的热爱，人们都愿意怂恿统治者去粉碎那些非我族类、语言相异的外族的自由和独立。"① 人们对民族主义的热情甚至超越了对个人自由和其他权利的追求，不惜牺牲一切来捍卫民族利益和尊严。

18 世纪末，在拿破仑的暴力入侵之下，自由主义要求摆脱军国主义入侵、实行自由贸易、使弱小民族获得独立的保障以及对和平的热望成为欧洲人的共识，发端于英国的自由主义的民族主义传播到了欧洲大陆，德国、葡萄牙、西班牙，甚至意大利、波兰、荷兰、比利时等国家都出现了自由民族主义者的身影。到 1815 年滑铁卢战役之后、自由主义的死敌拿破仑最终失败时，自由民族主义已经在西欧和中欧成为一种明确的智能运动。这一时期自由主义对民族主义的赞同与褒扬，建基在反抗欧洲帝国专制统治之上：在当时的哈布斯堡王朝、奥斯曼土耳其帝国、沙皇俄国，各民族群体的成员都遭受了不公正的待遇，不能享受到个人自由和政治自由。自由主义作为一种倡导个人自由权利的学说，认为民族主义能够成为反抗不公正待遇的有力帮手，因为"在一个民族性群体的自治中，自由事业找到了它的基础，保证了它的根本"②。自由民族主义以国家为研究中心，一方面重视民族国家的绝对主权，"它是民族主义的学说，它希望世界的政治地图能重新画定，使各民族有其自己的独立国家。为实现这个计划起见，各帝国的领土须依民族的界限而分解起来，同时使一民族的各

---

① ［英］安东尼·吉登斯：《民族—国家与暴力》，胡宗泽等译，三联书店 1988 年版，第 145 页。

② Baker, Ernest, *National Character and the Factors in its Formation*, London: Methuen, 1948, p. 248.

分散部分统一起来，成为一个新的国家。"① 自由主义对各民族平等自治权利的信奉，甚至招来了反对者的嘲弄，例如，萧伯纳（George Bernard Shaw，1856—1950）就曾经说道："一名自由主义者就是一个担负着三种义务的人：一种是对爱尔兰，一种是对芬兰；另一种是对马其顿。（当时这三个民族都被并入了多民族的帝国）。"② 另一方面，自由民族主义又着重民族国家内的个人自由以及各民族国家肩负的维护世界和平的责任。自由民族主义具有非常浓厚的自由主义色彩，它要求各国人民必须拥有自由——个人自由和经济自由。自由民族主义的另一个重要观点是：假如每个国家都能民族主义化和自由主义化，那么自由贸易就可以在世界各国间开展起来，同时避免战争、保障国内和国际和平。在政治上，自由民族主义趋向于民主化，"冀望各民族的民族自决和各民族的民主自决"③。可见，自由民族主义的最初形式，是民族主义同古典自由主义结合在一起而成的，18、19 世纪的自由主义者大多对民族主义抱有良好的期待，认为民族主义有助于个人自由、民主自治和世界和平的实现。阿克顿勋爵（Lord Acton，1834—1902）、阿尔弗雷德·齐默恩（Alfred Zimmern，1879—1957）等自由主义者甚至认为，真正的自由只有在一个多民族国家中才是可能的，他们认为，把民族群体和它们对一种自己的精神生活的渴望分割开来，有助于控制国家权力的扩张和滥用。④ 从一开始，自由民族主义就是一种具有政治诉求的意识形态，融合了民族化、自由化和民主化的多重要求。自由民族主义者信奉各民族应当在一个独立立宪政府的统治下存续，这个政府对内消灭反对个人自由的专制贵族和教会势力，使国民享有最广泛意义上的，在政治、经济、宗教和教育等方面的个人自由权利；对外摆脱帝国主义、殖民主义的控制，赢得民族独立。海斯的自由民

---

① ［美］海斯：《现代民族主义演进史》，帕米尔等译，华东师范大学出版社2011 年版，第105 页。

② ［加拿大］威尔·金里卡：《多元文化公民权：一种有关少数族群权利的自由主义理论》，杨立峰译，上海世纪出版集团2009 年版，第63 页。

③ ［美］海斯：《现代民族主义演进史》，帕米尔等译，华东师范大学出版社2011 年版，第105 页。

④ 参见 Acton, Lord, "Nationalism", in J. Figgis and R. Laurence（eds.），*The History of Freedom and Other Essays*. London：Macmillan，1922，pp. 285 - 290. 及 Zimmern, Alfred, *Nationality and Government*. London：Chatoo& Windus，1918。

族主义定义是对 18 世纪自由主义者的民族主义观的客观总结，展示了自由主义对待民族主义的最初态度。

二　自由民族主义的衰沉

19 世纪以后，自由主义对民族主义的热情没能延续下去，而是随着民族解放运动的高涨与民族主义发生了严重分歧。随着自由主义的极端理性主义一元论倾向和民族主义整体主义发展目标的不断强化，二者的矛盾越来越大，从最初的一致变成了势不两立。造成这种现象，主要原因有两方面：一是民族主义的危害在民族国家建立和壮大的过程中逐步凸显出来；二是自由主义理论自身的发展出现了转折，为了实现理论的圆融，自由主义放弃了民族主义。

在自由民族主义的实践中，自由主义与民族主义的结合凸显了民族主义的危害。随着自由主义受到浪漫主义思潮的影响，自由主义者开始对"被压迫""被奴役"的各民族表现出前所未有的同情，他们极力证明这些弱小民族的合法性，以求通过和平的方式来解救这些不幸的民族及其民族主义。但是，这种主张和平与自决的呼声没有得到在 19 世纪的前六七十年统治欧洲的多数国家的响应，因为当时大多数欧洲国家并非民族国家，俄罗斯、奥地利、土耳其等帝国占有了欧洲大部分土地，辖下有许多民族。德意志和意大利都没有实现民族独立，比利时、荷兰还有法兰西，挪威与瑞典、匈牙利与奥地利、爱尔兰和英格兰都还是联结在一起的——"地理上的"民族国家还没有真正出现。而在中欧和东欧，现存各国仍处于封建时代的贵族制度控制中，都不是自由主义国家，也没有自由主义要求的成文宪法、代议政府和对个人自由的保障，这使得整个欧洲的自由民族主义都还只是纸上谈兵。如果要实现自由民族主义所构想的以民族和自由为基础的新欧洲格局，必须以暴力和战争为手段，激发各民族的民族主义热情来反抗帝国或封建反动政府的统治，为民族独立和自由而战。这种从和平主义向浪漫主义的转向，成为了自由民族主义衰沉的开端。在自由民族主义的号召下，英国、法国以及许多国家都建立了自由主义的政府，德意志人和意大利人建立了独立的民族国家，希腊、南斯拉夫、罗马尼亚乃至拉丁美洲都获得了独立或自治权，美国更是自由民族主义思想成功的典范。然而，自由民族主义在完成它促进民族独立和自由这一目的的过程中，它的民族主义部分在迅速扩张，而自由主义的部分则无可避免地衰沉了。自由民族主义者为了实现建立拥有独立主权、实行自由主义制度的民族国家的目的，无可避免地鼓动了非和平主义的叛乱与战争，也就是说，"自由民族主义者自己不知不觉创造一个武勇的巨人，使自由民族主义转变成了完整民族主义。"①

从自由主义理论的发展来看，自由主义者抛弃了当初以民族主义作为自由主义助手的理念。早在 1861 年，密尔就已经提出，自由制度在一个多民族国家中几乎是不可能实现的："在一个没有同胞感的国民中，尤其是，如果他们用不同的语言阅读和讲话，那么代议制度的运转所需要的统一的民意就不可能存在……一般而言，政府的边界应该大体上与那些民族相吻合，这就是自由制度的一个必要条件。"② 格林也曾论证说，只有"源于具有各种联系的共同居住地的纽带，源于共同的记忆、传统和风俗的纽带，和源于具有共同语言和共同文学著作的共同的感知和思考方式的纽带"③，人们才能产生对一个国家的归属感，并衍生出对自由民主制度的认同。换句话说，以密尔、格林为代表的自由主义者认为，民族主义与自由主义最可能成功的结合模式就是在一个独立主权国家内只有一个民族。但是，他们也明确看到"一个民族一个国家"的构建存在实际的困难：从地理上来说，世界各地存在普遍的民族杂居现象，不同民族的成员长期交织生活在一起，以至于无法把每个民族都独立出来构建各自的民族国家。例如，在英国的众多殖民地，自由民主制度始终无法像在英国本土那样顺利推行，因为殖民地多民族、多种族的人员构成使得在英国这样一个单一民族国家内最常见不过的政治分歧、意见争吵甚至党派斗争都会诱发民族间的敌对情绪甚至战争。

在具体的操作上，自由主义者认为，民族国家的建立受到"门槛原则"的限制。著名的自由民族主义思想家马志尼就是这种观点的主张者。

---

① ［美］海斯：《现代民族主义演进史》，帕米尔等译，华东师范大学出版社 2011 年版，第 179 页。

② Mill, J. S., "Considerations on Representative Government", *Utilitarianism*, *Liberty*, *Representative Government*, ed. H. Acton, London：J. M. Dent, 1972, p. 230, 233.

③ Green T. H. *Lectures on the Principles of Political Obligation*. London：Longman's, Green, & Co., 1941, p. 130, 131.

他认为，其一，"一个民族一个国家"只适用于一定大小的民族，这些民族必须具有独立和生存的能力。因此，他反对爱尔兰的独立，对当时欧洲的很多少数民族（如西西里人，布列塔尼人，威尔士人、巴斯克人等）的民族独立和自决要求都嗤之以鼻。其二，民族国家的历史必须与古老的精英文化有密切联系，曾经创造过独特的民族文化和官方语言。例如，英国、法国、俄罗斯、西班牙等国家，它们都拥有悠久的建国历史，因而无人能质疑其民族地位，而那些长期杂居、寄居在这些国家中的少数民族，如法国的布列塔尼人，西班牙的巴斯克人、英国的苏格兰人等，由于它们的生活和文化都依附母国而存在，其民族特性则被马志尼纳入了母国主流民族之中，否认其独立的民族特性。其三，马志尼认定民族国家的建立是一个扩张的过程，武力征服成为民族国家建立过程中不可避免的手段，因此民族分离运动是不值得同情的，如爱尔兰的独立运动以及其他民族的分离主义情绪都被认为是错误的。而且，马志尼认为，优势民族对劣势民族的兼并与统治对整体的人类自由和少数民族本身都是有利的。至此，马志尼的自由民族主义思想成为了进攻性民族主义对外征伐合法性的理论支撑。与此同时，自由主义世界主义的理想也不允许每一个民族保有自己全部的文化，而是要求各个民族都无差别地接受自由主义的理念，这与民族主义的基本特征形成了强烈的反差，因为后者尤其强调民族的独特性和特殊价值。

随着 20 世纪的两次世界大战的巨大灾难，个人的生命权利、财产自由都受到国家极权的法西斯主义严重侵害。在与自由主义一元论的交锋中，民族主义显示出极端的进攻性，以彻底的整体性否定了自由主义中个人的权利，以单个民族价值否定了人类普遍价值——民族主义特殊主义挑战了自由主义普遍主义的有效性。在两次世界大战中，面对日益强大的国家干预带来的暴政和个人自由严重受损，自由世界的秩序几近破灭；与此同时，在旧帝国的崩溃过程中，民族主义这股潜流却日益蓬勃发展起来。一方面，在实行自由主义制度的国家里国家机器对公民自由的限制大大增强，个人自由和权利被战时独特的集权限制甚至剥夺。A. J. P. 泰勒曾描述第一次世界大战对个人的巨大影响："所有这一切（英国人的自由）都为世界大战的影响改变了。人民大众第一次成了活跃的公民。来自上方的命令塑造了他们的生活：他们被要求为国家服务，而不是一味地为他们自己的事务奔波。……国家确立了对公民的牢固控制，虽然和平时期它又松弛了，但这种控制却再也没有废除过，而且又被第二次世界大战强化了。"① 另一方面，在英国之外的广大欧洲地区，如德意志、法国、意大利、西班牙等国，自由主义的发展从来都不是单纯的，而是伴着浪漫主义的思潮进行的。例如，19 世纪德国的自由主义和民族主义合流起来，形成了一股强大的对自由世界具有摧毁作用的潜流，最终酿成了 20 世纪以法西斯主义为代表的国家极权主义，形成了对外侵略的极端民族主义狂潮，其恶果席卷全球。

第三节　自由主义与民族主义的对立

第二次世界大战结束后，自由主义者彻底放弃了与民族主义联姻的愿望，任何与民族主义相关的事物和名词都被贴上了暴力、屠杀、专制、极权的标签。总之，战后的自由主义思想无论是朝向古典自由主义的回归还是新兴起的平等主义流派，都对民族主义讳莫如深。加之在二战结束后，有关意识形态的冷战冲突在欧洲甚至世界范围内取代了民族主义，民族主义的冲突与矛盾被经济意识形态上敌对的阵营遮蔽起来，自由主义者重新把精力放回到将自由主义普遍主义的理性原则应用到全人类的社会生活中的理想上。特别是当美国废止了种族歧视政策，在移民群体中开展了"种族复兴"（ethnic revival）计划之后，自由主义者更是对以自由主义普遍主义原则消解民族主义的特殊主义充满了信心。理性主义一元论主导下的自由主义开始对民族主义提出了批判，抨击民族主义的非理性因素及其特殊主义的狭隘。

一　自由主义普遍主义的理论基础

综观 16 世纪至 20 世纪初的自由主义，无论其形态如何，也不论其理论基础是自然法还是功利主义或其他，也不论其重心向何处偏向，都具有自由主义独有的特质。约翰·格雷曾对此有过总结，他认为，自由主义无

---

① A. J. P. Taylor, op. cit., p. 2. 转引自［英］约翰·格雷《自由主义》，曹海军等译，吉林人民出版社 2005 年版，第 39 页。

论经历何种改变和重塑，以何种形态出现，都具有四个基本要素："它是个人主义的（individualist），因为它主张个人对于任何社会集体之要求的道德优先性；它是平等主义的（egalitarian），因为它赋予所有人以同等的道德地位，否认人们之间在道德价值上的差异与法律秩序或政治秩序的相关性；它是普遍主义的（universalist），因为它肯定人类种属的道德统一性，而仅仅给予特殊的历史联合体与文化形式以次要的意义；它是社会向善论（meliorist），因为它认为所有的社会制度与政治安排都是可以纠正和改善的。"① 换言之，无论自由主义这个庞大而松散的理论体系内部有多少复杂流派或巨大差异，其理论必定具有上述四个基本要素，以此将自由主义同其他理论区分开来。

伯林对自由主义的本质作了更深层次的分析，他认为，自由主义虽然经历了3个世纪的发展，但其智识传统可以追溯到"伊拉斯谟与蒙田、意大利文艺复兴、塞涅卡与古希腊人那里"②，因为自由主义同这些思想一样，继承了西方思想传统中理性主义的原则。格雷所说的自由主义的普遍主义特征与自由主义的其他基本要素共同的理论基础正是理性主义一元论。理性主义一元论坚信自然是不完善的，运用人类理性发现缺陷并寻找补救的办法，特别是运用社会的方法来补救，是人的理性的特点。在理性主义一元论的基础上，自由主义衍生出个人主义、平等主义、社会向善论等特征，普遍主义则是这些特征的共通之处。所谓"普遍主义（universalism，又译'普世主义'）是一种超越时空地看问题的方法，一种把自己信奉的价值、规范、制度等视为普世性（或普适性）东西的信念"③。这种普遍主义的信念源自古希腊哲学中对世界本原的追求，后来融入了对绝对善以及普遍人性的追问，并由此孕育了强调普遍人权和法治原则的自由主义。

第一，理性主义一元论。从古希腊到近代，理性主义一直是西方思想史的主流。理性主义思想家执着地认为在千变万化的现象背后必然存在一个能够统率一切的核心价值，只要超越了人自身思想的有限性，突破纷繁

① ［英］约翰·格雷：《自由主义》，曹海军等译，吉林人民出版社2005年版，第2页。
② ［英］以赛亚·伯林：《自由论》，胡传胜译，译林出版社2003年版，第70页。
③ 马德普：《普遍主义的贫困》，博士学位论文，天津师范大学，2002年，第1页。

复杂现象的纷扰，运用理性能力就能总结出那个最具普遍性的核心价值。在自然科学的历史上，人类理性能力的运用取得了丰硕的成果；鉴于此，在人文社会学科领域，许多思想家也认为理性是解决人类问题的唯一有效路径，并将其作为一个最根本的原则置于所有其他理论之上。伯林曾多次对理性主义作出分析，认为理性主义具有以下四个核心前设："首先，所有人都有一个且只有一个真正目的，也就是理性的自我导向的目的；其次，所有理性存在者的目的必然组成一个单一、普遍而和谐的模式，对于这种模式，有的人比其他人更能清楚地领会到；再次，所有的冲突，因此所有的悲剧，都源于理性与非理性或不充分理性——生活中的不成熟与未发展的成分，不管是个体的还是共同体的——之间的冲撞，而这种冲撞原则上是可以避免的，在完全理性的存在者那里则是根本不可能的；最后，当所有人都被造就成理性的时候，他们将服从出自他们自身本性（这些本性在所有人中都是同一与一致的）的理性规律，因此成为完全服从法律的与完全自由的人。"① 在理性主义的这四条前设中，意味着个人的价值取向、法律制度的制定原则乃至人类社会的真正自由都有着完全一致的最终指向，即真实的、不变的、普遍且永恒的客观价值。在纷繁芜杂的现象背后，所有真正问题都应该能够解决，且其答案能够构成一个和谐的整体，因为："（1）凡是真正的问题，都有一个正确答案，而且只有一个：所有其他答案都是错误的。……（2）给一切真正的问题提供正确答案的方法，从性质上说是理性主义的。……（3）这些解答，不管是否已被发现，有着普遍、永恒和一成不变的正确性：不管是在什么时间、地点或人群中，都是正确的，就像昔日对自然法的定义一样，它们 quod simper, quod ubique, quod ab omnibus（不分时间、无所不在、普遍适用）。"② 现实中我们遇到的理性主义无法解决的困难，或与理性主义一元论相背离的多元思想或行为不过是人类迈向普遍理性道路上的偏差，或许是由于无知、幻想、偏见、迷信或其他非理性因素的阻碍，但是"真理和光明在任何地方都是一样的"，破除了非理性因素的影响，人类世界总是能够按

---

① ［英］以赛亚·伯林：《自由论》，胡传胜译，译林出版社 2003 年版，第 226 页。

② ［英］以赛亚·伯林：《反潮流：观念史论文集》，冯克利译，译林出版社 2002 年版，第 99 页。

照理性的定律加以严密组织和合理安排的，因为真正的终极价值有且只有一个。

　　第二，个人主义。除了理性主义一元论，自由主义还有另一个非常重要的思想基础——个人主义。个人主义表达了理性主义对人的本质属性的界定，同时反映了自由主义普遍主义在人的问题上的观点。自由主义认为，人具有普遍的、原子化的共同属性，即普遍人性，所有的信念、价值体系和对社会现象的解释都要以这种普遍人性为基础。基于这种普遍主义的考量，个人主义的价值体系也具有三个基本原则，即"所有价值观都是以人为中心的，也就是由人来体验的；个人是目的本身，具有最高的价值，社会只是个人目的的手段，而不是相反；在某种意义上说，所有的人在道德上都是平等的，这种平等性的表述正如康德所说，是任何人都不能被当作其他人福利的手段。"①直至20世纪中期，无论在自由主义的哪个发展阶段，都秉承了个人主义的传统。

　　第三，平等主义。平等是自由主义论述最多的基本概念之一。自由主义者对平等的论述多是基于自然法中天赋人权的观念而来。"一切人生而平等"这一响亮口号就是对人生而具有的同等道德地位的最佳诠释。从文艺复兴以来，自由主义者在"自由、平等、博爱"的口号之下，反抗封建等级制，建立市民社会，提出人们之间应具有平等的权利。随着自由主义理论的发展，平等从最初的政治诉求逐步扩展到经济、文化权利等领域，而且学界对应当追求结果平等还是起点平等的争论一直延续至今。平等主义倡导消除因等级、歧视以及差异带来的差别对待和结果，并不是提倡平均主义。伯林认为，平等就好像自由一样，是一种类似自然权利的东西，无法靠其他东西来证明，因为它自己即是不证自明的。②平等主义虽然没有得到所有自由主义者的支持（如自由放任主义），但是基于自然法提出的人在道德地位上的平等是得到了较为普遍的肯定的。

　　第四，决定论。基于理性主义一元论，伯林推导出在人类社会的历史进程中，不管身处何种时代，我们面对的每件事物都是受客观历史机器推

---

　　①　顾肃：《自由主义基本理念》，中央编译出版社2003年版，第20页。

　　②　Berlin, Isaiah. "Equality", *Proceedings of the Aristotelian Society* LVI, 1955—56, pp. 301 - 326（http：//plato. stanford. edu/entries/equality/）.

动的，也就是说，阶级、种族、文化、理想、时代精神等都是理性在这一
历史阶段的固有现象，世界的本真就是在理性指导下单向度发展，人必然
受到既定生活的制约，没有选择也无须反抗；当然，世界的这种方向性和
规律性是可以通过理性的研究方法发现并掌握的。伯林在《历史的不可
避免》一文中，对决定论作了深刻的剖析，他认为，决定论具有几个方
面：其一，决定论是一种形而上学的态度，其终极特征是认为："个人的
选择自由（至少在这里的含义）是一种幻想；人类能够作不同选择，这
种观念是建立在对事实的无知之上的。"① 其二，决定论是反个人主义的。
因为在决定论之下的任何个人，发现自己就是听从所处时代的声音的召
唤。个人行动的责任以及理由被转移到了这种非人的巨大力量——客观历
史趋势或制度——的肩上，个人的行为不再具有道德意义，在决定论中的
个人都是"不可避免的"角色，也就无所谓自由或独立感。"个人自由的
观念是个幻觉。……个人自由是一个高贵的错觉，并有其社会价值；没有
它的社会也许会崩溃；它是一个必要的工具——理性、历史或随便什么要
我们去崇拜的东西的'狡计'的最大设计。"② 自由主义的社会向善论也
是决定论的一种。社会向善论相信人类社会必然会向着某个好的方向发
展，一切的不美好和不完善都可以通过理性的研究和行动得到改进与完
善：因为人类社会的发展遵从一定的客观规律，只要我们发现了这种一般
规律并应用之，社会就会自动产生普遍的幸福。这种社会向善论的信念让
不少唯心论自由主义者产生了共鸣，理性让人们把握住向善的方向，避免
了个人选择可能犯错带来的责任压力。

　　自由主义的普遍主义以普遍人性和理性主义一元论为核心，蕴含在理
性主义一元论、个人主义、平等主义和决定论这四个基本特征之中。作为
一种广包性的理论，自由主义当然不只具有这样单调的一张面孔，但是，
理性主义一元论的自由主义确实在其发展历史上占据了主流地位并影响
深远。

---

① ［英］以赛亚·伯林：《反潮流：观念史论文集》，冯克利译，译林出版社 2002 年版，第
122 页。

② 同上书，第 146 页。

二　自由主义普遍主义对民族主义的态度

伯林剖析了自由主义的普遍主义为何会漠视民族主义的巨大能量，将其视为日薄西山的非理性思潮和运动的原因。伯林认为，受到理性主义一元论的影响，自由主义普遍主义认为民族主义本身是一个暂时的现象，将随着其形成原因——民族主义的成因无外乎是人类非理性主义的、情感的需要——的消失而消失，它们将被启蒙不可抗拒的进步摧毁，无论这种启蒙是道德的理性进步还是科学技术的迅猛发展。自由主义一元论者坚信，高度发达的社会生产力、生产关系的不断优化、自由民主社会的构建、政治民主的实现及经济的公正分配都会最终摧毁民族间的壁垒，普遍的人性将战胜幼稚的"民族病"。"面对这一切，单纯的民族群体的要求和理想将逐渐失去重要性，并将与人类未成熟时期的其他遗物一起，被放入人种学的博物馆。至于已实现独立和自治的民族中的民族主义者，他们将作为非理性主义者被打入另册，和尼采的信徒、索雷尔的信徒以及新浪漫主义者一起失去意义。"① 但是，这种典型的非理性的民族主义思潮并没有如自由主义者所想的那样，是人类理性发展不成熟时期的产物，会随着理性对真理的无限接近逐步消亡。相反，民族主义自形成开始就是一股巨大的潜流，总是在适当的时候迸发出惊人的力量，影响着世界格局。

与自由主义普遍主义相比，民族主义则是一种最为常见和显眼的特殊主义。根据第一章中对民族和民族主义的简要界定，我们得知，一般意义上的民族主义强调个体从民族主义共同体中获得对自身的认同，并且忠诚于共同体及集体目标。身处具有众多不同民族共同体的世界中，人们常常选择将民族认同与民族的独特性及其自身特性联系在一起，由此构成了民族主义特殊主义这一特质。民族主义并不与全人类都有关，而只与本民族成员息息相关，民族认同与其排斥性同时存在。民族性中的诸种要素都被自然地或自觉地纳入民族认同的范围，语言、习俗、地域联系、体貌特征、宗教信仰、共同的历史等都是重要区分标准（这些标准通常被称为"族裔性的"）。与其他认同不同，前述这些族裔性特征是伴随着民族成员

---

① ［英］以赛亚·伯林：《反潮流：观念史论文集》，冯克利译，译林出版社 2002 年版，第405 页。

与生俱来的，并不是自我选择的结果。但是，这些特征又非独一无二的，有些特征是可以被放弃的，如语言、习俗、宗教信仰等。以自由主义普遍主义的角度来分析，民族主义的诸多方面与普遍主义都是不相容的。

其一，自由主义者认为民族主义是非理性或理性发展不完全的产物。如前文所述，由于二战结束以后意识形态冷战思维遮蔽了民族主义的威力，自由主义者们眼中的民族主义不再是一个值得大费周章去讨论的边缘问题，他们甚至认为民族主义不过是人类理性发展不完善的产物，这种"特殊主义看上去是理性在情感、偏见、惯例以及其他种种在理性上不确定因素面前的投降"①。按照自由主义者的设想，"民族主义是人类自决的渴望受到挫折的暂时产物，是人类发展过程中由于非人格的力量和由此产生的意识形态的作用所导致的一个阶段。"② 随着人类认识对客观理性的无限接近，支撑民族主义的非理性因素会逐步为理性取代，民族主义自然随之消亡。民族主义的兴起与兴盛，是伴随着19世纪末20世纪初反对理性主义的声音出现的。而对民族主义来说，自由主义所提出的一系列普遍范围的单一基本原则或有序列的规范——如功利主义、基本人权或某种平等原则——并不具有真实的道德情境，因为个体的人不能作为一种抽象的、虚假的理性存在者生活。正如戴维·米勒所说："普遍主义者在特殊主义中看到合理性的缺乏，而特殊主义在普遍主义中看到一种对超出普通人能力的抽象合理性的承诺。"③ 由于特殊的自我认同、民族尊严以及自我尊重的需要，民族主义注定反对那些以真理的掌握者自居的理性主义一元论者，他们拒绝按照别人提供的所谓最佳方式生活，拒斥大一统的社会目标，转而寻求本民族文化、传统、历史中值得骄傲的价值，从而实现自我认同、自我创造的自主。民族主义否定有所谓绝对进步的标准存在，这和民族主义对理性主义一元论的反对紧密联系在一起。民族永存主义甚至认为民族是几乎同人类一样古老的存在，是不能抹杀的记忆与习惯，是同饮食、安全、生儿育女一样的自然需要，社会的存续、生命的维系都在于

---

① ［英］戴维·米勒：《论民族性》，刘曙辉译，译林出版社2010年版，第11页。

② ［英］以赛亚·伯林：《反潮流：观念史论文集》，冯克利译，译林出版社2002年版，第405页。

③ ［英］戴维·米勒：《论民族性》，刘曙辉译，译林出版社2010年版，第19页。

"始终浸淫在自己的语言、传统和当地感情之中；千篇一律就是死亡"。①

其二，自由主义者认为民族主义是反个人主义的。自由主义认为人是构成社会的基本单位，也是权利的主体，因此自由主义反对空洞的共同体的存在意义。对民族主义者来说，民族并不是为了更好表明个人特征而设定的集体名词，而是实实在在的、具体的东西。这种集体的存在甚至有着超越个体的意义：民族具有类似于生物有机体的构成，有自己的目的、利益和价值，民族的集体意识、历史、传统比个体成员更有价值，由每个成员构成的族群比单一个体更具目的性，个人只不过是其中的微小碎片而已。

其三，自由主义者认为民族主义是反对平等主义的。自由主义者通常认为，民族主义视本民族的利益高于一切，本民族的文化被视为最优秀、最有价值的，而其他民族的利益、价值及文化都处于从属的、不重要的甚至是劣等的地位。差别性的民族地位和民族权利是民族主义的突出特征之一，也是民族主义特殊主义的体现。而且，在自由主义者看来，民族主义反对平等主义的态度已经为二战中德国法西斯主义的民族政策证明了。

其四，自由主义者认为民族主义具有排他性。首先，从身份认同来看，自由主义认为公民身份源自古老的社会契约，是人们为了自身和社会的存续而自愿放弃一些权利交付给公权力来行使；如果交付出去的权利被不正当地行使，人们则有权反抗其继续统治，并重新选择统治者或建立自己的统治机构，因此，公民身份是可以选择和变更的。公民身份是一个开放的系统，成员只需具备相应的条件便可以自由出入。民族主义则不然，民族成员的身份是与生俱来的，不是契约的结果也不可选择，民族成员身份的认同不是单向的，而需要成员之间相互的肯定与接受。其次，从文化上讲，自由主义宣称自己持中立的态度，为了捍卫个人权利，国家应当对个人的生活计划、文化、宗教信仰等保持中立，而不持有某种倾向性的态度予以支持或反对，如，自由民主国家不允许在教育体制中传播某种宗教或政治倾向的内容。但对民族主义来说，本民族的文化具有与其他民族文化不同的特殊性，其意义、价值、历史对民族成员而言是与众不同的，甚

---

① ［英］以赛亚·伯林：《反潮流：观念史论文集》，冯克利译，译林出版社2002年版，第15页。

至是值得更加爱护和值得偏向性地保护的。在以上两个层面的意义上，自由主义有理由认为民族主义具有排他性，且这种排他性也是由民族主义非理性的特殊主义特质决定的。

　　19 世纪之后，不少自由主义者认为特殊主义的民族主义拖延了历史同一化的进程，因为在多民族国家内部，不同民族政治需求的差异性导致了无法实现共同的政治目的；在国际问题上，民族的差异性更使得国与国之间的利益鸿沟无法逾越。例如，这一时期，"除了支持俄罗斯、奥地利和土耳其这些君主制的多民族帝国的人，或帝国主义者、社会主义的国际主义者、无政府主义者，也许还有一些信奉教皇至上论的天主教徒，人们都认为国家的疆域和民族一致总的说来是可取的。"① 民族应当与国家疆域一致，这样一来就可以避免因民族矛盾产生的龃龉和战争。大多数人相信，民族是社会组织不可避免的一部分，其中有一些希望或担心它被别的政治结构代替，另一些人则认为民族主义是一种"自然"而永恒的现象。不少的自由主义者开始认为民族和民族主义是一个正在消失的阶段，民族主义运动的勃兴不过是专制统治者在教会支持下对民众进行压制和武力镇压后的产物。从 19 世纪到 20 世纪，德意志和意大利逐步实现政治统一和自治，到 1914 年，承认民族独立权利的《凡尔赛公约》得到认可，似乎已经解决了民族主义的问题，虽然在世界范围内民族问题依然存在（如多民族国家中少数民族的权利问题，亚非拉殖民地的民族问题等），但大多数开明的自由主义者乃至社会主义者都开始相信，民族主义的衰落是必然。

三　民族主义的威力

　　英国哲学家勃里安·马奇（Bryan Magee）在一次与伯林的访谈中提到：20 世纪最为臭名昭著的好战民族主义者莫过于希特勒，即使是在纳粹主义终结近半个世纪后，民族主义仍然被视为是世界上最强力的政治力量。在二战之后，任何第三世界国家左翼的政治力量在发起政治运动乃至战争的时候，几乎无一例外地把民族主义当作号召民众参与战斗的最高理

---

① ［英］以赛亚·伯林：《反潮流：观念史论文集》，冯克利译，译林出版社 2002 年版，第 403 页。

念，呼吁民众为民族自由而战。苏联强烈的民族主义情感和前南斯拉夫因为民族冲突的解体更是民族主义巨大影响的直接表现。民族主义的力量让19世纪所有的政治学者都感到不可小视，但他们对民族主义的存在有不同的理解，有人认为只要德国和意大利获得了国家统一就会满足，不会再发动侵略其他民族国家的战争，有人认为民族国家只是人类构建世界政府过程中的一个暂时阶段，还有人认为社会和经济阶级才是人们最终忠诚的主要对象（如苏联共产主义），但就是几乎没人预料到民族主义会有这样席卷全球的力量。

其一，世界范围内的民族主义运动改变了世界格局。从近代历史来看，17、18世纪欧洲一些国家和地区民族意识的觉醒促成了欧洲革命：1848年以来，意大利爆发了独立运动，法国爆发二月革命，奥地利、都柏林也先后爆发了革命，匈牙利、捷克、罗马尼亚等地也发生了民族独立运动，反对异族压迫，争取民族独立和自治，消灭封建专制成为欧洲革命的主题。尽管这些革命多以失败告终，但民族独立的意愿已经势不可挡，成为后来德意志、意大利独立运动的先声。到19世纪70年代，除东欧、东南欧的部分地区外，整个欧洲大陆已经被民族主义运动席卷。19世纪中后期到20世纪初，拉丁美洲殖民地民族意识的觉醒让殖民地人民以民族主义的名义反抗殖民统治，掀起了拉丁美洲民族独立运动的高潮，谋求民族生存、平等、自决、独立和发展，成为亚非拉地区民族主义运动的根本要求。两次世界大战期间及以后这一百多年间，民族主义更是以前所未有的姿态登上世界的历史舞台，改变了世界格局。众所周知，两次世界大战的导火索都是民族主义，第一次世界大战源于巴尔干半岛激烈的民族矛盾与冲突；第二次世界大战则是民族主义走向极端的法西斯主义形式的恶果。两次世界大战之间亚非拉地区广泛的以民族主义名义开展的反殖民独立运动，苏联和东欧地区因民族矛盾激化引发的民族分离运动，以及苏联解体后战后世界两极格局的打破、东欧社会主义国家剧变等重大历史事件无一不是以民族主义之名进行的。例如，进入20世纪中叶以后，在法国兴起了以摆脱美国控制，实现民族自主为目的的"戴高乐主义"①；联邦

---

①　戴高乐主义是20世纪50年代末，法国总统戴高乐制定的一系列法国对外政策，实质上是法兰西民族主义思想。

德国反对东西德分离，推行缓和东西两个德国的关系，维护德意志民族利益的"新东方政策"；前南斯拉夫、波兰、匈牙利等国反对被强制推行苏联社会主义模式，要求走符合本国国情和民族需要的社会主义道路的运动等。可以说，自民族主义诞生以来，人类社会的每一次大革命、每一次大的社会变革、每一次大规模战争无不与民族主义紧密相关，民族主义已然成为影响世界格局，改变人类命运的巨大推手。

其二，在世界各国内部，民族主义的兴起引发了多种社会问题。冷战结束后，世界格局发生巨大变化的同时，在世界各国内部，民族主义也引发了许多新的问题。当前世界大多数国家是由多民族构成的，民族和民族问题的存在是不容忽视的客观事实，不同民族文化的碰撞与冲突引发了诸如族裔间平等问题，移民的族群权利问题，少数族群文化权利，民族分离主义倾向、新的种族主义和仇外排外情绪等。如 20 世纪 50 年代中后期开始的非洲裔美国人反对种族歧视和种族压迫、争取平等的政治、经济和社会权利的"平权运动"就是在美国国内因族裔不平等引起的巨大政治运动。1994 年，在卢旺达发生了多数民族胡图族对少数民族图西族以及胡图族温和派的大屠杀，造成 80 万人至 100 万人死亡。目前，在全世界范围内，打算从其母国中分离出去或具有分离倾向的民族或种族有 3000 多个①，几乎涉及国际社会的所有国家和地区。为"民族独立"而战的地区就有俄罗斯的车臣、英国的北爱尔兰、斯里兰卡的泰米尔、中东的库尔德人聚居区、格鲁吉亚的南奥塞梯和阿布哈兹、加拿大的魁北克、法国的科西嘉、西班牙和法国的几个巴斯克人居住的省份以及印度的旁遮普省等。② 近年来，在自由民主国家内部，少数民族群体权利问题也日益成为影响其国内政治、经济和文化发展的重要因素。如在加拿大、美国，印第安原住民的合法权益、肯定性行动计划等差异性公民权利的实施，正在挑战传统自由主义的平等、正义等理念，改变着自由民主国家构建民族国家的计划。

自由主义者们理想中以理性化解人类矛盾冲突的幻梦遭到了民族主义

---

① 参见西奥多·A. 哥伦比斯等：《权力与正义》，白希译，华夏出版社 1990 年版，第 473 页。

② 参见魏光明：《民族主义与当代国际政治》，《国际政治》1997 年第 12 期。

的无情打击，战后的世界并没有沿着自由主义者设定的自由民主模式顺利发展，人类社会大一统和谐共处的局面迟迟未能出现，且看来遥遥无期。这种超出自由主义普遍主义设想的现象使得学者们开始反思自由主义本身，并重新审视民族主义这个一度被忽视、甚至是故意被冷落的话题。对此，有的自由主义者坚持普遍主义的基本原则，仍对民族主义三缄其口——对他们来说，放弃民族主义这个术语，将它归结给保守主义、沙文主义或者种族主义不失为一个好办法，因为这既保全了自由主义本身价值理论的合理性，又解除了民族主义对自由主义基础理论的挑战。对他们而言，民族主义是一种建立在非理性的对"陌生人"的恐惧之上的情感，其推动力是道德上的缺失或对熟悉的、简单事物的迷恋，以及对权威的欲望和凌驾于其他民族之上的利益驱动产物。① 另外一些自由主义者则意识到民族主义是不可避免的，自诞生之日起，民族主义就与人类社会如影随形，并将长期伴随人类发展。但是，如何调和自由主义基本理论与民族主义之间的矛盾，如何做到既献身于民族事业，又坚持自由主义者的立场，这个问题一直困扰着这些自由主义者。如麦考密克就提道："'民族'与'民族主义'是与'个人'和'个人主义'对立还是一致，是一个我非常关心的问题。我几年来一直是苏格兰民族党的成员，但是在我所坚守的其他原则为我提供的框架内，我个人对任何一种民族主义的正当性感到困惑。"②

小　结

在本章中，我们主要考察了自由主义与民族主义的历史渊源与现实根本矛盾所在。首先，本章回顾了自由主义发展的历史。根据自由主义的发展史可以看出，自由主义从来不是一个单纯的理论，而是具有不同来源、不同论证路径、不同形态的理论体系，具有极大的包容性。而且，在19世纪初，自由主义受到理性主义一元论影响加深，开始突破古典主义消极

---

① ［以色列］塔米尔：《自由主义的民族主义》，陶东风译，译林出版社2005年版，导言第3页。

② MacCormick, N., *Legal Right and Social Democracy*. Oxford：Clarendon Press, 1981, p. 247，248.

自由的限度，向提倡国家干涉的积极自由转变。其次，本章着重介绍了自由主义与民族主义间关系的演变。从 17 世纪开始，自由主义从以追求自由、平等、人道主义的最初形态开始，就与民族主义有着天然的联系，民族主义充当了自由主义反对封建专制统治、谋求个人自由的有力帮手。自由民族主义仿佛一开始就是自由主义和民族主义天然结盟的产物，推动了欧洲各民族寻求民族独立和个人自由的同步进行。但是，随着自由主义思想的演变，自由主义已经不满足于"消极的"自由模式，转而接受理性的检查和监督，主张以更大的主动性去追求人的社会价值和意义。与此同时，自由主义与民族主义在理念上的分歧开始显现出来。受到理性主义一元论支配的自由主义认为，民族主义是人类思想中非理性的、情感的部分的结果，民族主义的特殊主义诉求也只是人类理性发展不完全阶段的暂时表现，其影响将会随着人类理性的巨大进步和发展消亡。加之民族主义诱发了两次世界大战的巨大灾难，自由主义更是撇清了与民族主义的关系，彻底放弃了与民族主义的联姻。最后，本章表明，即便自由主义已经判定民族主义的暂时性，民族主义却没有像自由主义期望的那样随着文明的进步迅速从历史舞台上隐退。恰恰相反，民族主义正不断改变着二战结束后的世界格局，推动了民族独立运动，影响着民族国家间关系，并在自由民主国家内部掀起一波接一波的民族主义运动新浪潮。面对民族主义短期内不会消解的势头，自由主义者必须重新审视民族和民族主义，反思自由主义对民族主义的态度及其与民族主义的关系。

　　作为现代自由主义转向过程中的关键人物以赛亚·伯林以其独到的理论视角和情感体验对民族主义做了新的区分，他从他广为人知的价值多元论和"两种自由概念出发"，分析了民族主义的形成及不同价值取向，提出了"两种民族主义"的新概念，结束了以往自由主义者将民族主义视为异己的单一观念。伯林及其支持者认为自由主义与民族主义并非必然对立，由于二者分别是一个复杂的体系，在各自的领域有多种多样的类型和可能，自由主义可以是多元主义的，民族主义也可以具有普遍主义的特征，二者完全可能在价值多元的基础上找到共通之处，自由多元主义可以赋予民族主义新的解释，温和的民族主义也是真正实现自由民主社会不可或缺的必要元素。在第二章中，我们将介绍伯林民族主义思想的理论基础，也是他自由民族主义思想的前提条件——价值多元论与自由多元主义。

第二章　价值多元论与自由多元主义

　　以赛亚·伯林曾经在与伊格纳季耶夫的谈话中多次提到古希腊诗人阿基洛科斯的寓言故事以自喻——"狐狸多知，而刺猬有一大知"，甚至为此专门写了题为《刺猬与狐狸》的文章。在谈话中，作为 20 世纪最负盛誉的自由主义思想家之一的伯林自认为是从无巨著的"狐狸"，只不过是在这个或那个思想领域偶尔闪现智慧的灵光，这些零散的思想碎片却赢得了世人的过高赞誉。在《刺猬与狐狸》一文中，这个比喻则另有所指。伯林用它区分两类不同的作家或思想家：伯林将理性主义一元论的拥趸者视为只知"理性主义"这一大知的"刺猬"，他们力求以理性主义这一无往不利的理论工具囊括千变万化的客观事实，并从中找出唯一的绝对真理；"他们将一切归纳于某个单一、普遍、具有统摄组织作用的原则，他们的人、他们的言论，必惟本此原则，才有意义"[①]。与之相对，伯林则自喻为"狐狸"一类的思想家，意味着他的"思想或零散或漫射，在许多层次上运动，捕取百种千般经验与对象的实相与本质，而未有意或无意把这些实相与本质融入或排斥与某个始终不变、无所不包、有时自相矛盾又不完全、有时则狂热的一元内在见识。"[②] 伯林反对西方传统文化中的理性主义一元论传统，坚持认为多元的价值是世界的客观存在，也是人类无法否认的历史事实。理性主义一元论指向的唯一的善的图景好比上帝摧毁的巴别塔[③]一样，只是人类提供给自己的安慰而已。的确，和伯林在观

---

　　① ［英］以赛亚·伯林：《俄国思想家》，彭淮栋译，译林出版社 2003 年版，第 25 页。
　　② 同上书，第 26 页。
　　③ 《圣经·旧约·创世纪》中记载的通天塔。传说当时人们联合起来修建通往天堂的高塔，为了防止人成功，上帝让人们分说不同的语言从而无法在修塔过程中沟通，计划因此失败，人群各自离散，不再能同心协力完成这一工作。

念史研究中论述过的许多思想家一样，伯林不是一只刺猬，他从来不相信人类理性能够协调一切道德价值，他秉承了研究中一贯采用的历史主义和经验主义态度，以强烈的现实感来论证价值多元的客观性，并在此基础上重新诠释自由主义的基本要义。他相信，在多元的价值中，人类要实现理性自我导向，要获得真正的自由，就必须自己对自己负责，践行选择的自由并承担选择带来的结果：因为自由不仅是行动不受外界的约束与限制，还意味着自我选择，自我承担责任。在这个意义上，伯林认为人类最基本的自由应当是多元价值下的消极自由，而非理性主义一元论指向的积极自由。伯林虽没有鸿篇巨制，但他关于自由主义的论述、对观念史的研究以及他的民族主义思想有共同的核心理念——价值多元论和两种自由概念。在这个意义上说，虽然著作涉及的门类繁杂多变，其论述相较其他一些思想家而言也显得零散难以归纳，但伯林的核心思想是素朴和相对简单的自由主义，伯林始终是一只自由主义的"刺猬"。正是在对是"刺猬"还是"狐狸"的区分中，伯林开辟了现代自由主义继续向前发展的新路径，伯林的价值多元论基础上的自由主义思想，不仅是对古典自由主义的回归，更为现代自由主义提供了对多元世界的更大包容性。

第一节　价值多元论

　　综观伯林的所有著作，没有对价值多元论的专著或专门文章。他对价值多元论的论述主要是通过两个步骤完成的：一是对理性主义一元论的直接批判。伯林是一位温和的自由主义者，但他对理性主义一元论却常常采用非常激烈的反对态度。在《自由论》《扭曲的人性之材》等论文集中，伯林用较多的篇幅论证了理性主义一元论的不合理及其对人类社会生活的戕害，如《二十世纪的政治观念》《历史的不可避免性》《乌托邦观念在西方的衰落》等文章。伯林还通过观念史研究来表达自己的反理性主义思想，如在《大卫·休谟》（《启蒙的时代：十八世纪哲学家》）一文中，伯林分析了大卫·休谟（David Hume, 1711—1776）的怀疑论和经验主义思想，从而表达出自己对理性主义一元论和决定论的否定，诸如此类的文章还有不少。二是在观念史研究中论述前代思想家的价值多元论思想。通过与马基雅维利（Niccolò Machiavelli, 1469—1527）、维柯（Giambattista Vico，1668—1744）、赫尔德（Johann Gottfried Herder，1744—1803）等思想家的思想碰撞，伯林明晰了自己的价值多元论理念，虽然有的论述是通过对其他思想家思想的研究转述出来的，但伯林对价值多元论的阐述是明确的且贯彻在其自由主义思想及民族主义研究中。

一　反对理性主义一元论

伯林认为，人类思想史上对价值一元论的强烈诉求来自古老的"爱奥尼亚谬误"（Ionian Fallacy），这种错误源于人类对多元、差异、不确定性及不和谐的恐惧，这种恐惧反过来促使人们努力从千变万化的现象中寻找万事万物的本原。伯林指出，"爱奥尼亚谬误"由来已久，从古希腊思想到基督教神学，从文艺复兴运动到启蒙运动都继承了这个传统，直至近代的自由主义思想，也深受其影响：同一、确定和最终和谐是消除人类莫名恐惧的最佳法宝。不管意识形态的差异有多大，也不管人们的历史文化、道德观念、政治观点的分歧有多深，各种学说、宗教、伦理、文化背后都有一个始终占据西方思想主流的观点作为支撑，即理性主义一元论。理性主义一元论具有三个核心前设："首先，像在科学中一样，所有真正的问题都应该有且只有一个真正的答案，而其他答案都必然是错误的；其次，必定有一条可靠的途径导向这些真理的发现；最后，真正的答案，如果找到了的话，必定彼此融洽、俱成一体，因为真理不可能是相互矛盾的——这一点是我们先验地（apriori）知道的。"① 伯林始终对西方传统中的一元论思想保持高度怀疑，最终与其决裂，他说到"不知道为什么我一向对这种普遍的信念表示怀疑，我确实对此不以为然。这也许是气质使然，但事实就是如此。"②

虽然伯林在很多场合、论著中否定理性主义一元论、决定论并批判启蒙运动对非理性的、先验的知识形式的彻底排斥，但这并不意味着伯林是一个反理性主义者。伯林赞同启蒙运动根据理性的研究来说明人类世界的基本精神，但他反对理性主义一元论给人类的误导，反对"把实践中的二难困境最终看作是虚幻现象的那种理性主义，这种理性主义思想可以追

---

① ［英］以赛亚·伯林：《扭曲的人性之材》，岳秀坤译，译林出版社 2009 年版，第 10 页。
② ［英］以赛亚·伯林：《我的思想之路》，秋风译。（http://liberal.126.com）

溯到柏拉图甚至苏格拉底，它使得许多启蒙运动的思想家对人性概念的理解和表述不符合启蒙运动的基本精神"①。可见，伯林反对的理性主义一元论实际上是理性主义的滥用，即理性的绝对自足，理性的自我立法，理性表现出对感性、非理性的极端排斥和反对，以及理性主义仅为人类社会提供一元的、单向度的可能。伯林秉承了自由主义的个人主义传统，将人视为"未结束的和未完成的，本质上是自我改变的，部分地受决定、部分地是自己创造自己"②，因此人不应当仅是遵从自然规律、活动受到严格限制的自然客体，而是可以自我改变、自我创造多元本性的主体。伯林这种关于人的本质的思想，是他坚决反对理性主义一元论、决定论的最根本原因。

在伯林看来，一元论虽然流传已久并深入人心，但只是一种形而上的乐观主义，确非经验上可以验证的。他从四个方面批判了理性主义一元论的不合理和根本上反自由主义的本质。

第一，理性主义一元论在社会领域滥用了自然科学的思维。17世纪以来，自然科学的巨大成就促使理性主义、科学主义思维泛滥到人文社会学科，浸入哲学、文学、艺术创作、法学等各个领域，实证主义、经验主义等哲学思维成为主流，理性主义一元论试图消灭一切无法用系统的理性主义方法加以证明的事情。自然科学的原则再次强化了理性主义的三个理论前设，因为"自然科学的成就使人们有可能从唯一的一套严密原理或原则中推导出它们的结构，只要正确运用这些原理，就有可能在揭示自然的奥秘上取得无限的进步。"③ 理性与科学建构起一个唯一的、无所不包的社会体系，这体系限制了人们对自己世界观的塑造，锁闭了人们的想象力、意志力和情感，造成了精神的或政治的自由的障碍。

第二，理性主义一元论在社会理想中的最核心理念是乌托邦。乌托邦是理性主义给人类勾勒的一个神奇视域，是一个"完美的状态，可以作为完美努力的真正目标"，然而伯林认为以乌托邦为行动导向将会产生致命的后果。乌托邦的社会理想同样反映了理性主义一元论的三个理论前设

---

① ［英］约翰·格雷：《伯林》，马俊峰等译，昆仑出版社1999年版，第6页。

② 同上。

③ ［英］以赛亚·伯林：《反潮流：观念史论文集》，冯克利译，译林出版社2002年版，第9页。

和反自由主义——普遍的、共同的、永恒的目标让所有人都追求同一个目的，这对任何时代、任何地点的任何人都是无差别的。现实世界的不完美激发了人类实践乌托邦的热情，持有这一观点的人们认为，即便通向这一目标的途径在国家之间、时代之间有所差异，但目标本身是不会改变的。近代自由主义赞同的社会向善论也持有类似的观点——人类社会的不完美总是能得到理性的修正并最终达到完满状态。然而，乌托邦暗含着极端的危险：设若乌托邦是一个可能实现的真正结果，那么人们就会认为不管付出怎样的代价都不为过，"让人类从此获得永远的公平、快乐、创造力、和谐美满，还有什么样的代价可以说太高呢？为了制作这样一个煎蛋，肯定是打破多少鸡蛋都无所谓了"。①

　　第三，启蒙主义将理性主义一元论发展到了极致，体现了理性的高度自负和专制。伯林认为，启蒙主义推崇自然科学的思维方式，继承了乌托邦的社会理想，并以此在社会领域中引进固定的秩序："发现一致性，提出假设并且通过实验来检验；以此为基础建立法则，进而可以发现特殊经验领域的法则是和更广范围的法则相联系的；而后者又和更广一层的法则相关，如此外推，直到建立一个巨大的和谐的系统。"② 理性的高度发达可以明确人类的根本需求并找出满足这些需求的途径，从而创造出完满、自由、快乐、和谐的人类世界。但伯林认为，启蒙以理性作为自己的标志，却在理性的自负中走向了自己的反面，具有了专制的特征：启蒙与专制都认为人类有且只有一种最佳状态，有且只有一种途径可以达到这个状态。启蒙主义以理性的名义扫除了一切异己——人类所有的非理性行为、非理性的社会结构和人性中与理性不符的部分。以追求自由、平等、博爱为目的的启蒙主义运用理性解除了封建专制和宗教权威对人的束缚，理性的自负却变成了一种世俗的宗教，用理性主义一元论的权威重新将人禁锢起来。启蒙运动力求运用理性来解放人类的谬误，服从普遍真理的指引从而获得真正的自由，但这种努力否定了自由主义的基本信条——个人自由选择自身目的与价值。在实践中，理性主义一元论的暴虐很快显现出来：就在启蒙运动轰轰烈烈开展后不久，高举启蒙主义大旗，以"自由、平

① ［英］以赛亚·伯林：《扭曲的人性之材》，岳秀坤译，译林出版社2009年版，第19页。
② 同上书，第9页。

等、博爱"为口号的法国大革命在后期表现出了高度专制和暴力。伯林认为,这正是理性过度泛滥的结果,是自由主义一元论走向反自由主义的明证。

第四,理性主义一元论支撑着历史决定论。伯林发现,历史决定论是理性主义一元论在社会历史研究领域的体现:"一切高级文化,均为同一棵启蒙大树上的一些枝杈,也就是说,人类的进步基本上是一种一往直前的运动,中间可能被衰退和崩溃时期打断,但无论破坏多么严重,总是能不断更新,并且无限趋于理性的最终胜利。"① 也即是说,不管人类的历史经验是如何展现了人性的复杂多变和各个社会的变幻莫测,对决定论者而言这都是暂时的,真正的理性自然能够消除差别,满足人们真正的需求,创造出一个自由、公正、和谐、真善美俱存的世界。这种历史决定论思维反映在17世纪理性主义者的思想中,同样也存在于18世纪的经验主义;得到过共产主义者的信仰,同样也曾为自由主义者尊崇。对此伯林提出疑问,既然是历史的车轮推动着人类社会的前进,那么人在其中又扮演怎样的角色呢?在伯林看来,身处决定论中的个人失去了作为个体的责任,既然任何历史事件都是客观规律决定的,而非自由的人类意志和自由选择的结果,那么个人在其中不过是扮演既定的角色,只是目的的执行者、达到目的的工具,如牵线木偶一般不再具有自主性。没了自主性的个体的人自然不必也不能为其行为负责,因为所有的行为和结果都不是个人自由选择的结果,只是受不可抗拒的历史规律的推动。在决定论的假说中,个人被消解在历史的洪流中,自由主义最基本的个人主义特征也不复存在,自由的观念不过是非理性的幻觉和错觉,人的自主和独立也只是一种深层次的自我欺骗和麻醉。

二　价值多元论思想的来源

(一)"致命的导火线"——马基雅维利

在条分缕析理性主义一元论谬误的同时,伯林通过观念史研究找到了历史中与之相反的声音。伯林发现,在理性主义占据主流的西方传统思想之外,有一种完全不同的观点与之如影随形,却始终独立存在着,这就是

---

① ［英］以赛亚·伯林:《扭曲的人性之材》,岳秀坤译,译林出版社2009年版,第56页。

对理性主义一元论的反叛，按伯林的说法就是"反潮流"（Against the Current）。伯林分析了马基雅维利、维柯、赫尔德、部分18世纪的哲学家（如卢梭、康德、孟德斯鸠、哈曼、休谟）以及19世纪的俄国思想家（托尔斯泰、赫尔岑）等人思想中反理性主义的部分，并对18世纪兴起的浪漫主义作了仔细追溯，借由对观念史中各位思想家著述的剖析，伯林逐步构筑起了自己的价值多元论思想。伯林对价值多元论的探究，最终目的是为在理性主义一元论之下已然奄奄一息的自由主义找到一条新的出路。

伯林曾说到，是马基雅维利改变了他年轻时对理性主义一元论的推崇，转而投向多元论。① 在伯林看来，马基雅维利是反对理性主义一元论的先驱，他率先点燃了反对理性主义一元论的导火线。② 之所以给马基雅维利如此评价，是因为：首先，马基雅维利在阐述自己的政治思想时，挣脱了传统基督教伦理的束缚，提出了一套专为政治服务的伦理体系。在马基雅维利看来，基督教伦理本身并没有什么缺陷，只是它不能适用在政治生活中：假设君王想要达到某种政治目的，就不得不采取违反基督教伦理的恶的手段，然而，这些手段在政治伦理中却是必要的。马基雅维利不是在同一体系内将"政治的"和"道德的"两个领域进行比较权衡，而是将政治伦理同基督教伦理作比较，这意味着在公共组织领域和个人道德领域，存在着两套完全不同的伦理规则、两个相互冲突的价值体系、两种极端排斥的选项。伯林认为，在马基雅维利之前，"……统一的一元论模式，是传统理性主义的核心，无论它是宗教的、无神论的、形而上学的、科学的、先验的或自然主义的，这一直就是西方文明的特征。正是这块为西方人的信仰和生活提供了基础的岩石，事实上被马基雅维利打破了。"③ 两个不同道德世界的存在和对比从根本上打破了基督教伦理的一元性，正是在这个意义上，马基雅维利的伦理思想是具有开创性的。其次，马基雅维利认为在完全不同的终极伦理规则和价值体系间没有调和的可能，"人

---

① Isaiah Berlin, *The Crooked Timber of Humanity : Chapters in the History of Ideas*, op. cit., p. 8.

② ［英］以赛亚·伯林：《反潮流：观念史论文集》，冯克利译，译林出版社2002年版，第83页。

③ 同上。

们必须作出选择：选择一种生活方式，就要放弃另一种。"① 这种非此即彼的选择直接否定了一元论关于和谐统一答案和目标的假设，道德问题上的深刻分歧不可调和，根本不存在一个人们可以据以在这些目的间理性选择的唯一且无所不包的体系，这是马基雅维利对一元论的又一致命打击。总之，马基雅维利打破了基督教伦理统一人类社会的理想图景，让人们不得不直接面对公共生活和私人领域间存在的不可调和的冲突，以及在二者间作出非此即彼选择的必然性。

伯林反复强调，马基雅维利的主要贡献在于揭示了人类永远无法解决的困境，即各种终极目标同时存在、同样值得人们为之奋斗，但它们的价值体系之间可能相互冲突且无法调和。这种多元价值共存和冲突的状态是人类社会存续的必然状态，人们必须根据自己的需要作出选择并承担选择的责任和付出相应代价。马基雅维利没有明确提出多元主义或价值多元论，但他对基督教伦理一元性的彻底否定和对人们必须在不可调和的终极目的中作出选择的论述改变了理性主义一元论一统天下的局面，为经验主义、多元主义、宽容、妥协等长期被排挤在思想史角落的非主流们打开了一扇大门。

（二）"人性的曲木"——多元论思想家

伯林不是多元论的首倡者，但他的多元论思想独到之处在于其分析角度——伯林不是从政治学的角度出发，而是以观念史的研究方式来诠释多元论。② 对伯林而言，多元论是一种思考方式，是一种认识世界和解释世界的框架。的确，价值多元论在不同流派思想家的思想中都有体现，经验主义、怀疑论、历史主义、浪漫主义等思潮确实对一元论提出了来自不同角度的挑战。伯林的观念史研究涉及维柯、赫尔德、赫尔岑（Aleksandr Herzen，1812—1870）、孟德斯鸠（Baron de Montesquieu，1689—1755）、托尔斯泰（Lev Nikolayevich Tolstoy，1828—1910）等看似彼此迥异的思想

---

① ［英］以赛亚·伯林：《反潮流：观念史论文集》，冯克利译，译林出版社 2002 年版，第 81 页。

② 20 世纪初，多元论思想多被应用于政治哲学领域，拉斯基、科尔、罗素等人都试图将多元论与政治哲学结合，用以证明国家主权和民主社会的关系。参见颜伯儒：《以撒·柏林（Isaiah Berlin，1909—1997）——反潮流的自由主义者》，硕士学位论文，天主教辅仁大学，1993 年，第 66 页。

家，但在伯林的研究中，有一种指导性的观念最终引导和统率着他的分析，那就是对理性主义一元论的批判和对多元价值的肯定。总体而言，柏林对反启蒙思想的论述围绕着两个核心话题：其一，否认完美社会的唯一性，认为人不可能建立一个能够将所有社会构成因子纳入一个统一图式、遵循一定规律的完整系统内，不可能存在完满模式。例如，在对反启蒙的非理性主义思潮进行追溯的时候，伯林独创性地认为，启蒙运动的柱石之一休谟可以被视为非理性主义的前驱，因为休谟率先打破了先验论，以怀疑主义否认了事物终极原因或终极目的的可知性，否定了定律、规则和一元体系的存在，"正是这种对一个开放架构——不管它是个人的想像力，还是自发的、以人类的自然感情为基础的社会关系——的热爱，在两百年里一直回响着，受到赫尔德及其门徒——多元主义者、受卢梭影响的浪漫派、寻求已经消失的有机社会的怀乡病患者、一切异化形式的谴责者——的追随。"① 伯林认为，在维柯的思想中，我们也能明确看到价值多元的思想。维柯提出："人间肯定不存在走向彻底圆满的途径：既然没有任何社会结构能够长存，既然在文化发展无止境的循环中，在达到新的起点之前，陷入'思考的野蛮状态'是不可避免的，所以完美社会的观念——这意味着一种静止不变的秩序——自然而然地被排除了。"② 于是，每一种社会类型都可以自由地追求和创造自己独有的完美。同样，伯林在总结俄国思想家赫尔岑的观点时也提到他类似的观点："自然并无计划，历史亦无剧本；原则上，并无任何单一锁匙、任何公式能解决个人或社会问题；普遍的解决并非解决，普遍的目的亦绝非真实目的，每一时代各自有其质地，各自有其问题。"③

其二，多元的价值客观存在，且常常存在根本的冲突，无法通约。维柯在他的《新科学》中论述到，既然没有一个完满的社会方案可供实行，没有一个终极价值保持永恒，那么在变化多端的社会发展历史中，新的价值不断产生，旧的价值则随着某种社会形态的消退而消亡，但这种消亡并非全是以新代旧的更迭传承，而是意味着一些价值与另一些价值不相容。

　　① ［英］以赛亚·伯林：《反潮流：观念史论文集》，冯克利译，译林出版社2002年版，第210页。

　　② 同上书，第147页。

　　③ ［英］以赛亚·伯林：《俄国思想家》，彭淮栋译，译林出版社2003年版，第102页。

"人道精神和知识的增长……不可避免地伴随着原始活力、直接性和想像力的丧失,这是发展批判的理性所不可能做到的。"① 进一步地,维柯用文化的观点来说明价值间冲突的必然性:"每一种文化都拥有自己的个性特征,这些特征不可能结合在一起,它们也并不必然会变成朝向唯一的宇宙目的单线发展的一个阶段。"② 没有统一的尺度能够衡量社会与社会、文化与文化之间的优劣与高低。伯林说,"在维柯之后,在一元论和多元论之间、永恒的价值和历史主义之间的冲突,注定迟早会成为一种关键的分歧。"③

　　伯林在分析德国思想家赫尔德的时候,也反复提及他的多元主义思想。与维柯相比,赫尔德的多元主义思想更为具体化,他比较了不同国家、不同时期的多种民族文化,认为这些文化及其指引下的社会各有其"重心"(its own centre of gravity),文化的独特性决定了每个社会、每个时代在目标、习惯、价值上都有差异,是不可通约的,也是无法比较的,不能用绝对进步的标准来衡量其优劣,只能由文化内在的标准加以判断。如果非要寻求共同的人类文明,那么必然会荡涤人类历史中生发出的多元文化,这样做只能获得空洞的抽象文明,既不体现普遍人性,也毫无意义。除此之外,伯林认为,在反启蒙的阵营中,当然不止维柯、赫尔德、赫尔岑等人有反启蒙一元论、价值多元论的思想,哈曼(Harman,1730—1788)、雅各比(Jacoby)等人的反理性主义,杨格(Young)、柏克(Edmund Burke,1729—1797)的反智主义以及18世纪末浪漫主义思想家们都曾抨击理性主义的和承认多元价值的存在;甚至在以德·迈斯特(De Maistre,1753—1821)为代表的宣称威权主义优于理性制度的极端思想家那里,反对理性主义一元论的思想也是存在的。④ 在伯林看来,这些"非主流"思想家们的创举在于打破了一元论的绝对主导地位,让多元主义完全显现在世人面前。

---

　　① [英]以赛亚·伯林:《反潮流:观念史论文集》,冯克利译,译林出版社2002年版,第153页。

　　② [英]以赛亚·伯林:《扭曲的人性之材》,岳秀坤译,译林出版社2009年版,第67页。

　　③ [英]以赛亚·伯林:《反潮流:观念史论文集》,冯克利译,译林出版社2002年版,第155页。

　　④ 同上书,第24—27页。

三　价值多元论思想的基本构成

作为观念史的研究者，伯林善于从其他思想家的字里行间发现他所需要的内容，为反启蒙的价值多元论寻找到源远流长的理论前驱，但这些思想的吉光片羽是不确定的，仅仅作为理性主义一元论的对立面出现，没有得到过系统论证。为了摒弃一元论给自由主义带来的实质上反自由倾向，给自由主义寻找一个新的出路，伯林对价值多元论进行了总结。可见，伯林的价值多元论思想不是空穴来风，也不仅是对反启蒙思想家多元主义思想的总结，更多的是包含了伯林本人的哲学思考。伯林从人性出发，考察了价值多元论的根源，并以历史主义的研究方法分析了人类史上价值多元论与一元论的相互关系。

（一）多元价值的客观性

从人性本身来说，冲突和多样化是基本特点，这也是价值多元论的根源所在。伯林援引了康德在《世界公民观点之下的普遍历史观念》一文中的名句来作为价值多元论的思想纲领："人性这根曲木，决然造不出任何笔直的东西。"（Aus so krummem Holze, als woraus der Mensch gemacht ist, kann nichts ganz Gerades gezimmert warden.）在理性主义一元论的独尊之下，"人性的曲木"这一事实却被大多数人无视，却都试图用划一的规矩来造就统一的目标，伯林为此对理性主义的普遍人性理论作了反思。约翰·格雷曾经说过，"伯林对人类本性的历史主义观点是他的价值多元论的人类学前提或根据，因为它认为人类内在的原始倾向为人类形成了多元的本性或创造了多种多样的生活方式。"[①] 伯林认为，一元论的人性观设定出一种理想人性，并将这一标准强加于人，通过压迫真实的、丰富的人性中任何不合理想的部分使人致残，就好像古代中国女人裹小脚一样，将本来天然、自由的人性变得同样畸形。伯林借由对密尔的研究提出了自由主义的人性立场，以此反对理性主义一元论的"普遍人性"。密尔在对人性进行辨析时认为，从亚里士多德学派到许多经院主义哲学家，以及无神论唯物主义者都相信"存在一种基本可知的人性，在所有时间所有地点所有人中保持不变的本性——变化的现象下面静态的、不变的本质，拥有

---

① ［英］约翰·格雷：《伯林》，马俊峰等译，昆仑出版社 1999 年版，第 37、38 页。

永久的需要，受制于单一或可以发现的目标或目标模式。"① 密尔指出，这种观念是错误的，因为人的知识从原则上讲无法达到完成状态，总是会出现这样那样的错误或遗漏，且并不存在单一的、普遍适用的真理；每个人、每个民族、每种文明都可以采用自己的方式追求自己的生活方式和目标，而不必完全一致或彼此和谐；人性是可变的，也是不能完全用科学公式计算的，人们所相信的真理也会根据经验的积累和行动而改变。伯林借密尔之口说出了他对人性最重要的看法，即 "人之为人在于他的选择能力——同等地选择善恶的能力。"② 真理的多面性和生活不可通约的复杂性必然排除任何简单划一的关于人性的答案，也杜绝了形成某种对任何具体问题都有效的终极解决方案的可能。在伯林看来，密尔的自由主义基础是多元论而非一元论的，因为对密尔来说，"公共生活中的最高价值——不管他有没有称之为'次一级目的'——是个人自由、多样性与公正。"③自由主义的人性基础应当是自由选择、自我创造的多元人性，而不是单一的完美人性；同理，人类历史也是多元的而非单一的，人的本质只能是部分被决定的，差异的文化、历史正是人不同本性的表现。

从历史事实看，多元的价值观客观存在并将长期存在下去。从雅典文化与斯巴达文化的迥异，到基督教伦理与异教伦理的冲突；从欧洲文明与美洲、非洲 "蛮族" 文明的差别，到东方与西方的不同国家、民族观念，人类历史的事实已经证明，在人类历史上，从来就不曾存在受理性驱驰塑造起来的理想世界，虽然在各个时期、各个地域的思想家都曾对其有过精细的构想和描述，如柏拉图的理想国、康帕内拉的太阳城，老子的大同世界等等。在反理性主义思想家看来，理性主义一元论勾画的整齐划一的世界体系，不仅囚禁了人的精神，在知识领域造成歪曲，还会建立庞大的官僚体系用以维持这刻板的体系，而且这种一元体系 "所依据的原则无视生命世界丰富的多样性和人们多姿多彩的内心生活，为了一些与构成现实世界的灵肉统一性毫无关系的意识形态而强求一律。"④ 伯林认为，德国

---

① ［英］以赛亚·伯林：《自由论》，胡传胜译，译林出版社 2003 年版，第 265 页。

② 同上书，第 269 页。

③ 同上书，第 256 页。

④ ［英］以赛亚·伯林：《反潮流：观念史论文集》，冯克利译，译林出版社 2002 年版，第 9 页。

哲学家哈曼在这个问题上开创了谴责理性主义和唯科学主义的先河，哈曼认为"所有真理都是特殊的而非普遍的：理性没有能力证明任何事物的存在，它只是一个方便分类和组织材料的工具，但它所根据的模式与实在并不一致；所谓理解，就是同人或上帝交流。"① 反理性主义者认为，人类的知识和幸福，不能为理性全面理解和概括，诗化的、非理性的情感因素和理解方式也是认识世界必不可少的要素。理性与科学可以被用于实际事务中，但没有哪种概念或科学公式能让人们理解一个人、一件艺术品、一种语言的优雅，也无法让人理解各种行为的文化风格和精神实质。

维柯就坚持以文学的和直觉的方式来分析人类的知识和历史。他认为，知识和历史作为人类的创造物，不必像对自然科学一样追问其规律是什么，因为是人的创造赋予了知识和历史以意义。将物理、化学等自然科学的思维和原则用于研究精神、意志和感情的世界，是对人本身创造力的否定，阻碍了人对自我的认知和理解。17世纪至今，虽然自然科学已经发展到前所未有的高度，但这种差异的、多元的价值仍然存在于人类身处的这个世界，理性与科学统一了自然科学领域，却从未曾完全占据过人类的思想和精神，多元的价值是理性无法抹煞的事实，这种观点已经为大多数思想家接受。在知识发展过程中，新生价值与旧有价值间不是必然的继承关系，善与善之间也不必然相容。一方面，维柯认为，在人类发展史上，我们要理解以前时代的生活，就必须进入到古人的视野中去，以他们特殊的语言、文化和习俗来理解当时的世界。在不同的时代和地域，往往具有不同的终极价值，这些价值不会永远存续，而是伴随着某种文明兴起和消亡；虽然在新旧价值之间会有某种延续，但这种延续不具有绝对性。有的文明消失了，其推崇的某些价值也随之灭亡，不再反映在后世兴起的某种文明中。另一方面，价值的冲突不仅表现为善与恶的势不两立，还可能存在于善与善的价值之间，这种不能共存是由价值本身的复杂性和多样性决定的，人类的善本身从来就不是统一和谐的构成。此外，价值的冲突与不可通约不仅发生在价值原则范围内，还可能发生在不同文化之间。不同文化产生不同的道德观和价值观，这些道德观、价值观可能重叠，也可

①　[英] 以赛亚·伯林：《反潮流：观念史论文集》，冯克利译，译林出版社2002年版，第8页。

能相冲突且不可通约。通过对人类史的研究可以发现，有许多价值是得到不同人类文明共同认可的，但对这些价值的界说却又时常有天差地别的区分。基于历史的客观事实，人性的多元性和价值的兴亡更迭等客观原因，伯林提出了他的价值多元论的主要思想——即：人类所追求的价值或目的，尤其是终极价值和目的，由于其杂多和复杂性存在着不可通约的可能，产生根本的矛盾、对立甚至冲突，这使得在理论上和实践中，我们都无法建立一个完备体系或绝对标准来对其进行比较、衡量。

（二）价值多元论的基本观点

1. 价值的"普遍的"多元性

伯林相信，"我们所追求的目标、生活的最终目的，即使在同一个文化与世界内也是多样的。"[①] 我们能体会的终极价值有许多种，这些价值同样真实、同样终极，尤其是同样客观，因此生活不能被安排在某个永恒不变的等级秩序之中，也不能用某种绝对标准加以判断。在伯林的著作中曾提及了多种价值，就其简单分类来说有物质性价值（财富、健康等）、精神性价值（各种文学、艺术形式等）、政治价值（平等、有效的组织、正义和个人自由等）及道德伦理价值（仁慈、友谊以及更为普遍的正义、公共的忠诚、时代要求等）。伯林的价值多元论坚持价值的多样性是一种事实，源自人本性的追求，是客观的存在。这与相对主义有本质的区别，因为"无论是何种形式的相对主义都坚持，客观的价值是不存在的；有些相对主义学说认为，人的视野受自然或文化因素的限制如此之大，致使他们看不到其他社会或时代的价值，其实这些价值与他们自己所追求的目标一样，同样值得他们自己或者是别的什么人去追求。"[②]

对另一个社会的另一些价值的态度而言，无论这些价值与自己的价值系统有多大差异，如果我们以对方的价值观、立场来看待，（根据自己的价值系统）无论本来是赞美还是批评或反对，对方的价值总是可以理解的，因为不管这些价值主张多么复杂、多么善变、多么难以调和，只要还是人的价值观念，其中必定含有某种"类"的特征可以分辨。值得注意的是，这种"普遍的"价值在不同的语境、时间、地域以不同的方式被

---

① ［英］以赛亚·伯林：《自由论》，胡传胜译，译林出版社 2003 年版，第 169 页。

② ［英］以赛亚·伯林：《扭曲的人性之材》，岳秀坤译，译林出版社 2009 年版，第 83 页。

解释和应用，其情境化的变形往往产生出不可通约性。不过，在漫长的时间历程中人们确已发展出了大量的广泛共识，"在不同的社会中，大多数的人普遍持有某些价值——无论它们是否彼此冲突，其中，某个社会的某个人，属于不同生活方式中的一种。普遍的价值即便不多，最低限度总是有的，没有它，人类社会就无法生存"。① 这种"普遍的"、多元的价值观念始终蕴含在伯林的价值多元论思想中，并为他的自由主义思想提供最基本的前设。然而，关于什么是"普遍的"价值，这些价值是否具有高于一切的压倒性优势，一直是伯林没有正面回答的问题，因为对这个问题的回答，似乎又会使多元主义陷入一元论的死循环中。不过，"普遍的"价值观念不代表普遍文明的存在的必然性，② 多元价值生成多元的文明是再自然不过的人类现象了。

2. 善与善之间存在不可通约性和不可和谐共存的冲突

伯林的价值多元论，不仅关注"善"与"恶"之间的不可通约和冲突，更多谈及"善"与"善"之间的不可通约性和冲突。伯林认为，正因为"客观目的、终极价值都有很多，其中一些和别的并不相容，不同时代的不同社会，或者同一社会的不同群体，整个阶级、教会或种族，或者其中的个体，各自都有可能发现自己面对的是互不相容、彼此冲突的主张，然而，这些主张又都是同样终极、同样客观的目标。"③

所谓价值间的不可通约包括以下几个层次的含义：不可比较，不可衡量、不可排序。首先，"不可通约即不可比较"是约瑟夫·拉兹（Joseph Laz）的解释。拉兹认为，伯林所说的不可通约性是指一些善与另一些善之间的差距实在太大，涉及的仿佛是风马牛不相及的范畴，不存在任何可以对其各自优点或缺点进行比较的共同尺度。如对国家的忠诚与自由的生活都是善的价值，但是没有哪个标准能够用以评价二者谁更重要，或者更有利于人类社会。也就是说，不可通约不是说某种价值比另一种更好或更差，而是指任何这类比较都是不可能的。这种对不可通约的理解也是最符合伯林的本意的。值得注意的是，不可比较并非是指在实践决策的时候无

法选择，当二者在实践中无法共存的时候，决策者仍可以根据自己更为重视的价值取向和具体情况来进行判断和取舍。其次，与"不可比较"的含义相比，"不可衡量"显得更为精细，意思是"多元的价值虽然从决策角度考虑在某种意义上是可选的，但却不能以十分精确的方式彼此权衡或衡量，因为它们不能根据共同衡量标准被反映出来。"① 例如，价值多元论就对功利主义的计算方式持有怀疑态度：鉴于价值本身的独特性与彻底的多元性，我们往往无法用某种价值替代另一种价值，价值之间也不具备某种共同的衡量标准或媒介，价值之间是不可换算的，我们不能用正义来代替快乐，也无法用幸福去衡量公正，因此价值多元论认为无论何种形式的功利主义的计算方法都是不可取的。这种不可衡量还意味着价值间可传递性的中断，即"如果1）两个价值选择其中任何一个都不比另一个好，2）存在或可能存在第三个选择，它比前两个选择其中的一个好但不比另一个好，那么这两个价值选择就是不可通约的。"② 这种价值传递性的中断，引出了不可通约的第三个层次——不可排序。乔治·克劳德（George Crowder）认为，不可比较与不可衡量显得太过强烈，"不可排序"似乎更能体现多元价值间无序列等差的关系。最后，"不可排序"是指在多元的价值中，不会有一种至善可以拥有一种所有个体都认可的合理的优先权，所有其他价值都围绕它进行高下、优劣、先后的排序。也就是说，任何非情境化的、或者说基于某种决定性理由的排序都不可能是真正有效的，因为抽象的理由和普遍的排列都基于某种一元论的至善观点，以之为标准对多元的价值进行比较、衡量和排列必然抹煞了价值的特性。如果说非要对多元的价值进行排序，那么结果也应当是多样的，因为排序的标准是彻底不同的。总体而言，价值的不可通约性，不仅是善与恶的对立，还包括善与善的不能共生。"不可通约不是一个衡量对象或选择的标准不完全或不完善的问题，它不是在由于价值的标准是多重的、价值的位置是不确定的时候才存在，也不是对象的种类界限或者选择的种类归属模糊或改变的时候才出现，……（而是）在所有这些形式的不确定性被排除了的

---

① ［英］乔治克·劳德：《自由主义与价值多元论》，应奇等译，江苏人民出版社2006年版，第58页。

② ［英］约翰·格雷：《伯林》，马俊峰等译，昆仑出版社1999年版，第26页。

时候还是具有不可通约性。"①

多元价值间的不可通约性还有最困难的一种状况，即价值间的相互冲突和不可兼容性。伯林将价值间的冲突和不可兼容归结为三个方面："第一，在任何道德或行为准则的范围内，比如在我们的道德范围内，在终极道德价值之间总会产生一些冲突，对此，无论是理论理性还是实践理性都无法予以解决。比如说在我们的自由道德中，自由与平等、公平与幸福都被认为是内在的善，但这些善在实践中就经常是冲突的，在本质上是内在竞争的，对这种冲突不可能依靠任何超然的标准加以仲裁和解决。"② 这些善本身具有独一无二的价值，且相互是不可交换的，这种不可交换性正是善构成的要素之一。"第二，这些善或价值，每一个在本质上都是复杂的和内在多元的，包含一些冲突的要素，有一些要素还是基本的不可通约不可比较的。"③"在某些特定情形中，是不是要以牺牲个人自由作为代价来促进民主？或者牺牲平等以成就艺术、牺牲公正以促进仁慈、牺牲效率以促成自发性、牺牲真理与知识而促进幸福、忠诚与纯洁？"④ 正如伯林所言，人类的许多终极目标都彼此处于永恒的对抗之中，无论是普遍的，还是特定的，价值在特定情形中都可能不相容，以至于人们不得不牺牲一种以保全另一种。这种两难的境况只能顾此失彼或非此即彼，而无法做到两者兼顾。"第三，不同的文化形式产生不同的道德和价值，这些文化无疑包含着一些重叠交叉的特征，但是也为不同的、不可通约的优点、美德和善的概念提供了说明。"⑤ 这就意味着在不同文化中产生的特殊价值、在不同文化中得到不同解释和发展的相同价值都造成了多元价值的不可通约。"在终极价值无法调和的情况下，从原则上说，是不可能发现快捷的解决方法的。"⑥ 伯林援引了马基雅维利所指的冲突来说明这种价值冲突的不可避免：基督教伦理与异教伦理之间的冲突，二者都是终极的价值目

---

① ［英］约翰·格雷：《伯林》，马俊峰等译，昆仑出版社 1999 年版，第 26 页。

② 同上书，第 22 页。

③ 同上。

④ ［英］以赛亚·伯林：《自由论》，胡传胜译，译林出版社 2003 年版，第 47 页。

⑤ ［英］约翰·格雷：《伯林》，马俊峰等译，昆仑出版社 1999 年版，第 22 页。

⑥ ［美］约翰·凯克斯：《反对自由主义》，应奇译，江苏人民出版社 2005 年版，第 224—225 页。

标，但二者不仅在现实中彼此不相容，甚至在理论层面都相互攻讦对方为美德的对立面。

3. 在善与善之间进行选择是人类无可避免的命运

正是由于价值的不可通约性，多元的价值不可能在某个序列中和谐共存，对价值的选择和取舍就成为人类无法避免的责任。这种价值的冲突，既可能存在于价值主体内部——个体需要在不同价值间进行选择（例如，选择了服兵役报效祖国就意味着放弃与家人厮守的幸福），也可能存在于不同价值主体之间——如不同主体的价值观念冲突或文化之间的冲突。如伯林所言，"'狼的自由就是羊的末日'，一些人的自由必须依赖于对另一些人的限制。"① 面对冲突的、相互竞争的价值，人必须作出选择，即便这种选择的结果带有无法回避的悲剧性。多元的价值选项之所以被选择，就在于"被选项之间的选择会要求把这些选项作为独特的项目权衡它们的独特性，并且选择基于它本身的原因得到选择的东西"。② 由此看来，这种多元价值间的选择不必然是理性的指导结果，它基本上是一种个人意志的结果。自由选择不存在任何唯一的、合理的标准，因为如果存在这种标准，那么就会重新陷入一元论的困境中，导致对选择自由的否定，最终导致对自由的否定。正如伯林所说，"假如所有价值都能用一个尺度加以衡量，以致稍加比较就可决定谁处于最高等级，在我看来这违背了人是自由主体的知识，把道德的决定看作是原则上通过计算就可以完成的事。"③ 既然没有某种绝对有效的尺度充当选择的标准，那么在多元价值间的选择就更多地取决于个人对情境的注意、个人的背景价值和关切以及他对良善生活的反思。也就是说，一个人在多元价值中选择，首先需要对选项进行比较，分析各选项的侧重点，然后在具体的情境中根据自认为最重要的需求进行判断，最终选取最符合需求的那些价值，而舍弃另一些与之冲突的价值。正如伯林所说，人的选择活动是在人的本性的多元性基础上发生的，而且这种选择活动继承了上一代人的选择并与同时代其他人的选择相

---

① ［英］以赛亚·伯林：《自由论》，胡传胜译，译林出版社 2003 年版，第 192 页。

② Nussbaum, M., *Love's Knowledge : Essays on Philosophy and Literature*. Oxford：Oxford University Press, 1992, p. 59.

③ Berlin, I., *Four Essays on Liberty*. London and New York：Oxford University Press, 1969, p. 216.

联系，因为个人的道德判断和选择的作出部分地是来自共同生活方式和具有历史继承性的实践的。选择，既是人类不可逃避的命运与责任，也是人自我创造和自我构成的要素，是人类区别于动物的基本特征之一。人的"目的是相互冲突的，人不可能拥有一切……由此，需要选择，需要为一些终极价值而牺牲另一些终极价值，就成为人类的永久特征。"①

4. 不存在完备的世界

既然多元价值客观存在，人类的选择又不可避免，那么人类注定要生存在一个"有缺陷的不完备的世界"，这是伯林从价值多元论顺势推导出的关于世界的结论。从人性的多元性根源，到人类生活的实际情况，及至人类必须面对的自由选择都充分证明了人类社会和政治制度都不可能遵照理性主义一元论的构想存在和发展。对所谓完备世界的追求只会有一种后果，即导致一种恶性循环："压制是为了生存，而生存主要是去压制。于是治疗变得比疾病更坏，并且采取教条的形式，而这些教条是建立在某些个体的简单的、清教徒式的信仰之上的，他们从不知道或早已忘记了 douceru de vivre（生活的甘美）、自由的自我表达、人与人关系的无限多样性、自由选择的权利、忍受的艰难、屈服的无法容忍性等等这些东西究竟是什么。"② 所谓理想社会，只能是人们在具体情境下，按照自己的理解和需求构造出的社会模式，而这种模式必定是对多元价值有所选择和取舍的结果。在人类社会必然会因不同的时期不同的文化和地域产生数不胜数的理想社会模式，绝不会有包罗万象的完美解决方案出现，因为"有些至善（Great Good）是不能够一起共存的。这是概念上的事实。我们注定要面对选择，每一次选择都伴随着无可挽回的损失。"③在认清了一元论保证的完美世界不可能出现之后，伯林重新审视了人类应该如何构造社会这一问题。他提出，"既然没有一种解决方案是保证不会错的，那么，也就没有一种部署是终定的。于是……允许更多的自发性与个体的多样性永远比那种整齐划一的、最细致灵巧地强加的模式更有价值。"④ 伯林主张，

---

① Berlin, I., *Four Essays on Liberty*. London and New York: Oxford University Press, 1969, p. 43.

② ［英］以赛亚·伯林：《自由论》，胡传胜译，译林出版社 2003 年版，第 102 页。

③ ［英］以赛亚·伯林：《扭曲的人性之材》，岳秀坤译，译林出版社 2009 年版，第 17 页。

④ ［英］以赛亚·伯林：《自由论》，胡传胜译，译林出版社 2003 年版，第 103 页。

社会的建构应当"少一些弥赛亚式的热诚，多一些开明的怀疑主义，多一些对特异性的宽容，在可预见的将来 ad hoc（特别地）多一些达到目标的办法，为那些其趣味与信念（对错姑且不论）在多数人中很难找到共鸣的个体或少数人实现他们的目的多留出一些空间"。① 人类社会和政治制度应该建立在多元人性的基础上，坚持有原则的宽容使少数派和"异端"的自由权利也受到保障，足够宽容的社会才能保存自由的空间，才能为多元的不可通约的众多价值留出足够的空间任人自由选择。由于绝对价值间必然存在矛盾和冲突，这使得统一的社会和政治诉求不可能存在，但伯林相信"通过促成和保持一种不稳定的平衡状态，这些冲突可以降低到最小；这种不稳定的平衡会不断遭到威胁，也不断需要修复——而这一点，我再重复一遍，恰恰就是文明社会的前提，是合乎道德的行为，否则，文明人类就必定会不知所终了。"② 由此，伯林以价值多元论为基础，阐述了一种与众不同的自由观——价值多元论为基础的自由主义，或者说"自由多元主义"（Liberal Pluralism）。伯林的自由主义思想强调了积极自由与消极自由不同的理论基础，并推导了二者各自可能的后果。伯林最终提出，与其追求完美的形而上目标，不如脚踏实地保证最基本的自由选择的权利、保障个人自由、保有自由主义最基本的特征。

四　价值多元论对自由主义一元论的驳斥

回顾第二章中对自由主义普遍主义基本特征的论述，我们不难发现，伯林对理性主义一元论的批判同样适用于自由主义一元论，或者说，伯林对理性主义一元论的批判在某种程度上就是对自由主义一元论的理论基础的彻底否定。自由主义体系中各派学说证成进路各不相同，如自然法学说、功利主义学说、契约论等，但这些学说都有一个共同的理论基础——理性主义一元论以及以此为基础的基本特征（参见第一章，格雷对自由主义基本特征的总结），如传统自由主义中普遍主义及社会向善论的基本特征都直接和一元论相联系：普遍主义的特征否定了人性的多元性和道德

---

① ［英］以赛亚·伯林：《自由论》，胡传胜译，译林出版社 2003 年版，第 102 页。

② ［英］以赛亚·伯林：《扭曲的人性之材》，岳秀坤译，译林出版社 2009 年版，第 22、23 页。

自主性；而社会向善论与历史决定论是一致的，它同样认为人类社会有着既定的目的并能够运用理性向着这个善的目标前进，因此，无论这些自由主义的证成方法是什么，其一元论的根基都遭到了价值多元论的驳斥。例如，伯林就运用价值多元论直接批判了功利主义的方法：功利主义的各种形式，都依赖于效用总计和效果求和的可能性，并假设了一切事物都可以基于一定的标准和基础进行比较，这正是价值多元论不可通约理论要摧毁的论题。伯林认为，在多元论的观点中，价值间的不可通约性成为功利主义无法自圆其说的最大障碍。因为按照价值多元论的解释，终极价值的多元化和不可通约性是人类生活和实践推理中的常态，不可比较、不可衡量、不可排序是它们的特性，这样一来，便不可能存在寻求最大效用的价值间转换媒介和衡量标准，对最大效用和最好状态的追求也只能是一元论的幻象。根据伯林的说法，在道德生活中，为求得最好的去作为往往不是合理的状态，这不仅因为所谓"最好状态"总会使其他一些价值蒙受无可挽回的损失，还因为我们知识的不完全和差异性常常会导致无法统一关于什么是"最好状态"的认识。

伯林的价值多元论将他的自由主义思想同一元论为基础的自由主义区分开来。以自然法或契约论为基础的自由主义学说都存在理性主义一元论的基因——它们都基于某种终极的理论假设而存在，都设定了某种可能的最佳体系；然而，任何一种终极的假设理论在经验上都是无法证明的。而伯林认为"逻辑一致的政治伦理学不可能形式化地表述为一个原则或一套原则。"① "认为存在一种可共存的权利的结构，或一种相互吻合的单方面压制的体系，或一套基本的自由，这种为继承了康德传统的自由思想家们，诸如施泰纳（Sterner）、诺齐克（Nozick）和罗尔斯等人所提出的观念遭到伯林的拒绝。"② 在伯林看来，自由主义体系中所推崇的价值仍可能是冲突的，如效用与自由、自由和平等、个性与共性等，这些价值间不存在派生或等级的关系，每一次冲突都是终极的、不可调和的，也无法借助任何道德原理来加以解决。这就是价值多元的情形之一：在同一价值体系中，不同的价值间也存在根本冲突的要素。

---

① ［英］约翰·格雷：《伯林》，马俊峰等译，昆仑出版社 1999 年版，第 31 页。
② 同上。

　　总体而言，无论是康德式理性自我导向的自由主义，还是密尔式的功利主义自由主义，洛克、霍布斯式的自然法、契约论自由主义，还是格林等人倡导的新自由主义（New Liberalism），或者是罗尔斯、哈耶克、诺齐克等人的"新"自由主义（Neo - liberalism），无一例外都具有理性主义一元论的特征，都依赖于某种理性概念的统帅和理性选择，其自由原则都是由此引申出来的。与之相对，伯林的价值多元论颠覆了自由主义一元论的理论基础。伯林反复论证，基于理性主义一元论的自由主义一元论违背了自由主义的初衷，走向了自己的反面，甚至成为新的专制主义和极权主义的遮羞布。

第二节　自由多元主义

　　自由主义所谓的自由，在政治哲学的概念中具有丰富而含混的含义。正因为自由被视为一种终极的善，使得"自由这种东西是人人都想要的，因此，一切好的东西都会贴上自由这个标签。"① 在实际的使用中，自由常常与平等、正义、幸福等概念一起被混用，甚至被强制、极权当作外衣招摇过市。为了充分说明自由主义与价值多元论的关系，伯林认为应当先厘清"自由"这一概念的基础含义。他提出，对"自由"这个意义漏洞百出以至于没有任何解释能够站住脚的词而言，与其讨论已有的两百多种定义，不如考察其最核心的两种含义："消极自由"和"积极自由"。伯林对自由的划分源自霍布斯、贡斯当等人对古代人自由和现代人自由的区分。霍布斯在《利维坦》中就提出：古代人的自由"不是个人的自由，而是国家的自由"②，而个人的自由则是"在法律未加规定的一切行为中，人们有自由去做自己的理性认为最有利于自己的事情。"③ 贡斯当在《古代人的自由与现代人的自由之比较》的演讲中，明确区分了两种不同的自由，认为古代人的自由是一种公民资格，即参与公共事务辩论与决策的权利，是一种政治自由；现代人的自由是指个人在私人生活领域的独立

---

① ［伊朗］拉明·贾汉贝格鲁：《伯林谈话录》，杨祯钦译，译林出版社 2002 年版，第 134 页。

② ［英］霍布斯：《利维坦》，黎思复等译，商务印书馆 1986 年版，第 166 页。

③ 同上书，第 163、164 页。

性，又称"免于强制的自由"，是个人享有的最低限度的自由。伯林的两种自由概念深受贡斯当影响，他认为，"没有人比本杰明·贡斯当对两种自由的冲突看得更清楚、表达得更清晰。"① 伯林提出的价值多元论为基础的自由主义，区分了消极自由（negative liberty）和积极自由（positive liberty），认为消极自由是以多元论为基础的，而积极自由更多的是以理性主义一元论为指导，二者由于基础的不同会导致不同的后果。通过对自由主义发展史的分析，伯林认为，自由主义自 19 世纪中期以来，逐步从主张限制国家权力，维护个人权利的消极自由转向强调国家干预和扩大政府职能的积极自由；正是对积极自由的过分张扬和对"建立在理性的同意基础上也同意接受理性检查的国家必须发挥重要作用"② 这一现代自由主义核心命题的肯定，使得自由主义偏离了其轨道，造成了 20 世纪人类的惨剧和自由主义理想的衰落。

一　两种自由概念

伯林在贡斯当区分的古代人自由和现代人自由的基础上，对自由概念进行了重新解释和澄清。伯林提出，核心的自由可以分为两种，一种是"消极自由"，"它回答这个问题：'主体（一个人或人的群体）被允许或必须被允许不受别人干涉地做他有能力做的事、成为他愿意成为的人的那个领域是什么？'"③ 另一种是"积极自由"，"它回答这个问题：'什么东西或什么人，是觉得某人做这个、成为这样而不是做那个、成为那样的那种控制或干涉的根源？'"④ 伯林用价值多元论的观点，区分了积极自由和消极自由的理论基础和内在逻辑，批判了积极自由可能的内在强制和不自由，并提出了以消极自由为基础的自由多元主义。

（一）积极自由的反自由可能

伯林对积极自由的论述，是与他对理性主义一元论的批判相一致的。伯林认为，积极自由要回答"谁控制我"这一问题，它源于人不受环境的引诱，过理性的、自主的生活的愿望，表明了人的自主性、个人想要成

---

① ［英］以赛亚·伯林：《自由论》，胡传胜译，译林出版社 2003 年版，第 236 页。
② 胡传胜：《自由的幻像》，南京大学出版社 2001 年版，第 49 页。
③ ［英］以赛亚·伯林：《自由论》，胡传胜译，译林出版社 2003 年版，第 189 页。
④ 同上。

为自己主人的要求，其本质是主动的、积极的控制和驾驭，其核心含义是"做……的自由（free to)"。"我希望我的生活与决定由自己掌握，而不是取决于其他任何外在的强制力量。我希望成为我自己，而不是他人意志活动的工具。"① 积极自由追求一个人能够操纵自己的行为及意志而不受他人及外力操纵和影响；而获得这种自由的唯一办法只有通过批判的理性，只有当自我的思想和行为符合理性必然性的时候，自我的自由才可能得以实现，这种自我支配其实就是理性的自我控制和自我导向。人作为行为主体有没有受到束缚，是否自由，要看他的理性状态如何，奴役还是自由取决于理性的自主力量。积极自由包括三个方面的内涵："（1）自由不仅仅是缺乏外在干预的状态，而同时意味着以某种方式行为的权力或能力；（2）自由是一种理性的自我导向；（3）自由还意味着集体自治，每个人都通过民主参与的方式控制自己的命运。"② 积极自由的自我主导，是对阻碍自我意志的障碍的清除，不管这些障碍是来自自然、个人未能控制的激情、非理性的制度还是他人与我对立的意志或行为。因此，这种障碍的清除暗含了对自我的控制，对自然、制度的改造和对他人行为的主动干涉。积极自由在逻辑上和实践上，都存在有从对自由的追求发展到强制和不自由的危险，也就是伯林所说的"积极自由观念因滥用——神化权威——而走向其反面的现象是时有发生的，而且是我们这个时代最熟悉、最具压制性的现象。"③ 伯林分析了积极自由走向专制的两个步骤。

　　首先，积极自由容易从自我的强制发展为社会的强制。伯林认为，积极自由秉承了理性主义一元论的思路，首先表现为自我控制，即按照理性的要求来判断自己的行为和思想。若自我的需求符合理性，则能实现"理想的""自律的""真实的"自我；反之，非理性的冲动、无法控制的欲望、"低级的"本性、则是"经验的""他律的"不真实自我，只有当前者占据了优势的时候，才是个人真正的自由状态。若积极自由仅停留在自我判断、自我导向的阶段，体现人的自由内在限制的部分，是无可厚非的。但是，在逻辑上和实践中，"那些相信自由就是理想的自我导向的

① Berlin, I., *Four Essays on Liberty*. London and New York：Oxford University Press, 1969, p. 177.

② Ibid. , p. 284.

③ ［英］以赛亚·伯林：《自由论》，胡传胜译，译林出版社 2003 年版，第 44 页。

人，注定早晚会去思考如何将这种自由不仅运用于个人生活，而且要运用在他与他所在社会中其他成员的关系上。"① 由于一元论的特性，决定了理性、自由、普遍和谐的生活有且只有一种单一的整体模式，而且这种"为所有人都正确设计好的生活将与所有人的自由——理性之自我导向的自由相吻合"②。这种"真实的""积极自由"中实现的自我的实体"可能被膨胀成为某种超人的实体——国家、阶级、民族或者历史本身的长征，被视为比经验的自我更'真实'的属性主体。"③ 当部落、种族、教会、国家、民族、阶级、"伟大社会"等整体概念代表了"真实自我"，掌握了实现理性的自我导向的自由的真理时，就会名正言顺地要求其个体成员的经验自我符合"正确"的模式。积极自由认为，这种要求并非专制，而是真正的自由。总体而言，从将自由解释为自我控制、自我导向，到把自我分裂为"理性的""真实的"自我和"经验的""低级的"自我，再将"真实"自我膨胀为某种超人的实体，超人实体的"真实自我"和最高的自由生活目的最终产生了对个人自由的挤压和强制，这四个步骤使积极自由从自由走向了反自由的、强制的深渊。伯林指出，当外在环境恶劣到个人目的经常无法达到时，那些追求积极自由和自我做主的人，为了保有真实的自我，往往退守到内心之中，使外在的邪恶力量无法触及自由的精神。但是，伯林认为这种精神的自由与个人自由是不同的，相反，退守内心的"真实的"自由观与残酷的政治暴虐是相容的。例如，斯多亚主义声称，奴隶可以同皇帝一样自由，因为无论主人对奴隶提出何种要求，奴隶有权决定是否服从，即便结果只能是服从或者被处死。这种形而上的自由观使人认为自己在内心是服从自我的，是自我控制的，尽管这种自我控制是通过"使自己与控制者一致，以逃避被控制被奴役的状态"。④虽然这种自我内心的退守不会直接导致专制，但却为极权统治提供了最好不过的麻醉剂。

其次，积极自由会通过理性的一律发展到强迫的一律，从合理的自律

① Berlin, I., *Four Essays on Liberty.* London and New York: Oxford University Press, 1969, p. 190.

② ［英］以赛亚·伯林：《自由论》，胡传胜译，译林出版社 2003 年版，第 217、218 页。

③ 同上书，第 203 页。

④ 张文显：《二十世纪法哲学思潮研究》，法律出版社 1998 年版，第 527 页。

发展为合理的压制。伯林将这种从理性的一律到强迫的一律的发展过程归纳为四个假定："第一，所有人都有且只有一个真正目的，即理性自我导向的目的；第二，所有理性存在者的目的必然构成一个单一的、普遍的、和谐的模式，部分人能够比其他人更清楚地领会这种模式；第三，所有的冲突及由此产生的所有悲剧，都源于理性与非理性或不充分理性（生活中的不成熟与未发展的成分，不管是个体的还是共同体的）之间的冲突，而这种冲突原则上是可以避免的，在完全理性的存在者那里是根本不可能出现的；第四，当所有人都被塑造成理性的时候，他们将服从源于自身本性（这些本性在所有人中都是统一与一致的）的理性规律，并成为完全服从律令和完全自由的人。"① 理性主义的自由观就是通过这四个假设将积极自由导向了压迫和专制。理性主义要求自我完善，寻求真实的、不受奴役的独立个体，并认定理性总是产生一致的结果，也就是说，由于真正的自由需要合理性的导向，因此无论这种理性规则是出自自己还是他人，只要符合理性就有利于自我自由的实现。当一些人或一些实体通过高度发达的理性探得人类真正自由的时候，就可以用科学的、连贯的方式来探知关于自由的所有知识，并运用在人类社会的建设中，任何主体的自由必须受其引导。如果这种理性的自由观不被个体自觉接受，只能说明个体的非理性状态过于强烈，需要通过教育来变得更符合理性的规则。"如果你不能控制自己，那我就不得不帮你控制，而且你不能抱怨缺乏自由"②，因为我所做的一切都是"为了你好"，为了你获得真正的自由，因为"你要么是没有成熟到自我导向的程度，要么永远都没有这个能力。"③ 对没有自我导向能力的人而言，"自由即服从"。如果这种服从让人感觉到不舒服或强制，这绝对是非理性的错觉，一旦自我的理性完全成长起来后就能理解，他人对我的教育和控制，实际是帮助我控制低级自我、凸显真实自我。根据这种推理，从对自我的服从到对理性的服从，从理性的服从再到对整体的服从是一致的：通过服从理性者而服从自己，进而获得彻底的自由。这样一来，"积极自由的修辞，至少是以其歪曲的形式，更引人瞩

---

① Berlin, I. , *Four Essays on Liberty*. London and New York: Oxford University Press, 1969, p. 199.

② Ibid. , p. 198.

③ Ibid. .

目，继续扮演着它在更大自由的外衣下掩护专制主义（无论在资本主义社会还是在反资本主义的社会）的历史角色。"①

伯林自始至终警惕积极自由走向自由反面的这种可能，他从个人主义的角度出发，认为生活的终极目标就应当是生命本身，而不是达到某个遥不可及目标的手段。以理性或者其他名义设定的终极目标乃是致命的幻觉，为了遥远目标而牺牲个人或当下可以预见的未来，必然会导致人类自由的牺牲。

（二）消极自由对自由主义的救赎

与积极自由相对的是消极自由，如果说积极自由是"做……的自由（free to）"的自由，消极自由则强调"免于……的自由（free from）"。消极自由关涉"一个人或一群人"在不受他人干涉和强迫的情况下从事自由活动的空间范围，其实现程度取决于有多少选项向选择者开放，有多少前景可供他展望和追求。消极自由是在个人与他人和社会之间划定一个区域，在这个区域之内的个人不受外在力量的干涉和侵入，"不管以什么样的原则来划定不受干涉的领域，……自由在这一意义上就是'免于……'的自由，就是在虽变动不居但永远清晰可辨的那个疆界内不受干涉"②。伯林援引了贡斯当对消极自由的解释："这就是：存在着一个私人生活的领域，除了特殊情况外，这个领域是不希望受公共权力干涉的。"③ 消极自由强调"不存在阻碍人的行动的障碍"④，"如果别人阻止我做我本来能够做的事，那么我就是不自由的；如果我的不被干涉地行动的领域被别人挤压至某种最小的程度，我便可以说是被强制的，或者说，是处于奴役状态的。"⑤ 对消极自由的判断在于自己的意愿和行动是否受到他人和社会直接或间接、有意或无意的阻碍，自由意味着不受他人干涉，不受干涉的范围越大，个人享有的自由就越广。伯林从几个方面论述了消极自由的含义：其一，从质来讲，消极自由是绝对的。自由是具有内在价值的概念，而不是实现其他价值的手段，也就是说，对自由本身的追求就是一种根本

---

① ［英］以赛亚·伯林：《自由论》，胡传胜译，译林出版社 2003 年版，第 44 页。
② 同上书，第 195 页。
③ 同上书，第 196 页。
④ 同上书，第 370 页。
⑤ 同上书，第 189 页。

目的。因此，无论以任何理由实行的强制、提出的目标多么高尚，都是对自由的侵犯。"所有的强制，就其挫伤人的欲望而言，总是坏的，虽然它可以被用于防止更大的恶；而不干涉，作为强制的反面，总是好的，虽然它不是唯一的善。"① 其二，消极自由是基于个人主义提出的自由概念。伯林认为，"自由的基本意义是指免于枷锁、囚禁和被他人的奴役。其余的意义则是这个意义的扩展或隐喻。为自由而战就是要清除障碍；就是要抑制其他人的干涉、剥削、奴役，因为干涉者的目标是自己的，这些目标不一定为被干涉者认同。"② 消极自由以个人主义为基本出发点，从内而外划定了作为主体的人与国家、与社会及他人之间的界限，为个人保留基本的、免于外部侵犯和干涉的领域，是最基础的自由。其三，自由区分于自由的条件和行动。虽然消极自由是最基础的自由，但却不是无条件、无限的自由。人们极易混淆自由与自由的条件。伯林认为，自由的条件是指行使自由权利所必须的经济和智识条件，没有能力或条件达到自由的状态，只能说是自由条件的缺乏，而不是不自由，"只有当你被人为阻止达到某个目的时，才能说缺乏政治权利或自由，单纯由于没能力达到某个目的不能成为缺少政治自由。"③ 至于是否采取某种自由的行动，与消极自由本身也有差距，如伯林所言，"我心目中的消极自由，指的仅仅是一个人能够顺着走的那些道路的条数，至于他走不走，那是另一回事。"④ "我所说的自由是行动的机会，而不是行动本身。如果，我虽然享有通过敞开的门的权利，我却并不走这些门，而是留在原地什么也不做，我的自由也并不因此更少。"⑤ 也就是说，消极自由只是一定情景下存在的各种选项，在特定情景中，我所拥有的选项越多，意味着我的自由范围越广，并不意味着我必须去行动。其四，消极自由意味着自由是人类众多值得追求的终极价值之一，而非唯一的价值。以价值多元论为前提，伯林认为，即使是在自由主义内部，自由也不是唯一价值，而是与诸如平等、公正、公平、

---

① ［英］以赛亚·伯林：《自由论》，胡传胜译，译林出版社 2003 年版，第 196 页。

② Berlin, I., *Four Essays on Liberty.* London and New York: Oxford University Press, 1969, p. 151.

③ Ibid., p. 169.

④ ［英］以赛亚·伯林：《自由论》，胡传胜译，译林出版社 2003 年版，第 371 页。

⑤ 同上书，第 39 页。

民主等其他价值同时存在且可能冲突的。对个人而言，为了获得某种价值，有可能会牺牲掉自由，这就意味着放弃了自由，而这种牺牲"并不会增加被牺牲的东西即自由，不管这种牺牲有多么大的道德要求或补偿"。[①] 为了公正、幸福或者和平牺牲掉了自由，即便这种牺牲使前者得到更大满足，自由也是失去了，并不因此而增加分毫，如果说"虽然我的'自由主义的'个人自由有可能失去，但某种其他的自由（'社会的'或'经济的'）有可能增加，这是混淆了价值。"[②] 因为自由作为一种独立的价值本身是无法以某种标准与其他价值互换或者被代替的，自由是且仅仅是自由。

在伯林看来，积极自由所追求的一元目标极易导致其背离自由主义的初衷，走向自由的反面，因此以牺牲其他人类价值来换取所谓的自由或者终极的善也是不可取的，这将直接导致"自由"这一价值的失去和对多元人性本身的否定；而消极自由以价值多元论为基础，放弃了积极自由想要的唯一的合理体系，将自由视为诸多价值之一，这样一来，就避免了以自由的名义实施强制的可能。由此，在价值多元的社会，由于总是存在着观念的冲突和价值的碰撞，我们不能人为地规定哪些是自由的、正确的、符合人类发展需要的，哪些是不自由的、是错误的。伯林认为，一个自由民主的社会，只有在两个原则之下运行才可能是自由的："一个原则是只有权利，而非权力，才能被视为绝对的，从而使得所有人，不管什么样的权力统治着他们，都有绝对的权利拒绝非人性的举动。另一个原则是存在着并非人为划定的疆界，在其中人必须是不可侵犯的；这些疆界之划定，依据的是这样一些规则：它们被如此长久与广泛地接受，以致对它们的遵守，已经进入所谓正常人的概念之中，因此也进入什么样的行动是非人性与不健全的概念之中。"[③]

伯林明确把消极自由与价值多元论联系在一起，他认为，价值多元论以及它所蕴含的"消极的"自由标准"是更真实的，因为它至少承认人类的目标多样性这个事实，这些目标并不都是可以通约的，而且它们相互

①　[英] 以赛亚·伯林：《自由论》，胡传胜译，译林出版社2003年版，第193页。

②　同上。

③　同上书，第238页。

间往往处于永久的对立状态。假设所有价值能用一个标准来衡量，以致稍微比较就可判定谁处于最高等级，在我看来这违背了人是自由主体的知识。"① 秉承多元价值观的消极自由与尊崇理性主义一元论的积极自由相比，不是从权威式的结构中寻求阶级的、人民的甚至整个人类的"积极的"自我控制和自我导向，也并不以某种遥远的、前后矛盾的理想的名义剥夺人们生活中必不可少的那些东西，如自由、幸福和财富等，而是更真实和更人道地从个人的选择范围出发，为个人划定最低限度的自由。伯林还指出，由于人们自由地选择目的而不宣称这些目的的永恒真实有效性，因此以价值多元论为基础的消极自由的范围不是固定的，而是随着人类生活的变化而变化，由人们生活和思想受到的基本道德范畴和概念决定，"这些范畴与概念，不管其最终的起源是什么，在大部分的时空中，至少是他们的存在与思想、他们自己的认同感的一部分；同时，也是人之为人的要素的一部分。"②

二　价值多元论对自由主义的证成

伯林对自由主义的重新诠释建立在他对理性主义一元论的彻底批判和对价值多元论的证成之上。同时，伯林所指的价值多元论同样需要自由主义的支撑，也就是说，在价值多元且相互冲突的世界中，能够容忍这种冲突存在且让人们从中能够作出最好判断和选择的政治体系应当赋予自由以特殊的地位，因为只有在自由的状态下，具有不同价值观的人们才可能达成必要的妥协，并维持各自的价值体系和生活结构，而这种自由就是消极自由。由此可见，伯林的自由主义思想是建基在"价值多元论"和"消极自由"之上的。

然而，伯林的这种价值多元论与自由主义的关系却遭到了一些保守主义者、社群主义者甚至自由主义者的反对。在伯林提出价值多元论与两种自由概念后不久，保守主义者列奥·施特劳斯（Leo Strauss，1899—1973）就提出，伯林以价值多元论论证自由主义犯下了相对主义的错误；美国社群主义学者桑德尔（Michael J. Sandel）也认为，即便伯林还不是

---

① Berlin, I. , *Four Essays on Liberty*. London：Oxford University Press，1969，p. 215.
② ［英］以赛亚·伯林：《自由论》，胡传胜译，译林出版社 2003 年版，第 245 页。

一个严格意义上的相对主义者，但是他的思想中，自由仅是众多终极价值之一，那么自由主义的普遍适用性又如何得以证明呢?① 约翰·格雷在《伯林》一书中也提出了与桑德尔类似的疑问，他提出三个层次的问题：一、独裁社会的统治者是否必然否认价值多元论，因为独裁者也可能是特殊主义的；二、自由主义如何证明在价值多元论的社会中具有优于其他意识形态的价值；三、非自由主义的社会为何不能按自己的意愿继续存在，而必须成为自由主义的?② 约翰·凯克斯（John Kekes）则在他的《反对自由主义》一书中直指价值多元论与自由主义的矛盾。他说道："如果自由主义者信奉多元主义，那么他们就必须承认任何价值的条件性，拒斥任何价值的压倒性地位。自由主义者必须否认任何价值或少数价值的结合是最高的、普遍的、永恒的、不变的，以及要么是绝对的要么是自明的，就是说，他们必须否认任何单一的或复合的价值具有这样理性的和道德的权威以至于常常具有比与之相冲突的任何其他价值更强的要求。"③

　　针对这些质疑，伯林在后期对其价值多元论基础上的自由主义进行了修正和补充论证。伯林认为价值多元并非一定导向自由主义，因为"多元论和自由主义是互不相同甚至也互不交叉的两个概念。有各种不属多元论的自由主义理论。我既相信自由主义，也相信多元论，而这两者并没有逻辑上的关联。"④ 也就是说，伯林认为，并非所有的自由主义都是多元主义的，历史上一元论的自由主义无处不在；同样的，并非所有多元主义者都是自由主义的，我们在现实中同样能够找到那些狂热的、极端的多元主义者，他们虽然承认多元价值的客观存在且具有不可通约性，却不允许这些价值在同一时空共存，却只求推行某种特定的价值，如极端的民族主义者就是如此。⑤ 有鉴于此，对

----

① 参见列奥·施特劳斯：《古典政治理性主义的重生》，刘小枫译，华夏出版社 2011 年版，第 60 页。及 Sandel, Michael. J., *Liberalism and its Critics*. New York：New York University Press, 1984, p. 8。

② 参见［英］约翰·格雷：《伯林》，马俊峰等译，昆仑出版社 1999 年版。

③ ［美］凯克斯：《反对自由主义》，应奇译，江苏人民出版社 2005 年版，第 223 页。

④ ［伊朗］拉明·贾汉贝格鲁：《伯林谈话录》，杨祯钦译，译林出版社 2002 年版，第 40 页。

⑤ Isaiah Berlin and Beata Polanowska‐Sygulska, *Unfinished Dialogue*, Prometheus Books, 2006.

坚持价值多元论的自由主义者而言，宽容就成为一个相当重要的概念。我们可以通过下文中克劳德和盖尔斯敦的论证来说明伯林的观点并简要阐述伯林自由多元主义思想的主要特征。

（一）价值多元论对自由主义的证成

如第二章中所说，自由主义体系本身具有丰富的层次和体系，近代自由主义的证成有两组相对的论证模式，一是自由主义应当是普遍主义的还是特殊主义的；二是自由主义应当是中立性的还是至善论的。为此，乔治·克劳德（George Crowder）提出了这两对论证模式的交叉图式（图一①）。

	普遍的	特殊的
中立性的	罗尔斯（早期）	罗尔斯（晚期）
	德沃金	
	拉莫尔	
至善论的	康德	拉兹
	密尔	
	高尔斯顿②	

图一 自由主义辩护理论

克劳德提出，这两对模式具有交叉性，从而构成当代自由主义论证的四种立场：普遍主义的中立性、特殊主义中立性、普遍主义的至善论以及特殊主义的至善论。按照克劳德图表中的分类，伯林所批判的自由主义一元论是自由主义普遍主义模式，而这种自由主义的普遍主义既可能是中立性的，也可能是至善论的。以早期罗尔斯、德沃金为代表的普遍主义中立性观点认为，宽容原则让自由主义在"所谓良善生活的问题上保持中立"。③特别是罗尔斯在《正义论》中关于"原初状态"（Original Position）和"无知之幕"（Veil of Ignorance）的详细分析，模拟了无偏私的、"正当优先于善"的自由主义框架，更是为自由主义的中立性作了很好的注解。然而，自由主义的中立性受到来自社群主义的攻击，某些自由主义

---

① ［美］乔治·克劳德：《自由主义与价值多元论》，应奇等译，江苏人民出版社 2006 年版，第 31 页。

② 高尔斯顿即 William A. Galston，通常译为威廉·A. 盖尔斯敦。

③ Dworkin, R., *A Matter of Principle*. Cambridge, MA：Harvard University Press, 1985, p. 191.

者也纷纷倒戈，认为自由主义的社会框架必然受到历史、文化、价值观等因素的影响，不可能是完全中立的。① 而后期罗尔斯以政治自由主义代替了普遍的、完备性的道德学说，表现出对多元价值的承认，并在多元主义的基础上寻求"重叠共识"（Overlapping Consensus）的可能，这是自由主义特殊主义的中立性诉求。至于普遍主义的至善论，则完全放弃了中立性观点，"声称自由主义的善具有普遍优越性"②，对他们来说唯一的良善生活就是自律的生活，而在遭到攻击之后，普遍主义至善论者改变了策略，将个人自律特殊化为在特定社会才有效的生活模式。不管怎样，这几种模式都是以理性主义一元论为基础的，都预设了一种最佳生活模式的存在，并都可能以最佳生活方式的模式为借口侵犯个人最低限度的自由。克劳德认为，传统自由主义的这几种模式都没能更好地调节自由主义的理论基础问题，即无法回答价值多元论前提下自由主义的合理性及地位问题，而伯林的价值多元论为基础的自由主义思想则为自由主义突破普遍主义的、至善论的狭隘，在多元社会赢得更大的宽容开辟了一条新路。

威廉·盖尔斯敦（William Galston）采用另一种自由主义的分类法。他提出如果把自由主义理论按照一元论的和多元主义的、完备性的和独立的类型来分类的话，可以构成四种主要类型：独立的/一元主义的（以罗尔斯《正义论》为代表）；完备的/一元主义的（以德沃金为代表）；独立的/多元主义的（以沃尔泽《正义诸理论》为代表）和完备的/多元主义的（以伯林、拉兹以及格雷为代表）。盖尔斯敦认定，自由多元主义是一种完备性的、多元主义的理论③，价值多元论不仅能够与自由主义兼容，更能够凸显出自由主义适应价值多元社会客观性的美德。总体而言，伯林是以价值多元论来证明自由主义的合理性及有效性的，大致可分为三个方面：

---

① 关于社群主义对自由主义中立性的攻击，参见 Sandel, M. *Liberalism and the Limits of Justice*. Cambridge：Cambridge University Press，1982. Taylor, C. "Cross – purpose：the liberal – communitarian debate"，N. Rosenblum（ed.），*Liberalism and the Moral Life*. Cambridge，MA：Harvard University Press，1989.

② ［美］乔治·克劳德：《自由主义与价值多元论》，应奇等译，江苏人民出版社 2006 年版，第 40 页。

③ ［美］威廉·盖尔斯敦：《自由多元主义：政治理论与实践中的价值多元主义》，佟德志等译，江苏人民出版社 2005 年版，第 10、11 页。

首先，价值多元论赋予了人作为主体进行自由选择的基本权利，才有了自由主义中极为重要的选择自由，从而为保障最基本的消极自由提供了必要条件。伯林认为，理性主义一元论提倡的共同人性观点否认了历史事实，无视人类多样的生活习惯和习俗、差异化的自我和善的观念，这种人性观抹煞了人性的复杂性和多元性。在伯林看来，人性并不是某种固定不变的人类情感或需要，而是因选择能力和对生活方式的自我选择构成的差异化特征，也就是说，人的选择能力和对生活方式的自我选择使人们的行为具有不确定性，这种不确定性影响着对人性的辨识。"正是人类选择能力和通过选择活动为自己创造了多样的本性，具体体现为包含着一些不可通约的和理性无法比较的善和恶的各种不同的生活方式，构成了人的最为显著的特征。"① 人类的选择能力这一观念支撑着伯林的自由主义观念，他之所以强调消极自由，是因为消极自由承认人类面对的价值选项的多样性，承认人作为个体自由选择的权利。按照伯林价值多元论的主张，价值的不可通约性与冲突是人类生活的必然，消极自由主张的自我选择正是在这种不可通约的善之间进行选择，使个人因需要和具体情境产生差异化的选择而具有不同的本质，理性主义一元论为人们规定的必然道路并不存在，自由选择生活方式是个人无法逃避的命运，也是个人的基本权利——个人受自身文化情境的影响，根据自身需要作出选择并为之负责。由此可见，价值多元论创造并支持了人类多元的、自我创造的本性理论，进而赋予了消极自由以人性的合理性。当然，伯林也认为，这种人类目的的多样性"不能是无限制的，因为尽管人的本性是多元的且易于改变，但既然被称作人类，那么它必然拥有某些一般的特征"。②

其次，价值多元论还为作为一种政治理论的自由主义提供了论证。伯林认为，多元的社会里才可能存在政治哲学，因为一个具有单一目标的社会，能够讨论的原则上只可能是达到这一目标的最佳手段是什么，而关于最佳手段的争论也是技术层面的争论，可以纳入实证科学的范畴，而没有政治哲学存在的可能了；只有在价值多元的社会中，任何一种单一目标（这些目标可能是社会性的或政治性的）都不能取得全体一致的赞同，因

---

① ［英］约翰·格雷：《伯林》，马俊峰等译，昆仑出版社 1999 年版，第 8 页。

② ［英］以赛亚·伯林：《扭曲的人性之材》，岳秀坤译，译林出版社 2009 年版，第 80 页。

此出现价值间的冲突与争论，才能有政治哲学出现。伯林指出，价值多元论把冲突和艰难的选择视为人类社会的永久特征，而且人类必须面对这些冲突和选择，政治哲学在现代社会才是真实的。根据价值多元论的观点，不同人们的生活中有不可通约的善和对善的理解，没有任何理性主义一元论的标准可以对这些善进行比较或囊括，因此任何政治结构或权力都不应试图将一种单一的生活方式强加于其公民身上。如果一个国家或社会只存在或只提倡某种单一的价值体系，就意味着更多的价值被压制或忽视，也可能产生以终极价值名义而实施的强制，"在伟大的历史理想——正义、进步、未来子孙的幸福，或某一国家、种族、阶级的神圣使命或解放，甚至是为了实现社会自由可以要求个体作出牺牲的自由本身——之祭坛上，许多人遭到了屠杀。"① 从这个意义上说，单一价值体系的社会结构会侵犯个人的选择自由，因而我们能够接受的社会结构或国家政权应当是这样的，即不采用任何可能造成独裁或极权主义的一元论价值体系来规范公民的道德生活，而是尽可能多地包容不同的价值和公民的自由选择。在伯林看来，价值多元论支持的这种免于国家干涉私人道德生活和个人自由选择的权利，可以防止积极自由因强迫的一律发生反自由主义的逆转，是对个人自由最底线的保护。此外，自由选择还具有另一种价值，即赋予了个人作为一个人的道德地位。接受价值多元论，并进而承认在诸多价值中进行选择的权利，强化了人之为人的存在感："在绝对的要求之间做选择的必要性，仍是人类境遇中所不可避免的一项特征。"② "这样理解的人类尊严，在一个给予选择自由以优先权的体制即一种自由主义体制中，是能够在最充分意义上受到尊重的。"③

最后，价值多元论为自由主义的宽容开辟了新的空间。宽容是作为一种意识形态的自由主义对人类社会最突出的贡献之一，它为人类创造一个更完美的社会、寻求更好的生活方式提供了可能。自由主义对宽容有两种理解：一是人类能够就什么是最佳生活方式达成理性共识的理想途径；二是一种相信人们可以有多种生活方式的信念。前者是理性主义一元论的基

---

① ［英］以赛亚·伯林：《自由论》，胡传胜译，译林出版社 2003 年版，第 167 页。

② 同上书，第 169 页。

③ ［美］乔治·克劳德：《自由主义与价值多元论》，应奇等译，江苏人民出版社 2006 年版，第 95 页。

本观点："对那些追求就最佳生活达成理性共识的自由主义思想家来说，宽容是人类理解力局限的一种补救"①。如果人类社会有一种唯一值得追求的理想生活形式，那么宽容就是我们通向真理的途径，它表明了在人类理性不完满阶段允许多种生活方式存在，但通过理性的努力最终会走向一致的美好结局。然而，伯林的多元主义观点打破了理性主义一元论思想中所谓人类社会最佳生活方式的幻梦：对人类来说，最好的生活有很多种，它们中的一些不能结合在一起，甚至不能彼此兼容。对人类而言，没有一种最佳的或最高尚的生活方式。因此，自由主义的宽容应当更多地理解为它的第二种含义——人们总是有理由按照自己的想法过不同的生活。人类价值中关于善的观念千差万别，以至于没有一种生活方式可以说是对所有人都是最好的。多种生活方式的存在和长期存在是人类不得不承认的事实。在各种各样的生活方式中，有一些价值是不可通约的；当这些生活方式发生对立或冲突时，我们也无法找到一个最高标准判断其优劣。当然，具有不同生活方式的人也不一定就必定无法理解彼此，他们只是互不相干罢了。在社会生活中，"权宜之计"就是一种"适应于多元主义这一历史事实的自由主义宽容"②，其目标不是平息各种价值观之间的差异和冲突，使其步调一致；而是调和那些虽然拥有不同价值观、不同生活理想的个人及其生活方式，使他们能够和平共处。"权宜之计"表达了一种多元主义的善的观念：不可通约的善广泛存在，我们不能消除它们的分歧或以某种更高的善代替其他所有善，作为宽容手段的"权宜之计"，决不寻求某种超级价值（super‑value），"而是对那些在其中对立价值观念的要求能够得到调和的共同制度的赞同"③。

　　（二）自由多元主义的基本特征

　　伯林并不认为自由是且仅仅是"消极自由"，也不是说只有"消极自由"才是真正的自由。在伯林看来，积极自由和消极自由实际上是指同一件事情，"积极自由和消极自由都是完全正确的概念"④，"消极自由"

---

① ［英］约翰·格雷：《自由主义的两张面孔》，顾爱彬等译，江苏人民出版社2005年版，第3页。

② 同上书，第8页。

③ 同上书，第33页。

④ ［英］约翰·格雷：《伯林》，马俊峰等译，昆仑出版社1999年版，第10页。

是人免于干涉的保障，而"积极自由……是公平的生活方式的一个必要条件"。① 这两个自由概念"在逻辑上并不是彼此排斥的，即只能用消极自由或者只能用积极自由来说明同一件事情。"② 积极自由和消极自由在历史上的发展并不总是背道而驰直至彼此发生直接冲突，在很多时候，他们也是相互转化的。积极的不自由和消极的不自由也会产生共同的结局——即个人选择能力的削弱和选项的减少。伯林之后，许多政治哲学家受到他的启发，为自由主义的多元论基础作了详细论证，并在伯林价值多元论的自由主义思想之上发展出了"自由多元主义"这一全新的自由主义形式。本书在这里试图借用一些其他思想家的论证来说明伯林是如何看待价值多元论对自由主义的证成的。

伯林提出的以价值多元论为基础的两种自由概念受到了许多著名自由主义学者的赞同和借鉴。后期罗尔斯就盛赞过伯林的两种自由概念，又对其进行了改造，并认为"作为公平的正义"是同伯林的自由主义思想"一脉相承"的③；他意识到，如果在社会中只强调积极自由，无疑是有害的。同伯林一样，罗尔斯首先从消极自由来界定自由的概念，设定了自由的三个方面：自由的行动者，自由行动者所摆脱的限制与束缚，自由行动者决定做或者不做的事。也就是说，判断一个人是否是自由的，首先要从这三个方面进行分析。据此，罗尔斯将自由定义为："这个或那个人（或一些人）自由地（或不自由地）免除这种或那种限制（或一些限制）而这样做（或不这样做）。"④ 可见，罗尔斯首先把消极自由置于最重要的位置，并以消极自由来限制积极自由的范围，即在消极自由的前提下论证个人主动性的可能。进而，罗尔斯开始思考如何处理消极自由和积极自由在自由体系中的地位，以何种方式可以避免积极自由变成侵犯个人自由的极权思想。可以说，罗尔斯自由主义思想中关于"两个正义原则"，基本上是对伯林自由多元主义思想的回应。⑤ 在《政治自由主义》一书中，罗

---

① ［英］约翰·格雷：《伯林》，马俊峰等译，昆仑出版社1999年版，第10页。

② 同上。

③ ［美］罗尔斯：《作为公平的正义：正义新论》，姚大志译，三联书店2002年版，第237—238页。

④ ［美］罗尔斯：《正义论》，何怀宏等译，中国社会科学出版社1988年版，第200页。

⑤ 胡传胜：《自由的幻像》，南京大学出版社2001年版，第237页。

尔斯放弃了早期在《正义论》中提出的以正义作为社会在道德上、哲学上可以达成一致共识的基本原则的做法，认为《正义论》中的一元论假设是无法成立的；相反，罗尔斯认同了伯林关于价值多元的看法，认为"自由主义的一个关键假设是各个平等的公民有各自不同、因而也无法通约的和不可调和的善的观念。"①　"在现代民主社会中，多元生活方式的存在被视为常态，只有独裁地运用国家权力才能消除这一状态。自由主义既力争表明良善观念的多元性是可欲的，也试图证明自由的整体性如何适应多元性，以实现人类多元性的全方位发展。"② 至此，罗尔斯把他的自由主义正义理论限定在了政治领域，不再以道德的一元论为前提，而是限定了一个核心问题，即在多元价值共处和冲突的时代，如何在各种差异化价值间求得某种"重叠共识"，"作为公平的正义"也只是确立现代自由宪政制度的基本框架而已。罗尔斯坦言，《正义论》中基本假设的"严重欠缺"是由于忽略了伯林多元论的观点，③ 可见，伯林的自由多元主义思想已经为罗尔斯认可并借鉴了。

　　伯林的自由多元主义思想甚至得到了社群主义者的肯定，查尔斯·泰勒就是其中之一。他认为，伯林的自由多元主义思想破除了传统自由主义理论中原子式个人主义，以多元的文化作为支撑起个人自由的真正基础，使个人成为活生生的、有文化背景、有情感的个人，避免自由主义走向终极空洞的虚无主义。④ 而且，积极自由和消极自由概念的区分分别从集体自我统治的角度和个体从他人中独立的角度分剖了自由主义的两个层次，实际上表达出二者是自由的一体两面：消极自由保证了个人自由的机会，指向我们能够做什么，有什么可能的选项可供我们选择，即"机会概念"⑤，而积极自由则是有效控制自己生活，选择自己想要的生活方式的"操作概念"。⑥ 按照泰勒的观点，自由概念不应当仅是机会概念，还应当

---

　　① Rawls, John, *Political Liberalism*. New York：Columbia University Press, 1993, p. 298.

　　② Ibid. , p. 297.

　　③ Ibid. , p. 197.

　　④ ［加拿大］查尔斯·泰勒：《黑格尔》，张国清等译，译林出版社 2002 年版，第 864 页。

　　⑤ Taylor, C, "What's Wrong with Negative Liberty", in A. Ryan (ed.), *The Idea of Freedom*, Oxford：Oxford University, 1979, p. 71.

　　⑥ Ibid. , p. 70.

有实际操作的可能，也就是说，消极自由也是和特定的生活方式联系在一起的，离开了积极自由，消极自由的"马其诺防线"也是极容易失守的。

根据罗尔斯、泰勒等人对伯林价值多元论和两种自由概念的分析和应用，我们看出伯林的自由主义思想是多元主义的，它既包含了对自由主义基本价值的肯定，又承认了自由主义的理念必须在价值多元的背景下存续和发展。伯林的自由多元主义思想，迅速为一些自由主义者吸收并加以发展。可以说，伯林是当代自由多元主义的肇始者，是价值多元论挽救了20世纪自由主义看似不可逆转的颓势，成为自由主义对社群主义攻击的有力回应。

根据乔治·克劳德的总结，伯林的自由多元主义思想具有三个基本特征：多样性、合理的分歧（reasonable disagreement）和美德。① 其一，多样性。所谓多样性特征是指价值多元论承认并尊重人类价值的多样性和不可通约性，客观地接受而非试图以自由主义一元论的方法改造或统率多样的价值，而自由主义的政治秩序能够很好地推进社会对多样性的宽容。多元的价值被视为对自由主义有利的特征，因为一个社会的价值单一程度越高，它可能忽略或压制的价值就越多，人们能够追求的善的生活模式就越少，进而会对本质多元的人性造成压抑。② 其二，合理的分歧。合理的分歧是指"如果价值多元论是正确的，那么我们必须承认关于良善生活性质的许多（尽管不是所有）分歧是合理的，因此国家应当调和这些分歧而不是试图消灭它们。调和关于良善生活的分歧的最佳政治工具就是自由主义。"③ 其三，"美德"。所谓"美德"是指价值多元论具有诸多优势。克劳德认为，价值多元论的这几种"美德"与自由主义的几种典型美德相契合，并修正自由主义可能发生的狂热状态。如（1）对多元人性和价值的宽容（generosity）与自由主义的宽宏大量（broad‐mindedness）是同一种美德，促进自由主义政治"对接受分歧和承认人类共同性的平衡"。④（2）价值多元论直面价值不可通约性的现实主义（realism）符合

① ［美］乔治·克劳德：《自由主义与价值多元论》，应奇等译，江苏人民出版社2006年版。

② 同上书，第164页。

③ 同上书，第186页。

④ 同上书，第228页。

自由主义节制的美德，自由主义不是要求道德上或社会的完美，也防止自由主义为追求完美过分而强调积极自由，以国家强力压制和侵犯个人自由的有力武器。（3）在多元价值间进行必要选择的周到（attentiveness）意味着价值多元论关注价值、关注选择的具体情形和人作为选择主体的需要，自由主义是为个人自由和权利辩护的工具，理当接受多元论"周到"的考量，促进个人选择的自由。（4）多元主义在面对价值冲突和选择的各种状况时候的灵活性（flexibility）。多元主义要求人们在进行选择时应当考虑到具体情形的特殊性，而不是一味僵化地运用某种特定的一般性原则，这"对应的是自由主义对个人自律的赞美"[1]"自律就是要按照在强意义上说'一个人自己的'标准行事。就是要否认通过机械地运用传统的或者别的规则可以简单地消除价值冲突。"[2] 这样一来，强自律当然站在价值多元论的一边，反对僵化。通过对自由多元主义的三个基本特征的总结，克劳德证明了自由主义与价值多元论的兼容，并证明了价值多元论能够有力地支持自由主义的基本理念，进而对自由主义的一些原则进行修正，创造出一种全新的自由主义——自由多元主义。自由多元主义更多的不是一种理论体系，而是某种经验性的"宽容"方案，使自由主义的基本理念更能适用于多元化的人类社会："在经济分配中它将赞成再分配的政策而反对纯粹的放任主义；在文化领域，它将赞成一定程度的多元文化主义。但是这种多元文化主义要受到一定的限制，对个体自律的信奉则蕴涵了这种限制。通过多元论—自由主义的政策过程形成的政策将是广泛民主的，但是很有可能受到保护公民自由的宪法的约束。在宪法框架之内，将出现许多无法达成一致意见而要求妥协的情况，然而主要将通过行使多元自由主义的美德来实现这种妥协。"[3]

小　结

伯林的价值多元论思想并非一开始就受到广泛关注，以早期罗尔斯、

---

① ［美］乔治·克劳德：《自由主义与价值多元论》，应奇等译，江苏人民出版社 2006 年版，第 235 页。

② 同上书，第 235、236 页。

③ 同上书，第 309、310 页。

哈耶克、诺奇克、德沃金等自由主义一元论者为代表的新自由主义学说占据了"二战"结束后自由主义学界的主流地位。直到20世纪80年代，自由主义遭到了来自社群主义的猛烈攻击，伯林的自由多元主义思想才开始得到足够重视。社群主义对自由主义的攻击主要来自两个方面，一是认为自由主义以个人主义为思想基础，抹煞了人的非理性的一面，削弱了社会稳定和秩序，过于理性的自由主义制度构建忽视了社会群体（社群、宗教团体等）对社会的维护作用；二是认为自由主义忽视了社群归属和认同感对个人的重要意义，而一个社会的建构必须考量其所属社群在心理、社会、伦理方面的传统和文化背景。伯林挑战了西方文化传统中最强有力的理性主义一元论，认为理性主义一元论在促进人类发展的同时也限制了多元人性的自由发展。在批判理性主义一元论的基础上，伯林分析了人类观念史中始终存在的非主流思想——多元主义——并发展了价值多元论思想。多元主义认为，多元价值的客观性是人类必须面对的客观现实，也是自由主义理论必须在其中发展的前提。伯林的价值多元论思想主要包含四个方面内容：多元价值的客观存在决定了人类不可能发展出某种普遍适用的最好生活方式或最终目标；多元价值往往是不可通约的，这种不可通约不仅存在于善与恶之间，也存在于善与善之间；面对多元的、不可通约的价值，人类必须在诸多善的价值间作出选择，即便这种选择需要以牺牲某些善为代价；价值多元论否定了理性主义一元论认定的完备世界存在的可能。

在价值多元论的基础上，伯林重新分析了自由的含义，提出了消极自由和积极自由两种自由概念。伯林认为，消极自由强调个人不受限制的范围和个人选择的选项存在，是自由最基本的含义；而积极自由则强调通过理性的批判和自我主导来实现人类真实的善和自由，这种理性的自我控制和自我导向思维受到理性主义一元论的推动，很容易从自我控制走向社会的强制、从自律走向社会的一律，使自由主义走向自己的反面——强制和极权统治。有鉴于此，伯林提出在价值多元论基础上的自由主义，即自由多元主义，使自由主义摆脱了理性主义一元论的窠臼，重新建构在多元论基础之上。与以往强调原子式的个人主义的自由主义不同，伯林的自由主义思想并不过分强调个人主义和个人自由的最核心地位，相反，在承认消极自由作为自由底线的前提下，他的自由主义思想具有历史主义和社群主义的痕迹，认为个人自由及自由主义的发展具有特定的历史情境和文化背景。

　　价值多元论、两种自由概念及其推导出的自由多元主义成就了伯林的自由主义思想，也成为伯林自由民族主义思想的理论基础。但不可否认，伯林始终没有明确如何调和自由主义普遍主义与多元价值可能存在的特殊主义倾向之间的矛盾，他始终将自由多元主义作为一种经验性理论而非规范性理论加以描述。这种在普遍主义与特殊主义之间的暧昧态度也影响着伯林的自由民族主义思想：一方面，他坚决拒绝非自由主义的民族主义，严斥其为最大的暴虐；另一方面，伯林又对文化民族主义保持同情，肯定民族情感和民族归属的需要是人类多元本性的反应，是不可抹杀的人类情感，也是自由无法取代的人的真实本性之一。

第三章 民族主义的定义和基本特征

伯林的价值多元论和两种自由概念成就了他在自由主义思想界的盛名，而他在另一个领域的研究和观点在 20 世纪前期和中期都未引起学界足够的重视，但这一领域的观点恰好印证了他的自由多元主义思想，并成为一股新的"潜流"在自由主义内部静静流淌，为自由主义在 20 世纪之后应对风起云涌的民族主义运动和解决多元文化主义、多元文化公民权问题提出了一种新的可能，这就是伯林的自由民族主义思想。伯林的民族主义思想被冠以"自由主义的"，其原因在于伯林的自由民族主义思想同 18 世纪的自由民族主义有着同源性，都是以自由主义的基本理念为前提对民族主义的辨识与剖析，但与前者不同的是，伯林的自由民族主义思想始终坚持的是自由多元主义而非自由主义一元论为前提。在观念史研究中，伯林发现，自由多元主义和某种民族主义有相近的发端时间、惊人相似的理论渊源，却有着迥异的发展走向，并导致了巨大的差异。伯林的自由民族主义思想，最为突出的特点就是回归到一种老式的、在许多方面更为古典的自由主义，并切入了他坚信的价值多元论观点，从而使伯林的自由民族主义思想超越了他之前的自由主义思想家对民族主义的看法，形成了独具价值的自由民族主义思想体系。伯林的自由民族主义思想，在自由主义的层面秉承的是他价值多元论基础上的自由主义，即自由多元主义；在民族主义层面，伯林的思想来源则更复杂。本章将首先分析伯林民族主义思想的几个来源，并对伯林的民族观作出分析，理清伯林所指的民族主义的起源、含义和基本特征，对民族主义几个基本特征的不同维度进行剖析，为进一步分析伯林的两种民族主义概念作准备。

第一节　伯林自由民族主义思想的渊源

一　生命中的三条主线

1979 年，伯林获得耶路撒冷文学奖①，在获奖感言中，他坦言他的一生贯穿着三条主线——俄国人的、英国人的和犹太人的，三者构成了他个人的身份认同，并影响着他的创造和研究：他的研究对俄国人、俄国社会及俄国思想家保持了高度的兴趣；英国人的特性则赋予了他经验主义的以及最核心的自由主义的价值观，以及妥协、宽容、尊重其他不同意见的优秀素养；至于犹太人的特性，伯林认为"这一特性对我而言植根最深刻，也再自然不过，以至于我都懒得去辨识它，更别说去分析了。"② 归属感的重要性、家园感的需要成为他理解民族主义的关键词。

（一）流亡的痕迹

从伯林的个人经历来看，他的一生和民族主义有密不可分的联系：民族成员身份也好、民族国家归属也罢，都影响着伯林的生活和学术思想。1909 年，伯林出生在俄国沙皇治下里加的一个犹太木材商人家庭，他的童年有典型东欧中层犹太人的特征：富足的经济、团结的家族、良好的教育以及虔诚的信仰构成了他童年生活的全部。但童年生活的幸福并没有持续到他成年，随着 1914 年俄国与德国相互宣战，里加地区陷入争战的双重矛盾中，当地犹太商人安稳舒适的生活被打破，伯林随父母举家辗转各地，后迁居彼得格勒。然而，俄国旧制度的崩溃和 1917 年"二月革命"和"十月革命"的相继爆发，使整个东欧和俄国（苏联）的政局对犹太人越来越不利，伯林一家再次面临生存的威胁。直至 1921 年伯林一家才最终设法移民定居英国，重新开始稳定的生活。对伯林来说，少年时期的流亡痕迹虽然模糊，但仍给他造成了相当的影响。在抽象层面来讲，这种影响表现为他对归属需要的尊重和强调，在他的自由主义思想中，始终为个人归属留下了必要的空间，而没有像其他自由主义者那样过分强调原子

---

① 耶路撒冷文学奖（Jerusalem Prize）创办于 1963 年，每两年颁发一次，主要表彰其作品涉及人类自由、人与社会和政治之间关系的作家。

② James Chappel, *Dignity is Everything：Isaiah Berlin and His Jewish Identity.* Pennsylvania：Haverford College, 2005.

式的个人主义；在政治上，则表现为他坚持自由主义的犹太复国主义思想；在观念史研究中，伯林尤其对19世纪那些历史上边缘化的、受人排斥或是容易被激怒的、颇具争议的人物着迷。而对熟悉伯林的人而言，他个性中轻微的暴躁易怒，以及对于任何地方将他视为"外人"的姿态的过分敏感都与他早年的移民经历不无关系。① 幼年的流亡经历加深了伯林的隔绝感：作为一个被带入异国语言环境中的孩子，在英国最初的生活给他造成了深刻的孤独感，由于语言不通，在学校中他只能作为一个旁观的外国人，无法参与其中。虽然伯林很快克服了语言障碍融入了非犹太学校的生活并成为其中一员，但这段短暂的经历却让他终其一生都具有一种不同于他人的敏感和道德困惑，那就是他总想把尊严感同努力适应新环境的渴望调和起来，这也让他对英国的态度不同于那些出生和成长在英国的同学和朋友。

在英国的生活既给伯林全然的异国感，又给他带来了新鲜体验。定居伦敦后，伯林一家受到当地人的热情接纳，伯林父亲的木材生意重新开始并蒸蒸日上，伯林一家很快跻身伦敦中上阶层，在伦敦犹太人圈子中享有了一定地位。伯林本人则在英国受到了良好教育并拥有了自己的事业，这让伯林一直把自己信奉的自由主义中几乎所有的优点都归因于英国特性："对别人得体的尊重和对反对意见的宽容要优于骄傲自得和民族使命感；自由与效率二者也许是不可调和的，而且前者要优于后者；对那些重视自由的人而言，多元性和非整齐划一总是优于那些无所不包的系统用强硬手段迫使人们服从的做法（无论那系统是多么理性和无私），也优于多数人对那无助的少数的专政。"② 移居英国后，除了二战时期有三年时间在纽约和华盛顿为英国政府工作以及1945年在莫斯科有短暂停留外，伯林一生都居住在牛津，老派英国人的生活方式让他感到非常舒适。尽管伯林认为他所信奉的自由主义及他自身具有的老派英国人气质都得益于英国，但他的自由主义思想并不仅仅具有英国古典自由主义的血统，相反包含了一些十分非英国性的东西，例如，其中就包含了对亚历山大·赫尔岑、本杰明·贡斯当、朱塞佩·马志尼等人自由主义思想的研究和借鉴。伯林没有

---

① ［加拿大］伊格纳季耶夫：《伯林传》，罗妍莉译，译林出版社2001年版，第41页。

② Berlin, I. , *Personal Impressions*. ed. Henry Hardy. London：Hogarth Press, 1980, p. 253.

承认过里加和彼得格勒的生活给他留下任何怀想，但故乡始终存在于他的内心深处，而与俄国的关系是他一生都无法割裂的关联——在二战期间和战后对苏联的访问，对留在苏联的亲戚的拜访以及他与自己同母语的旧式的、不合苏联时宜的俄国诗人、作家之间的交往及深厚友谊，都反映了他深厚的民族家园情结。事实上，伯林的俄国犹太人出身也让他遭遇了跟他同样的犹太人在异国可能受到的不平等对待：1939 年英国对德宣战后，伯林曾跟他的牛津同事一起积极表示愿意为战争出力，但在身份审查中被发现出生于拉脱维亚之后，伯林失去了为国尽忠的机会。虽然这次被拒并没有影响伯林在二战中成为出色的特勤人员为英国效力，但是，这次身份差异带来的区分却让伯林更清晰地意识到作为俄国犹太人的特殊性。

（二）温和的犹太复国主义者

伯林有许多观念史研究文章是针对犹太人学者以及犹太人生活的，如《迪斯累利、马克思及对认同的追求》《犹太人的奴役与解放》《犹太复国主义的成就》等文章都关注犹太人和犹太民族的状况，但是在伯林身上似乎又缺乏典型的、面具化的犹太人的特征。例如，与他的具有一半犹太血统的牛津同事、哲学家 A. J. 艾耶尔（A. J. Ayer，1910—1989）的犹太人身份体验相比较，伯林就显得温和很多。对艾耶尔来说，犹太身份是一种返祖性的遗传，是理性头脑完全可以弃之不顾的特性，但伯林却认为犹太人作为一种身份认同虽然可以怀疑，但却无法将之抛之脑后或企图超越它。在宗教信仰方面，伯林绝对不是虔诚的犹太教徒，但他却遵循着犹太人重要的节日，并对宗教持一种具有讽刺意味的尊重态度。犹太人特性在伯林的个人生活体验中并不明显，但在他的政治思想中却表现得明确得多，这就是他一生都支持并从事的犹太复国主义运动。

犹太复国主义又称锡安主义（Zionism），是由犹太人发起的一项旨在恢复犹太人家园的政治运动，它很大程度上是对 19、20 世纪欧洲和阿拉伯世界高涨的反犹主义的一种回应，在二战期间和二战结束后主要表现为支持以色列建国，建立犹太人自己的国家的政治运动。伯林自称从少年时期起就是犹太复国主义者。[①] 1934 年，青年伯林曾游历巴勒斯坦，接触了

---

① ［伊朗］拉明·贾汉贝格鲁：《伯林谈话录》，杨祯钦译，译林出版社 2002 年版，第 79 页。

众多犹太复国主义思想家、学者和政治家，观察了巴勒斯坦地区犹太人的生活状况，但是他对犹太复国主义的态度却并不因他犹太人的民族成员身份而更激进。相反的是，伯林看待犹太复国主义的眼光更多的是"英国的"而非"犹太人的"，在与激进的犹太复国主义者的交流中，伯林并不赞成他们的一些做法，如以武力推翻英国对巴勒斯坦地区的统治，与此同时，伯林开始形成自由主义的犹太复国主义主张。1939 年，伯林与著名的犹太复国主义运动领袖哈伊姆·魏茨曼（Chaim Weizmann，1874—1952）的见面与交往对伯林的思想产生了更为深远的影响，让伯林坚信犹太人确有立国的需要。二战期间，伯林一方面为英国政府服务，在他的工作中不断为魏茨曼的犹太复国主义思想说项，尽力化解当时英美政府中的反犹主义情绪；另一方面，他不断为魏茨曼提供如何更好地组织犹太复国主义运动的建议。这样一来，伯林的双重角色冲突显现无遗：忠于英国和忠于犹太民族之间的矛盾在他的工作中变得无法调和，当他必须作出二选一的决定时，他的行为偏向了民族忠诚的一方。但是，伯林的这种民族忠诚并不是一以贯之的，甚至在后来发生了很大变化。虽然伯林公开宣称，他的犹太复国主义思想与他的英国官方工作没有冲突，[①] 但终其一生，伯林在自己犹太人身份和英国人身份之间都是犹疑不决的。

（三）公民身份认同与民族成员身份认同的冲突

二战结束后，一些新的压力迫使伯林在他的英国公民身份和犹太人身份之间作出选择。1945 年以后，犹太移民大量涌入巴勒斯坦、各犹太复国主义运动地下组织正与英国当局进行公开斗争，犹太复国主义运动从温和的建国需要演变成了以暴力建国的犹太恐怖主义，魏茨曼温和建国的理念被抛弃，他请求伯林离开英国到巴勒斯坦去跟随他一起完成犹太复国主义的计划。然而，伯林拒绝了魏茨曼的邀请，选择了留在英国。1948 年以色列建国，伯林表示了对魏茨曼的祝贺与对以色列的忠诚。在给魏茨曼的信中，伯林表示自己虽然愿意永远做一名犹太复国主义者，但却无法把自己的生命与以色列连成一体。直至 1952 年魏茨曼辞世之后，伯林仍不断接到来自以色列的邀请，希望他能够回以色列为国家和民族作出贡献，他却一一都婉拒了，最终选择继续做一名生活在英国的犹太人。

---

① 　Berlin, I. , "Zionist Politics in Wartime Washington", *Flourishing* 663 – 693：683.

伯林支持以色列建国，认为以色列给世界所有犹太人赢得了一个拥有领土和疆域的家园，恢复了犹太人的尊严和自信，满足了犹太人对家园的渴求。但是，伯林的自由主义思想、所取得的社会地位和成就又让他选择了在自由主义国度的英国做一名英国公民。作为居住在英国的犹太人，民族身份和公民身份之间的冲突并没有给伯林造成无法开解的困扰，因为对伯林而言，作为一名英国人的公民身份是相当成功的。伯林在自由主义领域、思想史研究领域以及政治理论其他方面的学术成就不仅让他在牛津大学享有极高的声誉和地位，而且在他灵活、热情的性格帮助下，他在英国上层社会也拥有许多朋友和崇拜者，伯林还受到英国女王和首相的青睐，甚至被授予了下级爵士勋位——这是大多数土生土长的非犹太英国人也无法企及的荣誉。另外，作为一名犹太人，他从来没有被自己的民族忽视或抛弃，英国犹太人的身份没有让他的社会生活变得更艰难，在他的犹太同胞看来，伯林在英国的成功是犹太民族的骄傲，他对犹太复国主义的贡献也让他在犹太人中得到了高度认同。[①] 伯林的成功具有偶然性，这种双重的积极认同使他不必为族群身份太过纠结，也对他温和的民族主义思想有着重要影响。由于在自己身上双重身份的协调与成功，伯林相信民族成员身份与公民身份完全可以和谐共处。然而，在二者之间必须作出选择的时候，伯林仍选定了英国公民身份，事实上，这一选择表明了他对自由主义理念的坚守：不因民族情感、民族主义而放弃个人自由权利。可以说，在双重身份的认同冲突中，伯林首先是一名自由主义者，然后才是个犹太人。

二　多元主义人性观

伯林的民族主义思想的另一个重要来源，就是多元主义的人性观。这不仅是价值多元论思想的一部分，也为他的自由主义的民族主义思想提供了人性本质的论证。伯林在对现代世界进行考察时就发现，现代以来各种迥然不同的运动背后最深层的原因就是人性的多元性。伯林多元主义的人性观包括几个方面：首先，"人是创造者，他只能在创造中造就自身，而

---

① Tamir, Yael, "A Strange Alliance: Isaiah Berlin and the Liberalism of the Fringes", *Ethical Theory and Moral Practice* 1, No 2.

不是被动接受某种身份或随波逐流。"① 也就是说，人本质上不是幸福、和平、知识、权利或者另一种救赎生活的追求者，至少前述内容不是人性追寻的首要目的，相反，人的本质在于"通过自己以及周围的人，在自发的、不受限制的创造活动中，在把个性与不易改变的环境结合在一起努力中，追求自我完善。"② 任何单一的、乏味的力量都会使人失去个性活力、毁灭人自我表现的意志，所有一元化的意图（如自由主义的理性主义一元论、世界主义、科学主义、历史决定论、历史进化论等）都把人视为异质的、需要管理、控制和支配的客体，而不是自由的、能够自由选择行动和目的的能动者。伯林指出，强迫的一律最终都会遭到来自人性的反抗。例如，第三世界的民族主义浪潮，世界两极格局崩塌后的民族主义的巨大反弹以及多民族国家内的民族分离主义和独立运动等，都根源于人性中自由的、创造性的、自主的因素的反动，"是认同、尊严和自我尊重意识的反动，它所针对的是一切以庇护者自居、贬低人、使人丧失自我的势力"。③ 其次，伯林多元论的人性观是历史主义的。伯林提出，在一元论思想的指导下，个人的需要往往被当作虚幻的、不真实的，个人常常被认为无法认识到自己真实的需要是什么，需要得到更高级、更理性的指导；如果这种指导不符合个人的愿望，只能说明个人还没理性到足够认识自己的本质。然而，在所谓更"自由"和更"文明"的精英的理性价值和默默无闻的人民大众的实际需要、愿望和利益之间，存在着不断扩大而难以填平的鸿沟。伯林认为，对人的本性的表现、潜在需要和能力，其可变性和自我发展的范围，有一种最低限度的解释——即人之为人的底线——但这并不意味着对人性的理解是固定的、静态的，因为人始终需要面对不可预测的生活和自我完善的可能。"生活的终极目的是生命本身；每天每刻都有自己的目的，而不是达到另一天或另一种经历的手段。……遥不可及的目的是梦想，相信它们则是致命的幻觉。为了遥远的目的而牺

---

① Berlin, I. , *Against the Current*: *Essays in the History of Ideas.* ed. and with a bibliography by Henry Hardy, with an introduction by Roger Hausheer. London: Hogarth Press, 1979, p. 297.

② Ibid. , p. 298.

③ ［英］以赛亚·伯林：《反潮流：观念史论文集》，冯克利译，译林出版社2002年版，第38页。

牲今天或当下可预见的未来，必然会导致人类的牺牲。"① 伯林相信，没有哪种永恒不变的抽象观念能够处理人类不断出现的各种问题，人们只能根据自己所处的环境、自己的需要解决问题，但没有任何先验因素保证解决办法一定有效。人们对问题的解决办法会让自身发生一些变化，也会影响自己的时代和文化，因此人类未来会面对的问题和解决方法原则上可以说是无法预知的，预设任何万能的解决方法或者唯一目的都是不可信的。此外，"在定义人性时无法解决的问题，还在于自由意志、选择、意图、努力和斗争这些概念，总是会给人类的完善开辟难以预见的新途径。"②最后，伯林多元论的人性观直接与个人的自由选择相结合，个人的自由选择是人性中创造性和历史主义特点的集中反映。伯林认为，所有一元论的人性观都不是真正的个人主义的，一元论的人性观没有把注意力放在个人的性格和需要上，而是要求个人必须服从一些普遍价值，并依从某些手段来完成这种人性的规划。乍一看，一元论的人性观将人从自我创造的焦虑中解放出来，使人不必面对历史中各种问题的不确定性，但实际上使人丧失了最基本的个人自由选择权利。在伯林看来，人性并不是任何不变的人类情感或需要，也不是人类共同的价值理想在人性中的反映；相反，自由选择的能力和对生活方式的自我选择才是人类本性构成的基本要素，是人和动物最基本的区别。正是选择活动在人们的行为中导入了不确定因素，与历史现状的不稳定相吻合，人类才能在不可通约的善与恶、善与善之间选择不同的生活方式和价值，这构成了人最为显著的特征，伯林指出："必须在一些绝对价值间进行选择是人类生活无法避免的特点。"③

第二节　民族主义的起源

在分析民族主义及其影响之前，伯林首先考察了在理性主义一元论一统西方思想界之前，民族和民族主义在人类生活中的状况。伯林认为，理

---

① Berlin, I., *Against the Current: Essays in the History of Ideas.* ed. and with a bibliography by Henry Hardy, with an introduction by Roger Hausheer. London: Hogarth Press, 1979, p. 210.

② Berlin, I., *Against the Current: Essays in the History of Ideas.* ed. and with a bibliography by Henry Hardy, with an introduction by Roger Hausheer. London: Hogarth Press, 1979, Introduction.

③ ［英］约翰·格雷：《伯林》，马俊峰等译，昆仑出版社1999年版，第8页。

性主义一元论在西方思想和社会中的绝对主导地位至早不过在 17 世纪末才确立起来，在此前的古代社会，多样性一直被认为是可取的，而整齐划一是单调、沉闷和乏味的代名词，是对人类自由精神的禁锢。直到 17 世纪，巨大的社会变革和自然科学的飞速发展促使人类社会走向了理性主义一元论的体系。文艺复兴的世俗化和宗教改革解体了历史久远的宗教和社会制度，而自然科学的高速发展带来的大工业化运动改变了人与人相处的田园模式。这一方面促进了理性主义的发展，使理性主义成为了后宗教时期新的大旗，成为 17 世纪晚期和 18 世纪反教权的哲学家和科学家们推崇的最高价值，也为 19 世纪新的社会建构提供了最基础的理论支持。理性主义一元论着迷于无所不包的和谐景象，企望通过掌握历史发展的客观规律为我所用，从而达到最终的客观真理，"我们能够发现营造完美前景的单一的、核心的原则，一旦发现了这原则，它就会主导我们的生活。"①黑格尔主义者认为可以通过理性直觉获得这种原则，而马克思主义者、实证主义者、达尔文主义者认为要通过科学的历史研究来掌握，谢林及浪漫主义者则认为通过灵感活力或者"神话诗学"可以参悟等等——无论如何，它们都是理性主义一元论的一种形态或变体，都相信人类社会会遵循可以发现的客观规律、沿着可探求的固定方向前行。另一方面，旧制度的崩塌使得人类社会朝向新的整齐划一发展，非理性的思想潮流被掩盖在理性主义的重幕之下不见天日，非理性的、感性的人类思想与偏见、无知、愚昧、迷信等画上了等号，都被纳入了即将消亡的、被扫除的行列。但是，理性主义一元论的模式并没有按照预想的那样向着自由、幸福的终点迈进，相反，各种各样的社会问题涌现出来。整个 19 世纪，思想家们预料到了工业革命带来的对人的控制，预想到了军事—工业综合体逐步控制了西方各国，官僚制度的扩大、社会失范的可能、平等主义的一律与单调等都被一一预言且实现，然而，"有一场运动支配着欧洲 19 世纪的大部分时间，它是如此普遍，如此广为人知，只有刻意去想象，人们才能假设出一个它不起作用的世界。"② 这就是鲜有人预料到的民族主义运动的发

---

① Berlin, I. , *Four Essays on Liberty.* London and New York: Oxford University Press, 1969, p. 46.

② Berlin, I. , *Against the Current: Essays in the History of Ideas.* ed. and with a bibliography by Henry Hardy, with an introduction by Roger Hausheer. London: Hogarth Press, 1979, p. 336.

展和影响。伯林甚至认为，"据我所知，有影响的思想家都没有预见到它的未来——至少没有哪个思想家明确预言过它。"① 但民族主义运动的力量确实无处不在，无论是在国家内部，还是国与国的关系上，很多时候都具有决定性的作用。

一　民族与民族情感

（一）民族主义之前的民族

关于民族主义的起源时间，民族主义研究者们有不同的观点，以民族主义兴起的时间来划分，可以分为"永存主义"和"现代主义"两大派别。"永存主义"认为民族主义是古老的人类意识形态，随着人类社会的形成、发展，国家的诞生而产生，并将伴随人类社会发展的始终。而"现代主义"则普遍认为民族主义产生于 18 世纪，至早不过 16 世纪。不过，伯林的民族主义观既不完全是永存主义的，也不完全是现代主义的，而是具有后来被称为"新永存主义"流派的特征，即认为民族和民族情感具有悠久的历史，前现代民族和现代民族都是人类发展史上的意识形态，是否具有民族主义思想则是二者的根本区别所在。伯林认为，作为集体忠诚表现的民族意识不是现代才有的，这种民族情感伴随着前现代的族群集体文化认同产生，但又不同于民族主义。伯林认为，严格意义上的民族主义产生一定是随着 18 世纪末德国浪漫主义运动的兴起开始的，对此，伯林说到，"我们自己文化中一些最为人熟知的价值出现的时间要比人们最初认为的时间晚得多。"② 这也是伯林的民族主义思想常常被视为现代主义的原因。

一般来看，"新永存主义"认为民族情感有三种模式，这三种模式并不局限于古代或现代社会，且三种模式表述的集体文化认同模式并不存在进化的序列关系。其一，具有共同民族情感的族群范畴。民族情感是人类的基本需要——"就像食物、住所、安全、生儿育女、群体生活一样——尤其是语言、共同的记忆、长期生活于同一片土地——联系在一起

---

① Berlin, I., *Against the Current: Essays in the History of Ideas.* ed. and with a bibliography by Henry Hardy, with an introduction by Roger Hausheer. London: Hogarth Press, 1979, p. 336.

② Ibid., p. 332.

的特殊群体的需要，这个群体还附带着一些我们今天经常听到的属性：种族、血缘、宗教信仰、共同的使命感等。"① 这些特征将族群区分开来并各自具有一定的范畴。人类社会的早期形态就产生了这样的族群模式，且族群间的差异直接影响族群间的关系。伯林说到，"罗马人可能看不起希腊人，西塞罗讲过贬低犹太人的话，尤维纳利斯有些贬抑东方人，莎士比亚的作品中有强烈的爱国主义——这是在他们之前就已存在的悠久传统。"② 这是族群最初的也是最常见的形式之一。其二，族群国家与早期的民族。在大部分地区，古代世界是由族群构成的，也是由城邦国家、王国和帝国构成的，许多松散的族群并没有采用政治形式或表现出政治愿望，而清晰完整的族群共同体逐步形成了自己的政治体——族群国家，发展出统一的文化，并与国家统治阶层的需要相一致，如古埃及、古雅典等。不过，这些"民族"的模式不具备后来民族主义具有的大众参与的特征，也没有对公民权和经济的统一，但这些"民族"同样具有相当强的凝聚力和传承性。其三，欧洲中世纪的王朝或贵族政治中的民族。中世纪出现的民族与现代主义所说的民族和民族主义有更密切的联系。一方面，在当时存在着以"横向"族群和12—15世纪出现的强大国家为基础的王朝民族，如英格兰、苏格兰、法兰西、丹麦、瑞典、西班牙等，同时还有东欧的波兰、俄罗斯、匈牙利等国家。另一方面，当时的欧洲开始出现更为贵族化和中产阶级化、但不太统一的民族，这些民族有族群差异感、有宗教带来的手足情谊以及对政治上自治的积极热情，而且这些情感都与他们祖先长期生活的土地和共同形成的文化、宗教、习俗等相关联。这种模式从中世纪一直延续到17世纪末。伯林认为，民族主义之前的民族情感很大程度上是对归属感的需要，是一种与自己所属群体一致的自发愿望，"家庭、氏族、部落、等级、社会阶层、阶级、宗教组织、政党、最后是民族和国家，都是满足人类这种基本需要的历史形式。"③

---

① ［英］以赛亚·伯林：《反潮流：观念史论文集》，冯克利译，译林出版社2002年版，第305页。

② Berlin, I., *Against the Current: Essays in the History of Ideas*. ed. and with a bibliography by Henry Hardy, with an introduction by Roger Hausheer. London: Hogarth Press, 1979, p. 340.

③ ［英］以赛亚·伯林：《反潮流：观念史论文集》，冯克利译，译林出版社2002年版，第403页。

　　伯林指出，由于地域文化和政治发展的差异性，各种民族情感（民族情绪）并没有同时上升为自觉教义的民族主义情绪，而是最先发端于16世纪的英国。16、17世纪，以神圣罗马帝国和教会为核心的欧洲传统国际主义体制崩溃了，取而代之的是现代国家制度——天然的族群范畴因特殊的民族、语言和传统聚合在一起，产生了自己的统治阶级和正式语言，形成以一个族群为主、多数族群和少数族群效忠一个统治者的国家形式，爱国主义和民族情感开始混合起来，成为民族主义的开端。但伯林认为这都不算是民族主义的真正开始，民族主义的真正开始应该是在中世纪末期的法国，伴随着启蒙运动出现的、主要表现为"各地方、区域、集团，当然还包括各国家以及民族本身捍卫自己的习俗和特权，反抗某种外来权威的侵犯，如罗马法或罗马教皇，或者是反对某种形式的普遍主义，比如自然法和其他一些声称有超越民族之上的权威观念。"① 伯林在对卢梭的研究中发现，卢梭在启蒙运动中提出了"人民"的概念，提出了政府由"人民"自由缔结而成。这种启蒙主义的自由、平等、个人主义与人道主义思想同对原始自然的崇拜结合起来，让人们在法国未受文明社会人为破坏的自然人性中寻找最自然、最伟大的美德。卢梭认为，自然人深刻的本能智慧要远远强于过分讲究、矫揉造作的"城市人"情绪，正是普通的民众、平民造就了法国，造就了法兰西民族，这使得他的民族主义思想中含有热诚的情感和教育的方略在内。卢梭曾经在《论波兰政府》一书中对民族主义作过这样的描述："创造一民族的天才、性格、嗜好、风俗的是民族制度；创造一民族而不创造另一民族的是民族制度；引动人民那种以长久习惯为基础的爱国热诚的，也是民族制度。"② 在这本书中，卢梭还提出了一些增进民族情感的方法：以特殊的功勋荣誉褒奖爱国人士复兴民族的举动，举行民族竞技运动；排演民族戏剧以及对人民特别是孩子进行民族教育等。卢梭的民族主义思想深刻地影响了法国大革命，使法国人在资产阶级革命中高举民族的旗帜，以此作为推翻封建统治、建立人民政权的号召。卢梭的民族主义思想带有浓厚的民主主义色彩，但卢梭的

---

　　① Berlin, I., *The Crooked Timber of Humanity: Chapters in the History of Ideas.* ed. Henry Hardy. London: John Murray, 1990, p. 243.

　　② ［美］海斯：《现代民族主义演进史》，帕米尔等译，华东师范大学出版社2011年版，第20页。

民族主义思想中已经开始具有了民族主义这一意识形态的基本方略——民族军队、民族教育、民族文化与制度等。伯林认为,这是卢梭被奉为19世纪民族主义创始人之一的重要原因所在。

(二)民族情感与民族忠诚

根据伯林的分析,民族主义的产生需要一定条件,有的条件可以满足人类尊严和避免羞辱的需要,而有的条件则促使民族情感转化为民族主义的系统理论——各种形态的民族主义正是由不同的具体条件催生的,不过,民族情感和民族忠诚是所有民族主义都必备的。伯林认为,作为一种意识形态的民族主义,其形成的条件之一就是在一个社会的成员(至少是某些最敏感的成员)中间"……要依据是一些普遍起统一作用的因素——语言、种族起源、共同的历史(真实的或想象的)——形成一个民族的形象,或至少是个民族的胚胎。这种观念和情感在受过良好教育、社会和历史意识较强的人中间较为清晰,而在大多数民众的意识中则要模糊得多,甚至全然不存在。"① 简言之,民族意识和民族情感是民族主义产生的前提条件。民族情感具有空间上的超越性和时间上的延续性。民族情感的形成或许需要较为固定的祖地,但一旦形成之后便不会拘泥在一定的地域之上,而是以民族成员间的文化传递为主要维系方式,形成一种超地域的普遍认同感和归属感。例如,从11—18世纪,由于征战离乱、举家迁徙和殖民拓荒,一些使用德语的人(其中的精英使用文化上标准的德语书写文字)散居欧洲各地,他们不仅在中欧居住,还散居在东欧和东南欧各地,最远到达了伏尔加河下游,甚至远至北美殖民地。这些散居各地、使用德语的人始终认为他们自己是"日耳曼人",并以此区别于他们生活所在地的其他民族。民族意识和民族情感产生的时间,在世界各个民族是不同的。又以俄国为例,俄罗斯的民族意识一直到16、17世纪才真正成形,直至彼时,俄罗斯民众中才产生出了"神圣俄罗斯"的概念,形成了以俄罗斯的土地、东正教信仰、沙皇和莫斯科政权划定的俄罗斯民族。而法国的民族意识则在17世纪末才通过知识分子和精英阶层的宣传在民众中传播开来,作为民族的法兰西至此才有了民族的意识和情感体

---

① Berlin, I., *Against the Current*: *Essays in the History of Ideas.* ed. and with a bibliography by Henry Hardy, with an introduction by Roger Hausheer. London: Hogarth Press, 1979, p. 346.

验。民族情感的体验在 20 世纪的美国、拉丁美洲乃至印度、中国纷纷出现，成为这些国家和地区民族主义运动产生的最基本条件之一。总体而言，人类民族情感的萌发和涌现，集中出现在法国大革命之后的欧洲，这一时期的欧洲是一个受自觉的内聚原则支配的世界，一个以往相对受压制的群体得到解放的时代：不同理想和目的的人们以启蒙主义理想为号召，汇聚在人道主义、平等、宽容、国际主义大旗下，反抗王权、教权、无知和特权。法国大革命和随后而来的战争，使得民族、阶级、各种运动和个人的势力挣脱了封建专制主义和教会统治的枷锁，整个欧洲变成了"以往受压制的群体为自由和自决而激烈争斗的世界，一个受民族主义支配，残酷争夺地位、权力和财富的世界"。① 在这个理性主义居于主宰地位的新世界里，被释放的不仅是人类的理性，民族、种族和语言上的少数民族都纷纷觉醒，"个人归属于哪个群体、哪里是他天然的家园的问题，就变得越来越尖锐了。"② 民族情感的普遍产生，使得民族主义同启蒙运动一起成为影响人们生活和构建社会制度的重要因素。

伯林认为，语言、风俗以及居住于同一片土地的连续性促成了民族和民族情感的产生，然而，现实世界中，多民族共存的同时，也有着"不仅是针对部落或民族，而且也针对由宗教或因服从单一的制度性权威而形成的统一大社会的外来入侵。"③ 这种入侵，无论是在欧洲还是亚洲，是古代还是中世纪，都没有导致民族主义的发生，"当波斯人被希腊人打败时没有这种反应，当希腊人被罗马人击败、佛教徒被穆斯林击败，当希腊—罗马人受到匈奴人或奥斯曼土耳其人蹂躏时，也没有发生这种反应，更不用说各个大陆数不胜数的较小战争和征服者对当地制度的毁坏了。"④ 究其原因，不是这些地区没有民族和民族情感，而是缺少民族主义产生的另一个条件，那就是"一个能够自我认知的民族群体"。伯林认为，要产生民族主义，"这个社会内部必须（至少潜在地）有这样一个群体或阶

① Berlin, I., *Against the Current: Essays in the History of Ideas.* ed. and with a bibliography by Henry Hardy, with an introduction by Roger Hausheer. London: Hogarth Press, 1979, p. 256.

② Ibid..

③ Ibid., p. 345.

④ ［英］以赛亚·伯林:《反潮流:观念史论文集》,冯克利译,译林出版社 2002 年版,第412 页。

级，他们在寻找着一个忠诚或自我认同的对象，或者也许在寻找一种权力基础，而早先的凝聚力——部族的、宗教的、封建的、王朝的或军事的——已不再能够提供这种基础。"① 在某种意义上说，对本民族的忠诚也意味着个人寻求到自己在族群中的成员身份，产生了积极的自我认同。伯林认为，社会忠诚的对象可以是封建王朝，如法国和西班牙的君主制集权政策为本民族成员提供了忠诚的对象；而1871年之前日耳曼民族各国的统治者一直没能建构起统一的中央集权，因此在德意志各邦国也没有构建起贵族和普通民众对封建专制君主和王朝的忠诚，这也是德意志的民族主义相较其他民族产生得更晚的重要原因之一。

二　民族归属感的需求——"曲木"

（一）认同感的缺失——对个人来说，缺乏安全感和归属感

伯林认为，对身份认同的焦虑来自多元化的人性本身。康德所说"人性的曲木绝对造不出笔直的东西"这句话不仅被伯林用于形容多元的人性，还用于表明人们对不同民族独有的认同感和归属感，这就是伯林民族主义思想中著名的"曲木"比喻。由于世界民族的多元化、民族文化的巨大差异以及文化价值的不可通约，使民族成员之间的融合变得很困难，那些离开了本民族去往其他民族中生活的人们，总是面临前所未有的认同危机。伯林曾经描述过法国大革命后从犹太聚居区走出来的犹太人的状况：他们走向世界各地，面对陌生的、广阔的世界，有一些人似乎适应了新的国度和同胞，而另一些人则处于深深的焦虑之中：

> "出于不同的原因，但经常是心理上的原因——天性中的某种与自己的意愿相反的不屈性格——觉得没有能力同化，或无法做到那些大大改变自己习惯的人所必须达到的调适程度，他们有时驶离此岸，却没有碇泊于彼岸，一直呆在两岸之间，他们受着诱惑，却不甘屈服，成了复杂而痛苦的人物；他们漂浮在水中，或者换个比喻，他们彷徨于无人之地，把他们和同胞分开的那种个人品性中的自恋、咄咄

① ［英］以赛亚·伯林：《反潮流：观念史论文集》，冯克利译，译林出版社2002年版，第413页。

逼人的傲慢和过度的自尊，向他们阵阵袭来。他们不时被自怨自艾所折磨，觉得自己成了这个新社会中某些人嘲讽和厌恶的对象，而他们本来最希望得到这些人的承认和尊重。这就是被迫进入异族文化的人所共知的处境，当然这并不限于犹太人。"①

伯林所述的这种无根感觉，并不只是犹太人的境况，两次世界大战以来，所有尚未完全融入外国生活的新移民、身处多民族国家中的少数民族群体成员，以及受到其他民族文化歧视和压迫的民族都有这样的焦灼感和危机意识。

从伯林描述犹太人的漂泊状况我们可以看出，民族身份是个人实现身份认同的重要内容，拒斥自己的民族身份不仅会造成心理的痛苦，还会让人感到绝望。民族身份认同的需要是人真实自我的表现，而这种真实自我不是原子式的个人主义的，而是与赋予个人以意义的民族群体密切相关的，历史、本性、社会生活，团体需要等一切个人生活中重要的元素都是个人意义之所在。伯林曾在对维柯和赫尔德的研究中提及这种人类生活中无法避免的情境，赫尔德列举了语言在个人归属感和身份认同中的重要角色："人们必然用文字或其他符号进行思考，他们对生活的感觉和态度都由这些符号构成。崇拜、诗歌、仪式以及整个将人与人联系起来的信仰和行为网络都只能由共通的、公共符号解释，特别是语言。"② 赫尔德认为，人需要群体归属的就像需要吃喝、需要安全感和行动自由一样，一旦被剥夺了这种归属感，就会感到孤单、隔绝，会变得不愉快，甚至找不到个人的位置。"赫尔德说，在所有痛苦中，怀乡是最高尚的。成为人类的一分子意味着能够在某个地方感到像在家一样自在，那里有自己的族类。"③所谓"怀乡"情绪就是对家园的依恋、对归属感的渴求，对认定自己应属于某一群体的需要。在社会生活中，归属感的需要提出了民族主义中一个关键的问题——身份认同的重要性。对某种文化、某个民族的归属需要不仅是与某个族群有着紧密情感联系的心理需要，也不仅是对自身连续性

---

① ［英］以赛亚·伯林：《反潮流：观念史论文集》，冯克利译，译林出版社 2002 年版，第 303 页。

② Berlin, I. *Vico & Herder*, London: The Hogarth Press, 1976, p. 165.

③ 资中筠等：《万象译事》（卷一），辽宁教育出版社 1998 年版，第 254 页。

的考察，或者是需要在无尽的宇宙中找到某个安身立命之所，更重要的是它让人们能够在认识论意义上具有某种借以认识世界、理解世界的知识体系和系统化的表达方式。民族归属需要的重要性，成为伯林描述的民族主义的第一个基本特征，即个人通过所属民族群体塑造出自身，共同的疆域、风俗、法律、种族、文化以及血缘关系塑造了人，也塑造着他们的目的和价值。而归属感的缺失使人丧失在家感（feeling at home）、失去所属群体的支撑进而无法构成完整的身份认同，也就不能真正成为一个拥有自由意志和选择自由的人。

约翰·格雷把伯林关于民族认同和民族归属感的论述概括为六个方面，这六个方面相互融合，并围绕民族群体和成员的自我认同和自我决定作出分析：

第一，一个群体"有一个共同的特点、共同的文化，这种文化包含着生活中许多各种各样的重要方面，规定或标志着形态各异的生活方式或风格、活动类型、职业、追求及其相互关系。我们可以在民族群体身上看到该民族的烹饪方法、独特的建筑风格、一种共同的语言、独特的文化艺术传统、民族音乐、风俗、服饰、仪式和节日等等"。第二，"在这个群体中成长起来的人们将会掌握群体的文化，其思想行动都带有这个群体的特点……我们通过认识这种群体文化对于生长在其中的个体成员的极为永久和深远的影响就可以发现这种群体文化的普遍本质。为了能够把关注群体繁荣与关心个体幸福联系起来，指出这一点是很有必要的。个人和集体直接的这种联系在自我决定中居于中心的地位"。第三，"在这个群体中，各个成员的地位或身份部分是由相互承认或认可而确定的"。具有典型意义的是，在某种条件下，如果群体的其他成员认可某个人属于这个群体，他才能成为这个群体的成员。第四，"……这种群体中成员的地位和身份也是每个成员识别自己的一个重要特征。这些成员意识到了他们在群体中的地位和身份，以此为基本线索才能理解他们自己是什么人、解释他们的行动和反应、理解他们的兴趣和行为方式"。第五，"这种成员地位和身份是一种所属关系，而不在于一个人的成绩如何。因此，一个人属于这个群体和被其他成员认可是这个群体的一员，并不需要怎么证明自身或是在任何事情上有出众的表现。在某种程度上说，这种成员地位确立通常要包括被其他人认可和承认，但这种认可和承认并不以是否取得了某些成就为条件"。第六，有些群体"是没有正式名称的群体，在这些群体中，成员们只要具有一般特点这种相互认可就不会成为问题……在这种群体中成员们为了突出相互认可和识别的重要性，他们倾向于发展一些传统的识别方式，比如使用一些具有象征性的东西、参加群体仪式、特别的群体方式、特殊的词汇，用这些方式就能迅速识别谁是'自己人'和谁不是'自己人'"。①

从格雷的归纳我们可以看出，所谓民族认同，是对某一特定的民族共同体道德上和情感上的肯定和赞同。民族认同创造了个人对民族共同体的归属感，培养对民族的忠诚，给予民族成员以生活在一起的自信和愉悦感；对具有民族认同的民族共同体而言，民族的自我决定和个人的自我决定意味着自己决定自己的行为方式、生活模式以及道德价值规范等。身份认同、归属感以及自决这三个要素是构成民族主义的三个重要因素。从一方面看，身份认同和归属感是确定一个人民族身份、得到民族认同、获得自在生活的条件；从另一方面看，认同感、归属感的缺失则意味着民族情感的不完整：对个人而言，在现实生活中他必须掩盖自己的本质，拒斥自己本民族文化、传统、语言，并对自己和他人都戴上伪装，这样的人既无法从本民族成员那里获得认同或保护，也无法获得新的民族成员身份；对民族而言，则谈不上完全的民族独立和文化上、政治上的自决，始终处于被忽视、压迫乃至奴役的地位。在伯林看来，不仅个人自由和选择是人性中必不可少的要素，还有另一种同样重要的人性需要——民族归属感，对个人而言，这种归属的需要甚至与自由有着同等的重要性。

那些出生并长期生活在自己族群中、处于安全可靠生活环境中的人，生来便具有强烈的社会现实感，他们不会过多关注生活之外的境域，也不会在公共生活中感到紧张或不适。但是对那些一定程度上受到排斥、不能参与社会生活核心的少数人而言，就很容易产生过分的怨恨或轻蔑，或者

---

① ［英］以赛亚·伯林：《扭曲的人性之材》，岳秀坤译，译林出版社 2009 年版，第 443—447 页。

是过分的赞美或崇拜，甚或两者兼有之。这种情绪，在作为少数的移民、少数民族成员以及其他外来者当中表现得相当突出。伯林以最具代表性的犹太人生活为例，分析了被迫进入异族文化者通常会作出的三种选择，并论证了三者都无法成功地弥补他们丧失掉的归属感和自我认同感，进而表明了民族归属感对任何民族成员来说都是不可或缺的重要情感和价值体验。在伯林看来，那些移居欧洲各地的犹太人，面对一个新的、不甚友好的世界，每一步前进都充满危险，而后退也仍可能致命，无知、焦虑、野心、危险、希望、恐惧充斥着他们的内心，刺激着他们的想象力，犹太人只能根据自己的状况作出选择，但是这些努力的共同点就是都试图获得一种新的身份，"……一套不会压疼旧的创伤和身为奴隶时枷锁留下的伤痕的新铠甲——新的价值观和生活习惯"①。

　　犹太人可能的第一种选择是将自己完全融入所处国家的主流民族文化之中，拒斥自己作为犹太民族后裔的民族身份和特征，这就是最常见的民族同化做法。主张同化论的犹太人试图掌握他们所在社会的文化和习俗，并以各种各样的方法来改变富有犹太民族特性的生活方式，绝口不提他们生而具有的那些文化特征。他们渴望变得跟社会中大多数人一样得到承认，获得平等的地位，甚至要求从被解放的奴隶变作决定他人命运的主人。而要想获得这种新的地位，就必须清除掉身上受奴役的标记，学习并模仿自由人的举止、习惯和风格。移民异国他乡的移民群体，以及那些被扔到语言习俗都大不相同的部落的个人和生活在其他民族中的犹太人有相似的体验。为了使自己更适应异乡的生活，他们努力使自己变成异族文化的专家，但却从来没有摆脱过异族人的身份，"他们所有的存在感及价值体现都来自于刻意地去过一种在地人的生活，并从中获得完整的安全感，这需要通过人为矫饰的方式来实现，而这些生活方式对在地人来说只是一种出自本性的自发行动。"② 进入异族文化的犹太人、移民以及其他任何进入其他族群中生活的个人永远无法获得充分的安全感，他们付出巨大持久的努力去获得某种特殊的文化或道德观念，认为这样就可以掌握想要融

　　① Berlin, I. , *Against the Current*: *Essays in the History of Ideas.* ed. and with a bibliography by Henry Hardy, with an introduction by Roger Hausheer. London: Hogarth Press, 1979, p. 258.

　　② Berlin, I. , "Jewish Slavery and Emancipation". Berlin, I. *The Power of Idea* s. H. Hardy (ed.), London: Pimlico, 2001, pp. 162 – 185.

入的那个民族最核心的价值观念，但这始终只是个幻象。犹太人必须脱离自己熟悉的民族文化而去学习所在民族的所有东西，即便是最细微的动作或语调的变化也需要去学习和模仿得惟妙惟肖，而这些东西对该民族成员来说是完全自然而然的事。有时候，他们自认为已经融入进其他民族了，但即便自觉言谈举止已经模仿得很像了，那个民族的成员仍能很快将他们区分出来，因为他们身上总缺乏这个民族的某些气质。伯林认为，民族同化论者在融入其他民族的过程中常常能取得相当的成功，但却往往容易用力过猛，这让他们显得十分焦躁不安从而露出马脚。也就是说，无论民族同化论者如何努力，如何隐藏自己的民族特性，他们在异族社会中都无法获得真正的归属感。伯林借摩西·赫斯（Mose Hess，1812—1875）的观点表达了这种困境："你可以戴上无数面具，你可以改名换姓，改变宗教信仰和生活方式，直到没有人会留意到你是个犹太人。但是，对犹太人每一次羞辱仍然会刺激到你。"①

　　当民族同化论在犹太人中行不通时，他们转而寻求另一种获得认同的途径，即赞扬、夸大自己的犹太人身份并试图将此作为荣誉勋章而不是耻辱的根源，并借此在异族社会中获得特殊的关照和接纳。在《迪斯累利、马克思及对认同的追求》一文中，通过对本杰明·迪斯累利（Benjamin Disraeli，1804—1881）个人经历的剖析，伯林详细描述了这种认同途径。迪斯累利出生在一个意大利裔犹太人家庭，狂热喜好英国的贵族制度，并想尽办法使自己融入英国贵族上层生活，为此他给自己塑造了一个高贵的犹太族成员身份，反复申明自己的家庭属于古老犹太民族中最高贵、最值得骄傲的一员。在面对英国和世界的时候，他总是像演员一样用他伪造出的历史或想象中塑造出的贵族人格参与到英国的社会和政治生活中去。伯林说到，"他几乎近于偏执地吹嘘自己的犹太人身份……他出生在一个犹太家庭的事实，无疑给他的事业造成了一些障碍。他克服这种不便的方法是对犹太人身份进行夸张，出人意料地将之称作一种高贵的出身。"②伯林认为，迪斯累利之所以这样做，是因为他意识到他无法掩盖自己犹太人

---

① Berlin, I., *Against the Current: Essays in the History of Ideas.* ed. and with a bibliography by Henry Hardy, with an introduction by Roger Hausheer. London: Hogarth Press, 1979, p. 232.

② Ibid., p. 267.

的出身，因此转而借助犹太民族的传奇，建立一种与众不同的人格、一个他需要的外在形象，借此确立在这个世界的位置，并在英国社会中有一番作为——差异化的、具有优越性的民族身份让他显得鹤立鸡群，吸引他周围的人也让自己获得了想要的身份认同。但是，伯林认为迪斯累利的成功也只不过是他内心的幻觉而已：迪斯累利终究无法用自己的真实身份来参与社会活动，在当时具有强烈等级意识的英国社会中，作为一个身世暧昧的犹太人，"他捏造了一个精彩的童话，并用它包裹起英国精神，从而对人和事件发挥了很大影响。"① "他的一生都在不懈的努力中，他想要过一种传奇生活，他要用它来遮蔽他人的思想。"② 迪斯累利的所有作为都是对一种可行的思想体系、一种行动计划尤其是对一种团体效忠意识不顾一切的追求，他可以使自己认同于这个团体，他可以用它的名义发言和行动，这都源于他无法承受只能自言自语的可能。对民族认同的渴求、强烈的归属愿望促使许多犹太人以夸张的方式来寻找、甚至编造出一个关于自身身份认同和民族归属的答案。迪斯累利的成功，或许是一次无法批量复制的特殊个案，更多人试图通过夸大自己民族优越感进而获得身份认同的做法都失败了。究其原因，伯林认为，如果像迪斯累利那样希望通过高调彰显自己的犹太人出身来获得周围社会的认可，就必须把犹太民族浪漫主义化，夸张某些犹太特质并表现出异族风情，而这需要适应在幻觉中生活并始终隐藏起自己真实的个性与需要——这对很多人来说是无法克服的困难。

当公开的同化和夸大民族优越性都不能让犹太人在非犹太社会中获得自由和尊严的时候，还有第三种方法，那就是不拒绝自己的犹太属性，但把它压制起来——放低自己的部分民族价值，只在特定的场合跟特定的对象才会谈论自己的民族特性，"甚至是让自己认同于没有原来处境中各种缺陷的其他社会群体或运动"③。为此，伯林在《犹太人的奴役与解放》一文中引用了一个常常令一些民族主义者感到不舒服的比喻。他说，做一

---

① Berlin, I. , *Against the Current: Essays in the History of Ideas*. ed. and with a bibliography by Henry Hardy, with an introduction by Roger Hausheer. London: Hogarth Press, 1979, p. 272.

② Ibid. , p. 274.

③ ［英］以赛亚·伯林：《反潮流：观念史论文集》，冯克利译，译林出版社 2002 年版，第 307 页。

个犹太人就像是一个驼背，每个犹太人对自己驼背的反应各不相同：民族同化论者就好比那些装作自己根本没有驼背的人一样，拒绝自己民族身份的存在，希望这民族身份从来就不曾存在过；夸耀民族优越性的犹太人，则好比是以自己的驼背为荣、拿它向全世界炫耀，把犹太民族身份当作优于其他非犹太人的资本，如迪斯累利就是一个典型代表；还有第三种"胆怯而可敬的残疾人"，他们从来不谈论自己的驼背，还穿上巨大的斗篷来遮掩自己异于常人的轮廓，以求不获得异样眼光的关注。在伯林看来，最后者是三个选项中最不坏的选择了，不过这种方式也带有明显的自我欺骗和自我异化的色彩，这对一个人格完整、充分自尊的人来说仍然是不可容忍的缺陷。伯林分析了马克思对自己犹太人身份的态度。伯林认为，马克思的一生对犹太人有着毫不妥协的敌视，甚至在年轻时候他就皈依了基督教，绝口不提自己的犹太人身份，但他却从来没有停止遭受过反犹主义者的攻击。面对这个痛苦的敏感领域，马克思试图一劳永逸地解决它，他把民族身份一脚踢开，决定不把它当作一个真问题看待。为了逃避犹太人身份，消灭犹太人身份给他在政治上带来的不利影响，马克思穿上了一件巨大的斗篷——加入并改变一场运动和一个政党——使他能够摆脱民族身份的紧身衣。"马克思让自己认同于没有财产的工人阶级，他能够以这个伟大的、国际主义阶级的名义发出自己的诅咒。"① 伯林认为，在马克思那里，无产阶级这个概念真正指向的甚至不是真实的工人，而是一个抽象的人类群体概念，甚至只是遭受歧视与攻击的他个人的幻象，他让自己认同于这个被压迫的不幸群体，从而使自己能够向着既定的目标开火，而不至于面对自己的犹太人身份。在伯林看来，以迪斯累利、马克思为代表的人群所有的努力和选择都源自"驼背"带给他们的刺激，是人格的基本需要，他们需要在这个世界找到适当的位置，用以确定个人身份，决定自己属于哪个民族、政党或阶级。他们跟那些平静地接受同化的人们不同，需要更为牢固的碇泊之处。

对民族归属感的渴望，在个人身上表现为对认同感的努力追求，无论是甘愿被同化、还是夸大民族优越感进而获得认同，都是为这一目标所作

---

① Berlin, I., *Against the Current: Essays in the History of Ideas.* ed. and with a bibliography by Henry Hardy, with an introduction by Roger Hausheer. London: Hogarth Press, 1979, p. 280.

的努力。在民族层面而言，就表现为对承认的渴望和对地位的追求。还会产生一种强烈的反叛形式，即"受压制的民族为自决和独立、政治崛起的帝国为侵略和荣耀、好战阶层、宗教团体、各种教派和其他一些人类团体为得到社会和经济承认，自决地要求平等或优势地位而进行的各种斗争。……民族主义、社会主义、教会和反教会运动的历史，帝国主义、法西斯主义、种族冲突的历史，都是我们今天十分熟悉的现象"。① 总体而言，民族归属感和个人自我认同感的丧失和强烈需要是民族主义产生的一个重要原因。

（二）对承认的追求——对民族而言，需要有相应的地位

在伯林看来，一个人的社会归属感、自由程度与他的社会地位有直接联系，社会中的压迫者或缺乏归属感的人和群体通常有相似的诉求："一般来说，被压迫的阶级与民族所要求的，并不单单是其成员不受阻碍的行动自由，尤其不是社会或经济机会的平等，更不是理性的立法者所设计的那个没有摩擦的、有机的国家中的地位的分配。他们所要求的，往往仅仅是承认他们（他们的阶级、民族、肤色或种族）是人类活动的独立源泉，是有其自己意志的实体，并试图根据这种意志行事（不管这种意志是不是好的、合法的），而不是像人性不完满因此也不完全自由的人那样，处于被统治、受教育、受指导的地位，不管这种统治、教育与指导多么宽松。"② 一般而言，个人不仅将自己的归属感同自己的民族群体联系在一起，还将个人的尊严感也维系在民族群体的整体尊严上，他们因民族的成功和优秀感到骄傲和满足，也因民族受到侵犯和羞辱同样感到个人尊严受损。也就是说，一个人在自己的民族群体中受到其他成员的平等对待，获得民族归属感，对民族主义者来说是远远不够的。民族主义者认为，自己的民族文化即便不优于其他民族，至少也是平等的。当然，这种对民族间平等的要求总是产生于那些在民族关系中处于弱势、受到忽视、歧视或压迫的民族。如果感受到来自其他民族对本民族的歧视或侮辱，这会让民族主义者们注意到这种不平等对待的存在，并采取措施来证明本民族文化的

---

① ［英］以赛亚·伯林：《反潮流：观念史论文集》，冯克利译，译林出版社 2002 年版，第307 页。

② ［英］以赛亚·伯林：《自由论》，胡传胜译，译林出版社 2003 年版，第 229 页。

价值。在这个意义上，对个人的承认和对民族的承认具有一致性，而民族主义的产生，也源自民族的平等地位和民族尊严受到不公正的对待和挑战，也就是希求获得某种对外的承认和肯定。

伯林在谈论民族主义产生的根源时，经常有模糊不清的表述。例如，在说到民族主义是"对承认的需要"或者"对地位的寻求"时，伯林并没有明确这种承认或者地位是纯粹文化性的还是包含政治性要求在内。有时，伯林似乎认为人们宁可忍受来自本民族群体的领导人的专制统治，也不愿意"被某个兢兢业业、公正、文明、善意的外部管理者"① 统治；有时他又似乎遗忘了承认中对政治权利的要求。从普遍的情况来看，在寻求承认的过程中，民族主义的诉求经常会发生变化：一是民族主义文化诉求与政治目的之间的距离会变小，因为我们很难证明在不涉及政治自治的范围、程度等问题的情况下能单纯谈论文化自决权。二是即便每个民族都能拥有自己所需的文化表达权利，也不能保证民族主义永远只是文化范畴并具有一定政治诉求的，不会产生仇恨其他民族的敌对情绪，因为某些民族文化上的优越性常常会让其他民族产生怨恨感，从而引发进攻性的举动。不过，伯林在描述民族主义产生的动机时候，却常常将几种不同的因素合并起来说：一是归属感的需要，即由于身处同一民族群体中生活，其独有的文化及其他特征可以让个人获得存在感和认同感；二是不被外族歧视和误解，即在与其他民族的关系中，作为民族和民族成员都具有平等的地位，其民族文化的权利得到承认；三是政治的独立，即个体和民族都拥有完全的自我认同感和自决权，而这种自决权只有在与共享同一种价值和目标的本民族成员交往中才能获得。民族主义关于归属、承认、自决的三种不同的因素有时是聚合在一起的，有时则是分离的，对归属感的渴求，对认同的热望以及对自决权的要求构成了民族主义共同的起源。事实上，归属感和认同感的缺失并不会让一个民族直接产生民族主义，例如，在犹太人的漫长历史中，虽然他们长期处于无根漂泊甚至寄居他乡的状态，也一直没有产生民族主义。同样，在许多移民群体、少数民族群体身上，也没有民族主义的意识。由此可见，"人性的曲木"——对认同感、归属感的

---

① Berlin, I., *Four Essays on Liberty*. London and New York: Oxford University Press, 1969, p. 203.

需要——是民族主义产生的一个重要因素，但不是决定性因素，民族主义的产生，还有待于另一个重要条件——受伤的民族情感。民族归属感和认同的需要并不必然具有政治诉求，而受伤的民族情感把民族情感中文化的诉求同政治民族主义的关系紧密联系起来，催生了民族主义。

三 受伤的民族情感——"弯枝"

伯林认为，即便已经有成熟的民族意识和民族精神，也形成了对本民族的忠诚信仰，高度发达的民族也不容易产生民族主义。例如，在英国，虽然民族意识早在 16 世纪就已经产生，民族观念借由新教、科学与自由思想的力量把英国各阶层的人整合起来，成为英国人区分自己与其他民族的重要概念，但是英国诞生八百年来从未遭受过大规模的外来侵略或对外战争的失败，因此始终没有真正意义上的民族主义，而英国的沙文主义是在当统治衰弱可能导致帝国丧失的时候才产生的。又如，法国在七月王朝路易·菲利普领导之下，法兰西民族成员体会更多的是民族自豪感而非真正的民族主义。在法国大革命期间，法国人说："我是一个优秀的爱国者"并不意味着"我是法兰西民族的优秀成员"或者"我为我的法兰西血统和种族而骄傲"。法国的民族主义直到 19 世纪七八十年代才真正表现得强烈起来——这一时期法兰西在欧洲的地位受到了来自英国的挑战，帝国逐步走向衰落。伯林认为，民族主义的产生"最初也许是针对一个社会的传统价值受到的居高临下的或蔑视的态度做出的反应，是最有社会意识的成员的自尊受到伤害和屈辱感的结果，这种情感理所当然地会引起愤怒和自我肯定。"[①] 伯林反复强调，民族主义的产生，不仅需要民族感情和民族意识，也不仅是民族成员对归属感、家园感强烈需求的结果，而具有另一个关键的条件："民族主义是对伤害的反应。"[②] 换句话说，民族主义是民族情感受创伤后的反应，是民族遭受某种形式的耻辱后的集体愤怒，这是民族主义的基本特征之一。

伯林经常以后启蒙时代的德意志人为例说明这一观点。18 世纪的

---

① ［英］以赛亚·伯林：《反潮流：观念史论文集》，冯克利译，译林出版社 2002 年版，第412 页。

② ［伊朗］拉明·贾汉贝格鲁：《伯林谈话录》，杨祯钦译，译林出版社 2002 年版，第 95页。

德意志人长期居住在稳定的族群之中，他们的问题不是不能被具有同样历史、道德、经济、种族等特性的本民族成员认同；也并不缺乏民族独立性（虽然德意志人长期没有统一的国家，但德国人的领土也从来没有被殖民或占领过），而是要求不被外族歧视和误解。可见，民族主义往往直接源自对外族歧视和误解的羞辱感，也就是民族感情长期受到压制和歧视的后果。德国的民族主义思想家李斯特（Friedrich List，1789—1846）就认为，只有在优势民族强权兼并的胁迫下，才会让被侵略的人产生与民族休戚与共的民族情感。① 伯林重点对受屈辱民族获取对外承认的诉求进行了分析，详细论述了来自外族的歧视或压迫会给受压迫民族及其成员在承认的需要上造成很大压力，使这些民族及其成员无法产生足够的归属感和认同感，影响民族和个人的尊严，进而造成情感上的伤害。对此，伯林借用了诗人席勒的比喻，认为民族主义就像压弯的树枝（Bent Twig）一样，其力量来自对伤害的反弹，这种反弹的力量，往往会大过所遭受的压力。

对民族伤害的反应一开始并不存在于整个民族之中，而是少数民族精英阶层的自我意识。伯林说到，"一个社会要想发展出民族主义，至少在某些最敏感的成员中间，它要形成自身是一个民族的形象。"② 当塑造起来的民族形象受到忽视或侮辱的时候，会引起民族中精英阶层的痛苦和仇恨。他们不甘心处于被忽视或蔑视的地位，寻求一种人与人之间、民族与民族之间的平等地位。这种要求承认的呼声来自个人、群体、阶级、民族、国家以及通过一种共同的、针对某些人的团结起来的大规模的人类群体。民族主义就是在对承认的需求和对压迫的反抗最强烈之际产生的，"（它）通常是由伤害引起的，是某种形式的集体耻辱感。"③ 伯林分析了一些产生了民族主义的欧洲国家，发现这些民族、国家中民族主义的产生，都与曾经遭受的屈辱有密切关系：例如，法国真正的民族主义思想是

① 参见"马志尼门槛"．（http：//hi. baidu. com/dabao/item/490edf89f3fc89c698255fb5）。

② ［英］以赛亚·伯林：《反潮流：观念史论文集》，冯克利译，译林出版社2002年版，第413页。

③ Berlin, I., *The Sense of Reality*: *Studies in Ideas and their History*. ed. Henry Hardy, with an introduction by Patrick Gardiner. London：Chatto and Windus, 1996, p. 255.

在 1870 年"普法战争"① 法国战败之后爆发的；又如，俄国民族主义的产生，是受到 17 世纪法国人对俄罗斯的征服和对俄国人的大批屠杀刺激，并且整个 18 世纪俄罗斯的文化都受到法国文化的强烈抨击和羞辱的结果；对德国的民族主义者而言，最初的不满来自知识分子阶层对法国文化的仇恨，后来，则表现为对法国军队和拿破仑的"一体化"灾难的反抗；在德国之后的意大利、波兰，以及巴尔干和波罗的海各民族，爱尔兰，拿破仑战败后的法兰西第三共和国，直到二战结束后的亚洲、非洲各国，在比利时和法属科西嘉岛，在加拿大、西班牙和塞浦路斯——民族主义的怒火无一不与民族遭受的歧视和侮辱有关。至于东欧和苏联社会主义体系的崩塌，在很大程度上也是由于巨大的、开裂的民族情感伤口在经受多年压迫和屈辱之后突然爆裂造成的。对受压迫和歧视的民族而言，这种伤害积累到一定程度的时候，就像被拉弯的树枝一样，一旦压力消除，便会强力反弹回来，起而反击，拒不接受施压民族给予的劣等民族称呼。伯林认为，这种反弹的效应往往有两种情况，都可能是具有侵犯性的。

第一种反应是意识到民族本身的缺陷，承认自身的落后和不足，急于向优秀的文化或民族学习，以赶超先进民族，进而求得民族地位的平等。产生这种反应的民族也许会采取和平的方式取得承认，也可能以暴力的方式强索承认，这两种方式可能单独出现，也可能同时发生在同一民族身上。如 19 世纪下半叶，日本在遭受了西方现代工业文明冲击后，发动了自上而下的明治维新运动，以全盘西化的方式对社会进行全面改造，从政治、经济、文化、社会等各个领域学习西方先进文明，这就是以和平方式求取其他先进民族承认的典型。几乎与此同时，在明治维新运动中重塑了民族自信的日本发动了对中国、朝鲜以及东南亚国家和地区的侵略战争，企图以武力向曾经在政治、经济、文化等方面都优越于日本大和民族的其他东亚、东南亚民族证明其优秀，也向落后于自己的民族炫耀强大的民族实力，借以树立前所未有的民族自豪感。又如，法国的民族意识早在1750 年前后就已经深刻地扎根在法兰西人的头脑之中，成为精英阶层谈

① 注：普法战争发生于 1870 年至 1871 年，因欧洲霸权的争夺和德国的统一问题，普鲁士对法国政府进行挑衅，拿破仑对普鲁士宣战。后因巴黎革命爆发，拿破仑在战争中失利，普鲁士获胜，并借机完成了对德意志各邦的统一。

话中不可或缺的一部分，使人们的心态发生了深刻变化。"普法战争"后，法国在当时整个欧洲竞争中丧失了明显的优势地位，法国的民族主义表现为强烈要求恢复被英国夺走的优越地位，重新展现法国的荣耀的需要。实现这个目标有两种方法，一是将法国变成一个类似于英国的国家；二是削弱英国的力量。这两种方法都赢得了相当的支持者，以孟德斯鸠和伏尔泰为代表的启蒙思想家认为法国有能力从英国学到经验，并轻松超越这个模仿对象和竞争者；而另一些法国的贵族精英则认为法国缺少超越英国的条件和实力，这种状况让他们觉得个人也受到了某种伤害，法国相对低落的地位滋生了他们心中对英国的怨恨情绪，最终希望以反对英国的价值、赞美本民族文化的方式来消除落后状况带来的屈辱感。因此，其后法兰西民族在法国大革命中展现出越来越强的好战性，与其说是民族的觉醒，不如说是强烈仇英情绪的非理性爆发。

愤怒的孤立主义是另一种受伤情绪的表达方式：受压迫和歧视的民族想要远离不平等的竞争，转而专注自己民族的优点，并认为自己的优点比那些公然受到羡慕的、时尚的对手所赞美、吹嘘的品质更为可贵。这种情感的产生，对个人、对民族而言，都是受伤自尊的自然体现。① "这一情感的理性化，既痛苦又熟悉。我们自己的过去，我们自己的遗产有着比外国人华而不实的货色要好得多和丰富得多的东西——跟在外国人屁股后面跑不管怎么说都是丢脸的，是对我们自己过去的背叛；我们能够恢复我们精神和物质上的财富，只要我们回到大概在某个模糊的几乎不能分辨的过去，曾使我们强大和受人妒羡的古老源泉。"② 实际上，这是落后社会通常会有的简单反应模式，当她因自己与优势民族的现实差距而相形见绌时，就很容易转而寻求过去曾经的或者想象中的胜利与荣耀，以及那些本民族文化和传统中令人赞叹的品质。伯林以 19 世纪俄国西化派与斯拉夫派之间的论战为例，说明了这种退守的、自我孤立的民族自尊：西化派主张科学、理性的进步，认为启蒙、自由、文明的所有成果都应该为俄罗斯民族所有，学习西方先进文化是俄国社会进步的必经途径。斯拉夫派则认

---

① Berlin, I., *The Sense of Reality: Studies in Ideas and their History.* ed. Henry Hardy, with an introduction by Patrick Gardiner. London: Chatto and Windus, 1996, p. 255.

② ［英］以赛亚·伯林：《现实感》，潘荣荣等译，译林出版社 2011 年版，第 297、298 页。

为西方文明是冷漠的、非人性化的、狭隘、精于算计的庸俗主义，缺乏人与人之间的关爱，号召回归到未受污染的俄罗斯过去那种"有机的""整体的"社会。不过，无论是西化派还是斯拉夫派，虽然他们的选取的道路大相径庭，但他们的共同要求都是得到其他优势民族的承认。

第三节 民族主义及其特征

伯林以"新永存主义"的思维讨论了现代民族主义产生的几个条件：民族情感和民族意识、民族忠诚，民族归属感和认同感的需要以及民族情感受伤后的屈辱感。根据这几个方面的内容，伯林用几个维度界定了民族主义的基本特征，追溯了民族主义产生的根源及其可能出现的表现形式。关于民族主义产生的原因，伯林根据价值多元论和人性多元论的基本理念，推导出作为人类基本意识形态之一的民族主义也是根植于彼的，且这种民族主义会随着具体环境的差异而演化成各异的形态，提出不同要求，产生不同影响。

一 什么是民族主义

民族主义是一个被伯林反复谈论但却始终具有不确定性的话题。这种不确定一方面来自他的人生经验，一个典型的自由英国人和犹太复国主义者身份的冲突；另一方面来自他的自由主义理论对个人主义、消极自由的强调与民族主义集体利益诉求之间的矛盾。在伯林的民族主义思想和自由主义思想中一直存在有某种程度的张力，这仿佛是他自己也不愿意面对的。如何取得自由主义与民族主义的一致性，是困扰伯林及其后继研究者的一大难题，我们也很难在他的著述中得到一个关于民族主义精致的、完整的定义。平心而论，伯林的民族主义思想本身并不具有很强的系统性，至少他对民族主义的论述远不如其他民族主义研究专家那样对民族主义的缘起、历史、发展和要素等进行条分缕析来得容易理解。我们能够找到的伯林关于民族主义定义的论述形诸文字的相对零散，根据戴维·米勒的归纳，伯林给出的类似民族主义的定义至少有五处：（1）"民族主义是民族意识的一种'发炎红肿'的状态，这种情形是——有时也的确是可以容忍的，可以和平处理的。"① （2）"民族主义并非自觉意识到某种民族性格的存在，或者是为这种民族性格而自豪。民族主义是一种信仰，它相信某一国家负有独特的使命，本质上高于任何外在的目标或属性（attributes）。"② （3）"民族主义，即使在它最温和的版本即民族统一的意识里，也肯定是植根于对人类社会之间的差异，对一种特殊传统、语言、习俗的独特性，以及对长期拥有一片被注入强烈集体感情的特殊土地的深刻感觉。"③ （4）"民族主义就等于我们对自己说，因为我们是德国人或法国人，所以我们是最优秀的人，我们完全有权做我们要做的事。"④ （5）"民族主义，即把民族的统一与自决的利益提升为最高价值，必要时其他一切考虑必须服从这种利益……"⑤ 伯林在不同时期、不同场合给出的民族主义的定义是不同的，换句话说，伯林并没有给出过民族主义的完整、一致定义。或许有人会据此认为伯林的民族主义思想是模糊、散乱的，或者是为了回应当时诸多争论或回答某个具体问题而相对提出的。但是，从伯林的自由主义思想和其他著作来看，他能够精熟地运用牛津分析哲学的传统进行哲学思考，必定不至于匮乏将民族主义作出精准定位的学术能力，因此，我们有理由认为，伯林的这种含混和多变有着独到的考虑。

对伯林给出的民族主义的定义来看，伯林是从两个不同方面来阐释民族主义的：一是什么是民族主义者，即从民族主义内部来看待民族主义，并告诉我们民族主义者所信仰的是什么；二是解释民族主义的来源，在什么条件下会产生民族主义意识。民族主义的这两个方面绝非相互对立的，而是具有极强的互补性和交叉性，因此在定义民族主义的时候，伯林有时候侧重于第一个方面，他会强调作为民族主义者的感受，民族自尊、对本民族独特价值的推崇以及本民族利益高于其他一切等（参见定义（4））；有时伯林又侧重于民族主义起源的方面，例如，他提到民族主义是民族情

---

① ［英］以赛亚·伯林：《扭曲的人性之材》，岳秀坤译，译林出版社 2009 年版，第 248页。

② 同上书，第 180 页。

③ ［英］以赛亚·伯林：《现实感》，潘荣荣等译，译林出版社 2011 年版，第 269 页。

④ ［伊朗］拉明·贾汉贝格鲁：《伯林谈话录》，杨祯钦译，译林出版社 2002 年版，第 102页。

⑤ ［英］以赛亚·伯林：《反潮流：观念史论文集》，冯克利译，译林出版社 2002 年版，第403 页。

感受到创伤后的反应，或者提及民族主义的目的时就是如此。伯林对民族主义的定义之所以会有两个方面的侧重点，其根源不是伯林思想上的含混不清，而是他认为不同的民族主义在事实上具有不同的起源，并且他对民族主义的两种起源有各自的解读。在伯林的定义中，既把民族主义看作是在特定条件下（如民族情感受到创伤、民族受到长期压迫后的反抗等）民族情感炙热化的表现，又认为民族主义实际上也是人类多元价值的自然表现，以至于体现在人类社会各民族独特的语言、习俗、文化等文明表记上，是人们对归属感和认同感的表达方式。

从另一个角度来分析伯林对民族主义的定义，我们也可以说他的这种不确定是因为他对民族主义的认识始终徘徊在"良性的"（benign）民族主义和"恶性的"（malign）民族主义之间。在 20 世纪 90 年代一次与嘉德尔斯的访谈中，伯林提出了"两种民族主义概念"，以文化民族主义（温和的民族主义）和进攻性民族主义作为"良性的"和"恶性的"两种民族主义的典型代表。伯林对民族主义的分类，区别于以往对民族主义的传统分类方式，如"西方的"民族主义和"东方的"民族主义（如汉斯·科恩，盖尔纳），或者更为常见的"公民的"民族主义和"族裔的"民族主义（如安东尼·史密斯，伊格纳耶夫）的区分方法。"两种民族主义概念"的区分是伯林民族主义思想中的标志性概念，和他的"两种自由概念"相比，"两种民族主义概念"或许不那么声名显赫，却奠定了伯林"现代自由民族主义思想之父"的地位①。

二 民族主义的基本特征

与定义民族主义时的含混不清不同，伯林在《民族主义：往昔的被忽视与今日的威力》② 一文中对民族主义的基本特征有系统论述，他区分了民族主义的基本特征的四个方面：

首先，民族主义是一种相信人具有归属于某个民族的根本需求的信念。"人们属于某个特殊的人群，这个群体的生活方式不同于其他群体；

---

① Miller, David, "Crooked Timber or Bent Twig? Isaiah Berlin's Nationalism". *Political Studies*, 2005, p. 53.

② Berlin, I. , *Against the Current: Essays in the History of Ideas.* ed. and with a bibliography by Henry Hardy, with an introduction by Roger Hausheer. London: Hogarth Press, 1979, pp. 332 – 355.

组成群体的个人的特征是由该群体的特征所塑造的，离开群体便无从理
解，因此对它的定义要根据共同的疆域、风俗、法律、记忆、信念、语
言、艺术及宗教的表达、社会制度、生活方式等等，有人还加上了遗传、
血缘关系、人种特征；正是这些因素塑造了人类，塑造着他们的目的和他
们的价值。"① 伯林界定的民族主义的第一个特征首先肯定了人们深受其
出生、成长所在民族文化影响：个体语言的习得，特殊的信仰、习俗、社
会生活习惯的形成乃至个性的塑造、身份的认同都与民族有密切关联，个
体成员与民族的关系是依附与被依附的关系，这一特征暗含着如果个体成
员失去了民族的庇护，或者是民族本身被摧毁了，这对个人来说是无法估
量的损失。

　　其次，民族主义意味着将民族视为类似于有机体的构成，具有至高无
上的价值。民族主义认为，"一个社会的生活模式类似于一个生物有机体
的生存模式；这个有机体自身发展所需要的东西，那些以词语、形象或人
类的其他表现形式所表达的最能反映其本质的东西，构成了它的共同目
标；这些目标是至高无上的；在与不是来自这个特定'有机体'的特有
目标的其他价值——不管它们是理智的、宗教的还是道德的，个人的还是
普遍的——发生冲突时，这些至高无上的价值都应当取得优势，因为只有
这样，才能避免民族的衰落和毁灭。"② 所谓民族有机体结构，是指民族
不是由个体或群体人为建立的，相反，是个人"亲自受到了这些在历史
中发展的行动、思想和感情的方式的浸润"，"正是这些心理的、感情的
和物质的生活方式，这些应付现实的方式，尤其是人们相互交往的方式，
决定着所有其他的事情，并构成了民族的有机体——民族——不管它是否
采取了国家的形式。"③ 不是个人赋予了民族意义，而是民族使人的个性
得以充分实现；民族不是可以随心所欲地解散、改变或背弃的志愿团体，
人类更低层级的社会构成单元，如家庭、部族、教会、社区等都应当服从
民族的意志和需要，因为后者的本质和目的都是由民族的本质和目的决定
的。社会有机体论并不是民族主义的首创，19 世纪的实证主义学派发明

---

① ［英］以赛亚·伯林：《反潮流：观念史论文集》，冯克利译，译林出版社 2002 年版，第
407 页。

② 同上。

③ 同上。

了这个重要观点，即把人类个体结合到一个不可分割、无法分析的有机整体中去，在柏克看来，这个有机整体就是社会，卢梭则视之为人民，黑格尔将它视为国家，"对民族主义者而言，不论其社会结构或统治形式如何，它都是且只能是民族。"①

但是伯林警告人们，如果把民族和民族主义当作一种类似生物有机体的社会结构，民族主义就有可能被误解为非理性的、野蛮的、类似兽性的东西，这不是民族主义的真实面貌。虽然民族和民族主义有其自身产生、发展和壮大的过程，但这仅是一种比喻的说法而已。"民族不是一个生物有机体，民族的特性是很不同的，它的肌体是语言的、历史的、心理的东西。"② 从这里可以看出，伯林对作为有机共同体的民族主义具有一层隐忧，他惧怕民族主义被视作非理性的兽性，更害怕有机体论下的民族主义因此以整体性掩盖了个体成员的基本权利，也不愿意放弃民族作为个人不能为理性主义或其他价值取代的基本属性存在。

再次，民族主义者相信本民族的价值具有无可替代的优越性，其原因无他，只因为这些价值"是我们的"。在众多价值和观念中，"坚持某种特定的信念，采用某种特定的政策，致力于某种特定的目的，过某种特定的生活，最强有力的理由之一，甚至是唯一最强有力的理由，就是这些目的、信念、政策和生活是'我们的'。"③ 民族的目的、信念、政策和生活方式对个体成员具有独特的吸引力，这种吸引力不是因为其内容本身指向美德、幸福、正义或自由等普遍为人接受的善的价值，也不是因为其出自神灵、教会、君主、议会或其他得到普遍承认的权威，也不是因为它们本身就是善的或正确的，因而对既定条件下的人普遍有效；这种吸引力和成员普遍遵守的有效性是因为民族追求的价值是"我的"群体——对民族主义者来说，即"我的"民族——的价值。这一特征与前面民族有机体论的特征密切关联，在民族有机体论的支撑下，个体成员与民族之间是部

---

① Berlin, I., *Against the Current: Essays in the History of Ideas.* ed. and with a bibliography by Henry Hardy, with an introduction by Roger Hausheer. London: Hogarth Press, 1979, p. 341.

② ［伊朗］拉明·贾汉贝格鲁：《伯林谈话录》，杨祯钦译，译林出版社 2002 年版，第 94 页。

③ ［英］以赛亚·伯林：《反潮流：观念史论文集》，冯克利译，译林出版社 2002 年版，第 408 页。

分与整体的关系，民族的思想、感情、目的及行为方式，要通过个体成员的认同和具体行动来达成。部分隶属于整体的关系让个体成员通过千丝万缕的联系联结在一起。伯林用枝叶与树的比喻强调了民族主义中个体成员与民族整体的关系："脱离了它们，我将成为——换个比喻说——脱离了树干的一片落叶、一根树枝，而只有树才能给它们以生命。所以，如果我因为环境或自愿脱离了民族，我将失去目标，我将枯萎消亡，充其量只剩下一缕乡愁，回忆着当年真正充满生机与活力的时光，回忆着我在民族生活的模式里所起的作用，认识到只有它曾赋予我的所作所为以意义和价值。"① 伯林指出，这种相信民族价值优越性的信念，在许多民族主义者的思想中体现得淋漓尽致：赫尔德、柏克、费希特、米什莱，以及奥地利、土耳其帝国斯拉夫属地的人民、沙皇治下被压迫民族中那些唤醒民族灵魂的人概莫能外。

最后，民族主义坚持本民族价值的超越性。换句话说，即便一个民族的目标有可能与其他民族的利益相冲突，也没有任何其他价值和力量能够阻挡这一民族实现其既定目标。伯林认为，这种特征一般体现在极盛时期的民族主义中，具有这样一种立场："假如满足我所属的有机体的需要变得与现实其他群体的目标不可调和，那么，我或者我不可分割地属于其中的社会便别无选择，只能强迫那些群体屈服，必要时就诉诸武力。假如我的群体——让我们称它为民族——想自由地实现其真正的本性，就必须清除道路上的障碍。凡是阻碍着我所认为的我的——也就是说，我的民族的——最高目标的东西，就不能允许它具有与这种目标同等的价值。"② 民族主义者认为，任何价值和标准都应该是内在于一个特定的社会、一个民族有机体及其独特的历史之中，所谓能够给各种生活、属性和愿望的价值、给不同民族群体的价值进行排序的广包性准则和标准是不存在的，因为这种标准是超民族的，其本身不是民族有机体的一部分，其正确性源于特定的民族社会生活之外。对民族主义者而言，能够理解的一切价值和目的只能隶属于他所属的民族群体和组织，除此之外，别无他物。

---

① ［英］以赛亚·伯林：《反潮流：观念史论文集》，冯克利译，译林出版社 2002 年版，第 408 页。

② 同上书，第 409 页。

伯林认为，虽然民族主义自诞生之日起就具有不同的主张和目的，表现出多种多样的形式——有时是民族国家的形式，有时又表现为与促进工业化和现代化的力量相联合——但"在它的所有表象后面，保留着我上面试图勾画的四个特征：坚信归属一个民族是压倒一切的需要；坚信在构成一个民族的所有要素之间存在着一种有机关系；坚信我们自己的价值，仅仅因为它是我们的；最后，在面对争夺权威和忠诚的对手时，相信自己民族的权利至高无上。"① 民族主义的四个基本特征，可以看作伯林对民族主义定义的四个分段阐释。但是，民族主义的四个基本特征是不是民族主义的必要条件呢？从伯林对民族主义的论述来看，似乎可以确定，这四个基本特征并不都是必须同时具备的，因为伯林多次说到，民族主义就是民族统一体意识，即对某个特殊族群的归属感和与这个民族文化和历史特殊的联系，在这个意义上，民族主义的范围应当比伯林所归纳的四个基本特征更宽泛。而且，在对不同民族主义进行分析和描述的时候，伯林也并没有完全严格按照四个基本特征来划定民族主义与民族情感、民族意识之间的界限，四个基本特征并非永远同时存在或占据同样分量。伯林自己也曾说道："这些成分（四个基本特征）以不同程度和比例见于所有迅速成长的民族主义意识形态，目前它们正在地球上四处蔓延。"②

三　民族主义的四个维度

戴维·米勒在考察伯林概括的民族主义四个基本特征时，特别注意到"不同程度和比例"这句话，并将其解读为民族主义的四个维度，而每个维度本身都具有一定的弹性尺度，并由此产生两个可供选择的选项。这样一来，民族主义就可能在基本特征的范围内产生十六种可能的形态，而这十六种形态虽然持有不同的立场，但从理论上说都不失为民族主义。米勒对此进行了详细的分析③：

第一，如果把"民族归属的根本需要"这一特征作区分的话，可以

①　［英］以赛亚·伯林：《反潮流：观念史论文集》，冯克利译，译林出版社 2002 年版，第 411、412 页。

②　同上书，第 412 页。

③　Miller, D. , "Crooked Timber of Bent Twig? Isaiah Berlin's Nationalism". *Political Studies*. 2005. VOL 53. （pp. 100 – 123）：104 – 106.

分为"政治的"和"文化的"两种取向。一般而言,民族主义者都肯定民族归属感对个体成员的重要意义,但在这种归属感是否需要直接的政治意涵上——尤其是针对民族是否必须具有政治上的自决权——存在争议。伯林在对赫尔德的民族主义思想进行分析时对此有过论述,他提道:"他(赫尔德)的民族主义绝不是政治性的。如果他公然抨击了个人主义,那么他也同样厌憎强制和破坏了自由人性的国家制度……即便这样,他仍然创造了'民族主义'(Nationalismus)一词,他理念中好的社会更接近于梭罗、蒲鲁东或克鲁鲍特金的无政府主义,或者是歌德和洪堡提倡的那种文化论,而不是费希特、黑格尔或政治社会主义者提倡的那些理念。对他而言,民族不是一个政治实体。"① 换言之,人类个体对民族有强烈的归属需求,由他所属群体的特殊文化塑造而成这个特征可以有两种不同的理解方式:一是政治性的,即每个民族都应拥有自己的独立民族国家;二是文化性的,就像赫尔德所说的那样,只是强调每个民族都有独立自主发展本民族文化的权利。

第二,关于民族有机体的比喻,可以有"一元的"和"多元的"两种倾向。民族有机体论表明,民族不仅是诸多个人的集合体,还具有类似生物有机体的特性,即各个部分有机整合在一起并相互依存。伯林由此推断出民族主义要求民族的价值具有超越性,因为这要求更低层级的社会群体,如家庭、族群、教会乃至个人的价值和需要都要服从和让位于民族整体的价值,在这个意义上说,民族主义是"偏执的"(illiberal),因为它限制了个体成员组建任何可能挑战民族整体利益至高无上地位的群体的自由。这种可能的存在,让伯林特别警惕民族有机体论可能造成"一元论"的整体主义倾向,认为其会演变成强制和压迫其他群体和侵犯个人自由权利的"反自由"意识形态。的确,由于特别强调作为整体的民族的意义,民族主义者会拒斥自由主义原子式的个人主义,但米勒认为,即使采纳民族有机体的理论,民族主义者并不必然像伯林相信的那样一定会将民族凌驾于所有更小的群体之上,他们也可能认为民族是由那些更小的、多种多样的社会群体构成的,这样一来,民族有机体论就能在民族整体与多元的

---

① Berlin, I., *Vico and Herder: Two Studies in the History of Ideas*, London: Hogarth Press, 1976, p. 181.

部分之间找到恰当的平衡点，而不见得总是整体凌驾于部分和个体之上——民族也可以是多元价值和群体的聚合而非一元的巨型怪兽。柏克在攻击法国大革命的集权主义倾向时就说过："不应该再说什么加斯科涅人、皮卡第人、布列塔尼人、诺曼底人，而是法国人，同一个国家、同一颗心、同一个集体。不过，虽然都是法国人，有着巨大的共通性，但短期内地区之间的差距仍然是存在的。……这种地区间的差距是长久的习惯形成的，而不是一个突然出现的权威命令造成的，这种小的地域群体恰是人们爱国心忠诚的对象。对法国整体的爱不能抹煞这种对本地区的偏爱。"①米勒认为，虽然民族有机体论把民族视为有机整体，但不同的民族主义者在整体和个体间关系应当是"一元整体性的"还是"多元的"问题上存在较大倾向分歧，前者比后者更具有反自由主义的意涵。

　　第三，伯林所说的民族主义相信民族价值具有无可替代的优越性，也就意味着在世界上没有超越民族的、更高的道德主体和普遍原则可以取代民族来设定道德规范，也没有任何一种道德权威可以凌驾在作为道德共同体的民族之上。这意味着每个民族成员对本民族有特殊的道德责任，即便道德责任的内容会随着时代的不同而发生变化。一些民族主义者据此认为民族的道德价值是"道德上无限制的"（morally unrestricted）。那么，在民族之外是否还存在其他因人类普遍性而具有的道德义务呢？在这个问题上，另一些民族主义者给出了不同答案，他们也认同某种自然法或自然权利，但是他们的理解通常比反民族主义者来得更狭隘，不过这至少也给民族主义的道德追求设定了某种限制。例如，卢梭和柏克以及现代学者迈克·沃尔泽就认为民族道德之外，还应该具有最低限度的人类普遍责任，也就是所有社会都承认的道德界限，如反对谋杀、欺骗、酷刑、压迫和暴政等。这种认定民族道德从属于人类普遍道德的观点被称为"道德上有限制的"（morally restricted）。

　　第四，伯林曾指出，民族成员认为本民族的文化和价值具有至高无上（supremacy）的地位，这种情感可能具有也可能不具有对外的民族优越论（national superiority），但是在谈及民族主义的时候，伯林有时并没有把二者区分得很清楚，有时甚至还把这两个概念交替使用。伯林认为，民族地

---

① Burke, E., *Reflections on the Revolution in France.* London: Dent, 1967, p. 193.

位的至高无上意味着没有任何东西能够阻止民族去完成其任务和目标，这种妨碍不仅不能存在于民族内部，还不能够存在于民族之外，所有的个人和群体都必须为之让路，例如民族的利益可以超越国界限制，实现对其他民族领土的征服。当民族优越感被唤醒的时候，民族的至高无上就被那些受压迫的或者被边缘化的民族提升起来，用以塑造民族的优秀形象，增强民族自信和自尊。那么，民族主义者是否都承认民族至高无上的地位呢？在这个问题上，民族主义者同样存在分歧。以马志尼、赫尔德为代表的自由民族主义者、文化民族主义者认为本民族的繁荣至关重要，因而他们不可避免地给自己的民族、本民族人民的利益以更高的权重，但同时他们也关心所有民族的幸福和自治权，相信其他人和他们的民族也应当具有同样的地位和权利，他们提出的要求也同样正确，同样具有绝对性。例如，马志尼首先强调为意大利的自由、自治而战，但他同时也强调为欧洲其他缺乏自主权的民族而战。他曾经说到，"我是一个意大利人，但同时我也是一个欧洲人。我爱我的国家，因为我爱国家这个观念。我相信意大利需要自由，因为我相信自由这个观念。我想要为意大利争取权利，是因为我相信权利。"[1] 米勒认为，只注重本民族价值至高无上的地位意味着强烈的"特殊主义的"（singular）和排他性倾向，认为除了本民族之外的其他民族在文化上是劣等的、低下的；而考虑本民族价值和其他民族价值有同等的权利则是一种"重叠的"（reiterative）态度。

根据米勒对伯林关于民族主义四个基本特征、八个维度的重构，我们可以看出，民族主义的各个基本特征都可能产生相对的取向，并因此产生民族主义的差异形态："政治的"或"文化的"，"一元论的"或"多元论的"，"道德上无限的"或"道德上有限的"，以及"特殊主义的"或"重叠的"。从理论上说，四种不同维度的不同取向可以构成十六种民族主义的类型。例如，有的民族主义是政治性的、一元整体性的，但却认为民族的自决权利应当服从人类基本道德的约束，并认为其他民族具有平等的政治自治权；又或有的文化民族主义者相信或者不相信一个民族有同样保护其他民族文化的义务，诸如此类。由于取向差异产生的民族主义在四个维度上都可能呈现不同特征。当然，理论上可能出现的十六种民族主义

---

① Silone, I., *The Living Thoughts of Mazzini*. London：Cassell，1939.

并不都具有现实性，比如那种在民族优越性上具有"重叠的"态度的民族主义就很难不在民族自决问题上设定道德的有限性，因而一种民族主义不可能既是"重叠的"又是"道德上无限的"。不过，伯林在他的民族主义思想中，并没有提及民族主义可能出现的诸多形态，而是主要论述了两种民族主义的典型形态：赫尔德的文化民族主义和德国浪漫主义的民族主义，其中，浪漫主义的民族主义成为伯林认定的民族主义的典型形式，具有极盛时期民族主义的典型特征。因此，在伯林多处表述中，民族主义必然具有政治的、一元整体性的、道德上无限制的以及特殊主义的基本特征。伯林的这种归纳，恰好是当时绝大多数人对民族主义的观点，认为民族主义是一种有害的意识形态。不过，在伯林的论述中，赫尔德式的文化民族主义则被认为是文化的、多元的、道德上有限的和重叠性的，是有益的、必然的民族主义形态。从伯林在对民族主义的多处谈话或论著来看，他对民族主义的区分也不是如此简单和一致，在后来的访谈中，伯林又曾以"进攻性"和"非进攻性"作为民族主义的区分标准，而有时他又将"非进攻性"民族主义称为"充分满足的"民族主义（如他用"充分满足的"来形容英国的民族主义思想①，以及其他类似的民族已经长久存在且不带有领土扩张目的的民族主义。）。伯林的不同表述证明了米勒的归纳：民族主义不一定必须具有四个基本特征，对民族主义的区分有两个主要标准，一是看民族主义是否具有进攻性；二是看民族主义是政治性的还是文化性的。由此可见，伯林对民族主义的定义和特征的描述，具有交叉性，有时，伯林按照浪漫主义的民族主义来圈定民族主义的基本特征，如民族价值的超越性和民族优越论；有时，他又认为民族主义可以是只要文化自决权而不过分要求政治架构的。② 当然，这也不是伯林对民族主义的最终判断标准，但总体而言，伯林认为民族主义的最好形式应当是非政治化的、文化性的，民族文化的多元并不一定伴随着深刻的政治分歧。

---

① Berlin, I., The Problem of Nationalism, interview with B. Magee and S. Hampshire, broadcast on Thames Television, 1972, 30 November.

② Gardels, N., *Two Concepts of Nationalism: an Interview with Isaiah Berlin*, New York Review of Books, November 21, 1991, pp. 19 – 23.

小　结

　　在本章中，我们分析了伯林自由民族主义思想的来源和伯林对民族主义的基本观点。伯林以价值多元论基础上的多元人性观为依据，分析了人们对民族和民族主义需要来自多元人性的本质需要。最初，伴随着族裔血统族群的发展，人类社会发展出了民族情感和民族意识，但这还不足以成为民族主义产生的全部动因。当时间进入 18 世纪，"人性的曲木"逐步展示出理性主义无法消解的强力，民族归属感和认同感成为各民族成员的迫切要求，作为整体的民族则强烈需要赢得民族自决、得到外族的承认并获取相应的民族地位，民族主义已经呼之欲出。真正刺激民族主义登上历史舞台的是民族自尊长期受伤民族的屈辱感，民族遭受的伤害刺激着民族精英及其他民族成员，让他们试图以奋起直追的方式或愤怒的孤立主义反抗加诸在自身的歧视和屈辱，重新获得承认。因此，伯林认为，民族主义往往不会发生在高度发达的民族，而通常出现在经济、政治、文化相对落后的，长期受到歧视或压迫的民族之中，因为在这些民族中才会产生强烈的屈辱感，造就"弯枝"的力量，随时可能反弹出来。

　　在考察了民族主义的起源之后，伯林提出了民族主义的定义和基本特征。伯林认为，民族主义是一种意识形态，它表现出民族成员的来源、信仰和目的，也表现出作为民族本身的文化和政治目的。民族主义具有的四个基本特征——"坚信归属一个民族是压倒一切的需要；坚信在构成一个民族的所有要素之间存在着一种有机关系；坚信我们自己的价值，仅仅因为它是我们的；最后，在面对争夺权威和忠诚的对手时，相信自己民族的权利至高无上。"[①]——会随着不同的历史环境、民族文化背景和民族发展需要产生不同的取向："政治的"或"文化的"，"一元论的"或"多元论的"，"道德上无限的"或"道德上有限的"，以及"特殊主义的"或"重叠的"。这样一来，民族主义就具有了多种多样的模式，在不同的文化背景和历史阶段表现出不同的需求与目的。

----

　　① ［英］以赛亚·伯林：《反潮流：观念史论文集》，冯克利译，译林出版社 2002 年版，第 411—412 页。

为此，伯林提出了"两种民族主义概念"，认为温和的民族主义（文化民族主义）与进攻性民族主义是两种具有代表性的民族主义形态，分别代表着"文化的、多元的、道德上有限的、重叠性的"民族主义和"政治的、一元整体性的、道德上无限制的以及特殊主义的"民族主义，前者是人性中对归属感、家园感本能需要的表现，而后者则是与理性主义、浪漫主义等各种不同思潮结合起来的产物，是人们最常谈之色变的民族主义类型。在第四章中，我们将详细论证这两种不同民族主义产生的根源及其表现。

第四章　两种民族主义概念

在分析了民族主义的产生的基本条件，并对民族主义的基本特征进行分析之后，伯林的民族主义思想开始逐步成形。针对民族主义的差异化诉求和多元形态，伯林提出，民族主义的产生有普遍的共同条件，如对归属感、家园感的需求，对平等地位的渴望；但不同类型民族主义也有各自产生的差别条件。在最初的形态上，民族主义同许多势力都曾联手过，如民主、自由主义、社会主义等。"但不管与谁联手，一旦闹翻后，民族主义无一例外地都会胜出、奴役它的对手，使其变得相对次要。德国的浪漫主义、法国的社会主义、英国的自由主义和欧洲的民主都被它扭曲过，并向它妥协。"① 一方面，民族主义可能是德国思想家赫尔德倡导的文化民族主义形式。在赫尔德的文化民族主义思想中，民族主义是在民族发展过程中各自产生的民族精神（Nationalgeist）——"一整套风俗，一种生活风格，一种感知和行为的方式。它的价值就在于它为群体所特有。"② 在伯林看来，赫尔德的民族主义思想具有民族主义的一定特征，如肯定本民族文化的独有价值，具有强烈的民族情感和归属感等，但赫尔德对民族主义的定义并不完全，赫尔德所谓"文化民族主义"要求的无非是民族的文化自决，但是，我们日常生活中看到的民族主义却鲜少有按照赫尔德的设想那样——每种文化都有同等的价值，都得到同等重视以及各民族文化和平共处。另一方面，对伯林来说，民族主义绝不仅仅是对本民族文化的推崇、民族自豪或民族文化自决的诉求，还可能产生政治性的、压倒性的征

---

① Berlin, I., *The Sense of Reality*: *Studies in Ideas and their History*. ed. Henry Hardy, with an introduction by Patrick Gardiner. London: Chatto and Windus, 1996, p. 250.

② 资中筠等:《万象译事》（卷一），辽宁教育出版社 1998 年版，第 254 页。

服欲望。德意志浪漫主义的民族主义就完全颠覆了文化民族主义的多元主义的特征，变成了整体主义的、进攻性的民族主义。赫尔德所提倡的"文化民族主义"最终成了"德意志第三帝国"的精神源泉——对文化自决的热望演变成了民族政治自治和崛起的欲望，最终导致民族主义的暴力进攻，赫尔德在某些时候还被封为德国浪漫主义民族主义之父。

伯林的民族主义思想既接受了赫尔德关于民族情感、民族归属方面的内容，又富于他自己的思考。在对待民族主义的问题上，伯林显得更为谨慎。伯林承认赫尔德提出的自然形成的民族群体和民族情感是民族主义产生的土壤，是人类自然而然的社会现象；伯林同时也看到了民族主义产生有另一个更为重要的原因，那就是民族归属感缺失带来的不安全感和民族创伤后耻辱感造成的巨大反弹。关于什么是民族主义，民族主义何时以及如何产生，民族主义特殊的政治诉求和价值取向等问题，伯林的论述都是独到的，他的观点不同于之前的自由主义学者，也不同于其他意识形态的思想家。在对民族主义的起源和基本诉求进行区分的基础上，伯林提出了温和的民族主义和进攻性民族主义的两种民族主义概念，成为其民族主义思想的重要理论，也为他的自由主义的民族主义思想的提出设定了多元民族主义存在的前提。

第一节　人性的曲木——温和的民族主义

伯林认为，民族主义作为系统学说，最早可能出现在 18 世纪最后 15 年的德意志，反映在德意志诗人、哲学家赫尔德的作品之中：赫尔德把民族主义称为"民族精神"（Volksgeist）和"国家精神"（Nationalgeist）。伯林借鉴了赫尔德对民族主义的论述，但却认为真正的民族主义不是赫尔德认为的那样只是一种民族情感的追求和表现，而常常带有更激烈的情感冲突和政治要求。不过，这并不妨碍赫尔德成为近代以来对文化民族主义论述最为周全的思想家。赫尔德生长在 18 世纪中叶东普鲁士一个贫穷的虔敬主义家庭，他的思想同时受到康德理性主义和日耳曼虔敬主义的影响。因此，在赫尔德的思想中，他确信宗教和哲学都不应该是智能或理性的问题，而是内在感觉对平民生活真切的体会和对来自民间的语言、文学、风俗的重要性的高度重视。赫尔德的文化观念和民族主义思想都是由此萌发的。

在伯林看来，赫尔德至少是三个观念的创始人，这些观念不仅在他那个时代具有突破性，对后世的影响仍源远流长。赫尔德的突出贡献在于他的三个主要观念都是对理性主义传统的背叛，与启蒙主义的核心价值观和信条形成对抗。首先，是赫尔德的表白主义（expressionism）的观点。赫尔德认为人的基本行为之一是表白，是有话要说，因为"人类的做派'首先是语言和声音'，是表达或交流的形式，它们包含着一种完整的人生观。"① 一个人无论做什么，都是自己个性的充分展现，如果他不能充分地表达自己，那是因为自我压制或自我摧残抑制了本性中的能量。从人的行为和语言出发，赫尔德发展出个人的表达就是个人对世界的认识和理解的观点。对作为整体的文化而言，赫尔德认为无论哪种文化都源自独特的世界观，这种世界观表现为艺术传统、文学、社会组织、民族、文化甚至是某个具体历史时期的个人，每种文化有自己独特的"引力中心"（Schwerpunkt），除非我们以"进入"的方式去思考和想象，像那种文化的成员一样去体验和经历，否则我们不可能理解这种文化的性格和价值，我们看到的民族、民族文化就是我们所看到的样子，其表现形式如语言、宗教、习俗、历史等都具有特殊性和唯一性，虽然在其中有着人类的共同特征，但将民族与民族区分开来的特征是最明显不过的。不过，无论这种差异有多大，有一点是清楚的，即是人创造了一切："世界是人创造的世界；我们德国人的世界是德国人创造的，这就是为什么我们德国人可以如此熟悉自己的世界。"② 世界对人而言，就是我们所看到的、所感知到的样子。由此，赫尔德发展出他的第二个重要观点：人具有归属的情感需要（notion of belonging），每个人都要寻找到一个可以归属的群体，也必然归属于某个群体。赫尔德提出，归属感是这样一种情感，它让人们感觉自己"属于一个既定的共同体，通过共同的语言、历史记忆、习惯、传统和感情这些摸不着又剪不断的纽带，同它的成员联系在一起，是一种和饮食、

① ［英］以赛亚·伯林：《反潮流：观念史论文集》，冯克利译，译林出版社2002年版，第26页。

② Berlin, I., *The Roots of Romanticism*. ed. Henry Hardy, with an introduction by Henry Hardy. London: Curtis Brown, 1999, p. 59.

安全、生儿育女一样自然的需要"。① 一个人若是从群体中脱离出来，就
会产生孤独感和深切的失落无根感。伯林认为，"很大程度上我们可以
说，是赫尔德发明了关于'根'的概念，以及关于人必须归属于某个群
体、某个派别、某场运动的一整套概念。"② 赫尔德使用了"民族"这个
概念，用以形容人对归属感的需要。他提出，语言和土地是民族的纽带，
隶属于统一民族的人，他们之间的共同点直接影响他们存在的方式和状
态，而这种关系在不同民族成员之间便不那么强烈。人类以民族的方式聚
合在一起，形成既有人类共性又个性显著的独特单位。例如，德国人的特
质，如生活方式，舞姿、笔迹、诗歌、音乐、思考方式以及细微的共同心
理，让他们被辨识为德国人，而且他们自己也能够意识到这种特征的存
在。由此，赫尔德发展出历史主义的观点，他认为，人属于他本来应该在
的地方，"他们只能根据成长环境中的象征物来创造，他们与自己成长的
那个某种程度上的'封闭'社会关系密切，并在此形成了一种独一无二
的、彼此会意即可的交流方式。"③ 如果一个人脱离了自己的民族，他的
创造力、他的能量会大大削弱。这样一来，在赫尔德的理论中，就产生了
最重要的一种观点：真正的理想之间经常互不相容，甚至无法调和，也就
是通常所说的价值多元主义。在赫尔德看来，文化的多元是人类社会的常
态，他赞美人类世界多种文化并存的状态，反对一切一种文明践踏另一种
文明的行为。他不仅谴责罗马人摧残土著文明，也批判教会强迫波罗的海
人民皈依教会，以及英国殖民者将自己的社会制度、宗教、教育形式强加
在殖民地人民身上，导致原有的差异化的本土文化受到粗暴破坏。他还反
对腓特烈大帝派遣法国管理者提高东部德意志经济水平的做法，因为这些
法国人常常自以为高贵和先进，视当地的普鲁士人为未开化的蛮夷。赫尔
德区分了不同时代不同民族的文明，以及同时代的不同民族的文明，他认
为，"不同的文化就像人类大花园里诸多和平共生的花朵，能够也应当共

---

① ［英］以赛亚·伯林：《反潮流：观念史论文集》，冯克利译，译林出版社2002年版，第
14 页。

② Berlin, I., *The Roots of Romanticism*. ed. Henry Hardy, with an introduction by Henry Hardy.
London：Curtis Brown, 1999, p. 59.

③ Ibid. , p. 62.

存共荣。"① 例如，古希腊、古罗马、犹太、印度、德意志的中世纪时期、斯堪的纳维亚、神圣罗马帝国、法国等都有各自不同的文化。即便异族的生活方式跟我们的差距甚大，即便他们有时憎恨我们且被我们谴责，我们都能理解不同地区和民族人们的生活方式。"当我们认为理解了那些与我们在文化上有很大差别的群体的时候，即意味着某种强大的富于同情心的理解、洞察和 Einfühlen（'共感'，赫尔德发明的一个词）的存在。"② 这种多元文化的思想，不仅对伯林的价值多元论有直接启示，还对伯林的自由民族主义思想有不可忽视的影响——根据赫尔德多元主义的民族文化观，我们可以看出，即便其他文化排斥我们，我们也能依靠移情的想象力和"共感"能力想象出为什么会产生这种排斥的思想和情感，并根据此来调整我们的行动以达到预定的目标。在赫尔德看来，每个民族、每个归属于民族群体的成员都应该为自己与生俱来的东西奋斗，为了自己的传统而奋斗。

　　对伯林的民族主义思想而言，赫尔德思想中还有一个非常重要的方面，就是赫尔德的文化民族主义思想。赫尔德提出的民族和民族精神概念成为伯林认定为真正的民族主义理论体系的开端。赫尔德对民族情感、民族归属感和独特民族文化的强调与赞美成为伯林认识民族主义的重要依据，也是伯林之所以如此重视民族归属感对个人作用的根源所在。在很多时候，伯林认为赫尔德的民族主义理论并不是完全民族主义，他更愿意称之为"民粹主义"。伯林曾说，"赫尔德是受着奥匈帝国、土耳其和俄罗斯帝国压迫的各民族的文化民族主义的最伟大倡导者，最后也成了奥地利、德国和其他各地的直接的政治民族主义的伟大倡导者。"③ 不过，他同时又认为"赫尔德并非一个民族主义者"④，在与拉明·贾汉贝格鲁的谈话中也说到，"不，他（赫尔德）是一个民主主义的、反帝国主义的民

① Berlin, I., *Against the Current: Essays in the History of Ideas*. ed. and with a bibliography by Henry Hardy, with an introduction by Roger Hausheer. London: Hogarth Press, 1979, p. 10.

② ［伊朗］拉明·贾汉贝格鲁：《伯林谈话录》，杨祯钦译，译林出版社 2002 年版，第 33、34 页。

③ Berlin, I., *Against the Current: Essays in the History of Ideas*. ed. and with a bibliography by Henry Hardy, with an introduction by Roger Hausheer. London: Hogarth Press, 1979, p. 10.

④ Ibid., p. 10.

粹主义者，是俄国和中欧民粹主义激进分子的先驱。"① 伯林认为，赫尔德的民族主义（民粹主义）思想同他的文化多元主义有着密不可分的联系。在赫尔德看来，任何文化都具有自身的独特价值，而不是走向另一种文化的工具，人类社会也不存在文化的进化过程；每一项人类的成就都只能以自身的标准进行判断。"只有当人们归属于一个以传统、语言、习俗、共同的历史记忆为基础的单一民族群体或文化时，才能形成充分自我实现的信念。"② "生命维系于始终浸淫在自己的语言、传统和当地感情之中；千篇一律就是死亡。"③ 赫尔德这种观点与伏尔泰、狄德罗、爱尔维修、霍尔巴赫、孔多塞等启蒙思想家相左，在启蒙思想家们看来，普遍文明是客观的存在，只不过一时由一个民族来代表，一时又被另一个民族代表而已。赫尔德则认为，历史并非单向度的线性发展进程，对所有人都同样具有吸引力，"人性不是接受一种绝对、独立、不变的幸福的容器……关于幸福的理想随环境和地区而改变——每个民族都各有其幸福的中心。"④ 因此，理性不可能成为各民族文化普遍的原则或标准，我们也不可能用一种文化的标准去衡量和判断另一种文化的高下优劣。多元的文化是不可通约的，比较是无意义的，重要的是一个民族文化本身是否"健全"，是否忠实于其民族本性。这种差异化的民族特性排除了世界主义的可能，肯定了人性的多元化和个性化因素。

赫尔德的民族主义思想通常被称为"文化民族主义"，主要包含四个方面的内容。第一，赫尔德提出决定民族精神的主要因素是自然条件。赫尔德认为，从世界范围来看，每个民族都有独特的文化特性，而决定文化特性的因素首先是自然条件；其次是民族间的交往情况。受到孟德斯鸠的影响，在赫尔德看来，"民族是人类种族最自然的分野，是不变的定律分

① ［伊朗］拉明・贾汉贝格鲁：《伯林谈话录》，杨祯钦译，译出版社 2002 年版，第 93 页。

② Berlin, I., *Against the Current: Essays in the History of Ideas.* ed. and with a bibliography by Henry Hardy, with an introduction by Roger Hausheer. London: Hogarth Press, 1979, p. 11.

③ ［英］以赛亚・伯林：《反潮流：观念史论文集》，冯克利译，译林出版社 2002 年版，第 14、15 页。

④ Herder, J., "Another educational philosophy of history of mankind", *Herder Complete Works.* Hildesheim: Georg Ooms Press, 1967, Vol. 5: 509.

配的结果；这些定律已经由自然与理智之神的好意培植在人类的心灵深处了。"① 赫尔德认为人类社会存在于自然界中，民族与生存其中的地理环境、自然条件具有长期稳定的联系，必然受到自然环境的影响，并培养出独特的民族个性，"人类并非孤立的个体，而是与自然界所有因素相关联的，他呼吸空气，并从地球上各种各样的物产中获取食物、饮料维生。他使用火，吸收光，污染着他呼吸的空气，睡着或醒来，静止或运动，他对自然的变化起着作用，又怎么可能不随着自然而变化呢？"② 他还说，"大海、山脉和河流不仅是陆地而且是人民、风俗、语言和帝国的自然界限，它们也一直规定着世界历史的界限或范围，甚至在人类最伟大的革命中也不例外。如果有高山隆起，河流涌出或者海岸转向，那么已经散居在这块已变动的地方的人类也将会有所不同。"③

　　第二，赫尔德认为，决定民族精神的另一个重要因素是民族间的交往状况，也就是常说的"外部因素"。如果一个民族在自然条件下生成，并长期独立生活在一个封闭的自然空间和文化圈当中，那么这个民族的特性就会愈加稳固、鲜明，也愈不容易被改变。"一个生活在原里海海岸和由于阻绝而无法与其他民族交往的封闭民族，一个知识仅来源于单一地域的民族，其民族特性可以形成较大的独特性，并长久保持下去。"④ 但这种民族的独立性与相对隔绝状态不可能长期存在，民族的存在总是伴随着与其他民族的交往和竞争。赫尔德举例说到，埃及和所有亚洲国家就是这种长期独立与相对隔绝的典型，如过去是现在依然未变的古代民族埃及人、中国人、阿拉伯人、印度人等等。民族在长期的历史发展进程中形成了独有的与世界交往的方式、风俗习惯，也即民族的传统。这传统既是民族独特性的体现，也是一个民族区别于另一个民族的标志，传统一旦形成便固化在民族和民族成员内部，又通过时间和民族自身成长的作用得到延续和加强。赫尔德通过对欧洲、亚洲、美洲、非洲及世界其他地区民族的研究

---

① ［美］海斯：《现代民族主义演进史》，帕米尔等译，华东师范大学出版社2011年版，第23页。

② Herder, J., *Herder Complete Works*, Hildesheim: Georg Ooms Press, 1967, Vol. 13: 399.

③ 海恩斯：《赫尔德对民族主义学说的贡献》，《美国历史评论》1927年第32卷第4期。

④ Ergang R. Reinhold, "Herder and Foundations of German Nationalism", *Octagon Books*, 1966, p. 92.

认为，民族因特殊的地理环境、气候差异而各具特殊的历史传统——特殊的语言、文学、教育、习俗、风尚等，并因此形成固有的"民间性格"或"民族精神"。并且，这些民族的个体成员以"民族性格"为特征，以至于即便这些民族成员分散、迁居各地，历经数代人，仍会保留着这种"民族性格""民族精神"。赫尔德说，正如矿泉水由其流过的土里获得它的组织元素、有效成分和气味一样，"民族性格"是由特殊的家庭情状、气候、生活方法、教育、劳动方式等而来的，祖先的习俗根深蒂固，成为民族的内在模型。

第三，赫尔德认为民族主义是类似生物有机体的构成。赫尔德认为，如果世界各地的民族都全部住在自己的祖居地上，地球就好比一个大花园，这里是一株民族植物，那里是另一株民族植物，各依其适宜的形式和天性自然生长。因此，在赫尔德看来，民族是人类自然习性的一部分，应该受到人们的珍重。赫尔德的这种将民族比喻为植物的方法，在后世被称为民族有机体论，也就是认为民族不是人为的创造，而是人类社会中自然而然生长出来的一种"有机体"。民族有机体论的观点贯穿于赫尔德的文化民族主义思想中。他在他的第一本著作《关于近代德意志文学的断想》中说到，每一个民族都要服从相同的自然法则，她们生成、发芽、开花，然后凋谢，每一个民族的生长如同一棵依靠繁盛枝干支撑的树，经历成长、成熟并对整个地球作出贡献之后，衰老并最终让位给其他民族有机体，当然，其他民族也要经历同样的生命周期。决定民族有机体的生命周期的神秘力量则是赫尔德反复强调的"民族精神"，他认为："有一种鲜活的力量——我不知道它从何时起源，也不知道它的本质，但它的确存在，它是一种鲜活的力量，这种力量使无序的同质事物成为有机的单元，我认为这是毫无疑问的。"[1]

在赫尔德的民族主义思想中，民族文化是民族有机体最突出的价值特征，尽管民族有机体的需求是多元的，但民族文化始终处于核心地位，是民族有机体、民族精神的产物。民族精神和民族有机体不是抽象的概念，而是反映在民族的语言、文字、宗教、艺术、习俗、科学、法律等具体文化形态的自我表现、自我认同之中。如民族语言并不是某个民族成员的个

---

[1]　Herder, J. , *Herder Complete Works*, Hildesheim：Georg Ooms Press, 1967, Vol. 3：269.

体发明，而是一个民族在长期的社会生活中约定俗成并表达出的民族意识和集体的生命体验；诗歌也不仅是作者灵光一现的产物，而是作者在民族精神的感召和激发之下的创作。作家、艺术家、诗人、先知都是民族精神的代言人，是民族中最敏感和最具感召力的人群，他们代表着民族和民族精神去创造，去引领整个民族——至此我们可以看出，伯林认为民族主义产生的条件"在一个民族中首先产生出部分具有民族意识的人"——与赫尔德关于民族主义的具体表现是吻合的。与此同时，赫尔德也认为，民族精神和民族文化也体现在下层民众之中，乡土文化是独立、独特的民族精神真正的源头。因此，赫尔德号召广大的德意志知识分子阶层回到民间去，从中发掘出德意志民族精神的真谛，寻找德意志最"纯正"的民族基因。

伯林非常反对赫尔德将民族主义比喻为生物有机体的比喻。在分析民族有机体论这一民族主义的典型特征时，伯林就提出："作这种个体和团体之间的类比可能导致危险的谬见，尤其是把社会比喻为生物有机体会把民族主义误解为非理性的、兽性般的东西，这是让人不可容忍的。"[1] 虽然民族和民族主义都有自身产生、发展和壮大的过程，且这一过程的确与生物有机体的生命过程相似，但这仅仅是一个比喻的说法。伯林认定："民族不是一个生物有机体，民族的特性是很不同的，它的肌体是语言的、历史的、心理的东西。"[2]

第四，赫尔德一生致力于以民族文化为基础的民族主义思想，反对民族主义的政治目的。在赫尔德的"文化民族主义"思想中，回避了民族主义的政治要求，因为他排斥任何因一个民族的需要而削弱或降低另一个民族的文化的做法。在文化多元主义的基础上，赫尔德认为各民族在文化上处于平等的地位，因此，他决不主张政治上的民族主义，因为政治上的民族主义必然导致进攻性和培植民族价值的超越性观念。他主张亚洲、非洲、美洲民族与欧洲民族具有同样的文化权利，他多次攻击基督教列强企图欧化中国和印度的行为，他认为这会抹杀东方民族最特殊、最神圣的东

---

[1] ［伊朗］拉明·贾汉贝格鲁：《伯林谈话录》，杨祯钦译，译林出版社 2002 年版，第 94 页。

[2] 同上。

西，抹杀多元化的人类价值。赫尔德终其一生厌憎强权人物对其他民族文明的践踏。例如，赫尔德就谴责亚历山大大帝、恺撒大帝和古罗马人的暴虐，因为他们依仗本民族的武力优势，入侵其他民族世代的祖居地，凌虐其他民族人民，蹂躏他们的民族文化。可见赫尔德的文化民族主义是和他的多元主义思想密切联系的，人性的多元、文化的多元最终构成了多元的民族和民族文化，而尊重和保护多元民族文化本身就是对人本身和人类社会的最大尊重。在赫尔德看来，一个民族不应当是一个国家，而是一个文化实体，"同一民族的人说共同的语言、生活在共同的地域，有着共同的习惯、共同的历史和共同的传统"。[①] 赫尔德倡导的文化民族主义"所要求的无非是文化自决"。[②] 他认为，假定一个民族比另一个民族优越的观点都是在说假话，所有民族文化都应该能够和平共处，都具有同等的、值得尊重和保护的价值。

在分析了赫尔德文化民族主义思想的四个方面之后，伯林提出，赫尔德的文化民族主义是一种"温和的民族主义"，是非进攻性的。文化民族主义强调民族归属感、各民族文化的平等地位和价值、追求民族文化的自决，这些特点表明文化民族主义完全不同于通常意义上我们所说的"民族主义"。不过，虽然伯林对赫尔德的文化民族主义思想赞赏有加，但他对民族主义的产生却有着不同的看法，他甚至提出赫尔德不是一个完全意义上的民族主义者，赫尔德的民族主义思想至多让他成为一个民粹主义者，因为在伯林看来，赫尔德的所谓"文化民族主义"思想反对一切形式的极权和侵略，彻底否定政治上的民族主义，这让他的民族主义思想不完全具有民族主义的基本特征。在这个意义上说，赫尔德的民族主义思想并不是完整的民族主义。

第二节　反弹的弯枝——进攻性民族主义

"反弹的弯枝"（the bent twig）是伯林在谈及民族主义产生的根源时

---

① ［伊朗］拉明·贾汉贝格鲁：《伯林谈话录》，杨祯钦译，译林出版社2002年版，第95页。

② 资中筠等：《万象译事》（卷一），辽宁教育出版社1998年版，第255页。

最常用的一个比喻，借以表明民族主义是民族情感受伤后、由民族耻辱感催生的报复心理和行动。从民族情感的受伤到民族精英的觉醒，再到民族主义进攻性的产生，伯林剖析了其理论根源和政治后果，描述了非进攻性的文化民族主义如何演变成为咄咄逼人的进攻性民族主义，由此提出了"两种民族主义概念"。伯林以德国、俄国和印度的民族主义运动为例，较为系统地论证了民族主义的"弯枝"效应。我们以德国民族主义为例来分析伯林所述的民族主义是如何演变的。

一　德国人的耻辱感

相较于欧洲其他一些民族，如英格兰、法兰西、西班牙等，德意志的民族意识产生得很晚，却有着惊人的发展速度：从 1815 年德意志联邦成立到形成民族主义最极端的形态——法西斯主义——只用了短短一个世纪。历史上的德意志从没有在军事、经济、政治上有过真正独霸一方的传统，也没有在艺术、文学和科学中有过一系列的辉煌成就。伯林甚至认为，德国人没有真正的文艺复兴运动："你在德国历史学家的著作里找不到有关德国文艺复兴运动的资料。"[①] 而启蒙运动开始以后，法国、英国、西班牙、意大利等国家新兴的科学、文化和艺术正风生水起，这些国家的民族意识也在迅速成长。在欧洲启蒙运动发展最迅速的 17、18 世纪，德意志文化却陷入了前所未有的低谷。如果说 16 世纪的德意志在艺术方面还小有成就，那么 17 世纪以来，德意志再没有发展出繁荣的民族文化，也没有傲人的经济成就和政治成功。由于历史原因，德意志没能像英国、法国等欧洲其他国家一样建立起一个中央集权的民族国家，直至 18 世纪，德意志仍然是一个由三百个王公和一千二百个领主统治着的松散国度，三十年战争[②]更使得整个国家分崩离析，德意志的文化血脉在战争中被割裂，德意志文化萎缩成一种地方性文化，一方面陷入了路德式的极端经院

---

① ［伊朗］拉明·贾汉贝格鲁：《伯林谈话录》，杨祯钦译，译林出版社 2002 年版，第 90 页。

② 三十年战争（1618—1648 年），源自神圣罗马帝国的内战，最后演变成全欧洲参与的一次大规模国际战争。战争以波希米亚人民反抗奥匈帝国哈布斯堡皇室统治开始，最后以哈布斯堡皇室战败并签订《西发里亚和约》结束。这场战争使德意志各邦国大约损失了百分之六十的人口，其中男性有将近一半死亡。

学究；另一方面引发了浓重的民族自卑情结。在 17、18 世纪这段漫长的时间里，德意志贵族并没有像英国、法国等国家的贵族一样真正形成统一的民族意识，进而将其与国家概念融合在一起影响整个国家民众的思想；相反，德意志的民族主义最早产生在有教养的市民阶层中。当时，德意志知识分子在经济上、社会地位上都属于中下阶层，他们在争取向上流动的过程中遭到了僵化的封建社会等级体系的阻碍，接受过良好教育的他们有很强的自尊，却很难在社会上获得相应的尊重和地位，这种被压抑的人性需要以及在向上流动过程中永恒的耻辱感和被排斥感给他们的心理留下了永久的创伤。这种创痛一直伴随着知识分子阶层的成长不断恶化，这在无意间为德意志民族主义的诞生打下了基础：德意志的知识分子阶层成为德意志民族主义诞生的一个必要条件——这些接受过良好教育、社会和历史意识较强，能够具有较清晰的民族观念和情感的那些最敏感的社会成员（民族成员）成为发现或提出民族主义运动的首倡者。

伯林在分析民族主义产生的关键因素——受伤的民族自尊和民族耻辱感的刺激时提出：针对民族耻辱感，受伤的弱势民族可能有两种反应：奋起直追和愤怒的孤立主义。这两种反应形式同时存在于德意志爱国知识分子的思想中。一方面，德意志的民族主义似乎是启蒙运动的伴生物。17、18 世纪，德意志的知识分子纷纷投入启蒙运动的怀抱，希望理性的价值能够驱散封建等级制度，赋予个人和民族以尊严和进步；德意志各邦都以"开明"为口号，致力促进人类的进步和繁荣，希望理性主义可以消除德意志与其他先进民族之间的鸿沟，找到德意志在欧洲乃至在世界民族之林中的地位，得到其他各优秀民族的承认。另一方面，爱国者们并没完全按照理性主义设想的那样，赞美和衷心热爱从英国和法国引进的自由平等的崇高理想，批判和抨击落后的德意志诸联邦。优秀民族的典范英格兰和法兰西的明显优势在德意志人心中留下了一种酸楚滋味，即便他们在启蒙思想的影响下不得不承认前者在政治、经济、文化各方面的先进性。特别是德意志的邻族法兰西，在历史上曾武力践踏了他们，现在又高居科技和艺术成就的巅峰，摆出一副高贵的自负和成功姿态，这一切都使德意志率先觉醒的知识分子和新贵族阶层感到伤痛和屈辱。德意志爱国的知识分子们将个人受伤的自尊和向上流动受挫的耻辱感投射到了德意志民族上，德意志帝国的垂死状态引发了最初的对西方强族的怨恨之情，他们呼唤一个统

一、强盛的德意志民族。德意志狂飙突进运动的代表人物、诗人克里斯蒂安·舒巴特（Christian Friedrich Schubart，1739—1791）在他主编的政治报刊《德意志纪事》中就表达了这种怨愤："连一句诅咒都不从海德堡的废墟向边界那边发出的人不是真正的德意志人。此外，我的同胞从莱茵河对岸没有拿来的还有什么呢？他们拿来了时尚、烹饪、白酒，甚至还有语言。"① 诗人弗里德里希·戈特利普·克洛普施托克（Friedrich Gottlieb Klopstock，1724—1803）则采取典型的愤怒的孤立主义方式，将眼光从启蒙运动时代移开，因为18世纪的德意志实在太过衰弱可耻了；他让人们把眼光转向德意志古代的光荣时代，那时候，朴实而年轻的德意志人在与腐朽的罗马帝国血战中获得了胜利。

在此历史背景下，虔敬主义这种独特的思潮开始在德意志蔓延。虔敬主义是德意志宗教改革的产物，属于路德宗的一支。在18世纪上半叶，虔敬主义得到了路德宗领袖的支持，并在18世纪下半叶成为德意志新教教会中颇具影响力的教宗。虔敬主义特别强调精神生活，蔑视一切理性的求知和仪式，强调个人灵魂与上帝的直接对话。虔敬主义者们把以受苦为核心的现存秩序理解得富有意义且可以接受，他们不去试图改变受压迫的处境，因为他们无力改变现状，因此将这种逆境解释为上帝的恩宠迹象，本来想要逃避的苦难成为了救赎的确证（certitudo aslutis），被迫的忍受成为自愿选择的结果，需要成为了德行。② "唯情论是虔敬主义的主要特征；它是感情宗教（Herzenreligion）"③，否认代表理性知识的教义和神学知识。虔敬主义甚至刻意偏向那些卑微的、未受教育者，认为他们更能够认同和理解上帝，为他们找到一条通向上帝崇高地位的途径和自信。对教义重要性的贬斥形成了虔敬主义多元化、个体化的宗教观念：重要的是信基督的态度，至于是否还信仰别的什么或者怎么去信就不那么重要了。由此，虔敬主义抛弃了传统的宗教信仰和具体方式，变成了一种神秘主义泛神论，情感上的虔诚和敏感、强烈的感情体验能力成为衡量宗教德行和伦理美德的标准，因此虔敬主义很快吸引了大量社会中下层市民和有教养的

---

① ［美］里亚·格林菲尔德，《民族主义：走向现代的五条道路》，王春华等译，上海三联书店2010年版，第381页。

② 同上书，第385页。

③ 同上书，第387页。

市民。这种宽泛的宗教信仰模式对各种基督教崇拜的形式都具有较大的宽容，普遍尊重不同基督徒族裔群体特有的崇拜形式，并催生了对本民族语言、方言的神秘主义观念——它们取代了拉丁文在宗教信仰中的传统媒介作用，每个族裔群体都是上帝之爱与智慧的独特体现，因此保护族群独特性成为虔诚信仰的必要手段。对个人而言，许多18世纪晚期的知识分子——那些最先产生德意志民族意识的人——都与虔敬主义有着或深或浅的联系，或者其父母是虔敬派教徒，或者其本人曾经在虔敬主义教育机构中求学，这一切使得虔敬主义的唯情论特征深深地影响着德意志的知识分子，使得后来德意志的民族主义烙上了虔敬主义唯情论的印记。虔敬主义之所以在18世纪启蒙运动风起云涌之际得以保全，也是由其特征所决定的。当时的启蒙运动主要攻击的对象是官方教会学说和传统宗教教义，而虔敬主义这种以非理性方式存在的宗教信仰并不是启蒙运动攻击或关注的目标，这使得虔敬主义能够在广泛的反宗教社会环境下为人们宗教情感的宣泄提供有效途径，并与当时理性主义的大潮并存。

在伯林看来，虔敬主义还有另一层意义，即一种深度的逃避和孤立主义。在德意志民族面临外来优秀民族压力的时候，德意志人最初以启蒙运动和法国模式为榜样，随后德意志人转向了自我，沉溺于内心世界，不去面对外来的羞辱和自身的虚弱，反过来以内心坚不可摧的强大对抗外在的压迫。"这是酸葡萄心理的宏大表述。如果你无法从这世上得到你渴望的东西，你就必须教会自己如何不想得到它。如果无法得到你想要的，你就必须教会自己只想那些你能得到的。"① 这是最为常见的精神内守，也是虔敬主义赖以存在的精神依据。面对来自法国的强大启蒙运动思潮和具有极强优越感的法国文化，珍视本民族特征和信仰的虔敬主义教徒说到，"让法国人有他们的绘画、音乐、建筑吧，让他们温文尔雅的教士在沙龙里跟贵妇人高谈阔论吧。所有这一切都是垃圾，毫无价值，无聊透顶。唯一真实的东西是精神，是人与上帝的关系，人与人的关系，别无其他了。内在的精神，个人的灵魂的底蕴，内心世界，这是唯一实在的东西，至于

---

① ［英］以赛亚·伯林：《浪漫主义的根源》，吕梁等译，译林出版社2011年版，第43页。

礼节、学问和教阶制度，统统不在话下。"① 借由反对传统基督教会的教义和律条，虔敬主义彰显了德意志民族的特殊性，表达出德意志民族不同于法国、英国等所谓先进文明国家的文化价值。他们认为，德意志长期成为高傲、成功又强大的法国蔑视的对象，被后者以假装高贵的谦和或者以庇护者自居的宽容态度对待，这对德意志是不公平的。

对德意志的知识分子而言，这种不公平的感觉尤为强烈。总体而言，对 17、18 世纪德意志文明有所建树的一流人物大多来自社会中下层，如康德、赫尔德、费希特、黑格尔、谢林、席勒等人都出身寒微，歌德虽然出生在资产阶级家庭，却很晚才得到应有的贵族头衔。而同一时期的法国，几乎所有的大思想家都来自贵族阶层：孟德斯鸠是男爵，孔多塞是侯爵，马布里是修道院长，布丰是伯爵，爱尔维修有一个担任贵妇医生的父亲且自己家财万贯，伏尔泰最不济也是一个小乡绅，只有狄德罗和卢梭真正出身平民。这些人的存在和思想羞辱和激怒了德意志人，他们愤恨不已，在他们看来，这些矫揉造作的法国人不了解人的内心生活，也不能追求人世的真谛，更激发不了作为人的丰富潜能。德意志思想家的屈辱感开始从自身向外扩展，把对自己卑微社会地位的不满和失望投射到德意志与法国的关系中来，他们体验并散播受伤的民族情感和屈辱感，让德意志和法兰西开始势不两立。当然，德意志民族主义也有赫尔德文化民族主义的因素，例如对民族归属感的强调、对本民族文化的推崇等，但与文化民族主义只强调文化自决的诉求不同，文化自决权已经不能满足德意志知识分子和民众的需要——对其他民族的愤怒与民族耻辱感推动着德意志民族主义走向了更极端的形态。

作为 18 世纪的德意志人，"对法国文化第一次真实而强烈的反感集中表现为路德教派之一的虔信主义。"② 伯林认为，正是在这个意义上，虔敬主义这种非理性的宗教信仰模式在民族意识尚未成形的德意志履行了后来民族主义的某些功能。虔敬主义直接对德意志民族主义的性格产生了影响，但这种影响并非直接的，换句话说，不是虔敬主义撒下的种子产生

① ［伊朗］拉明·贾汉贝格鲁：《伯林谈话录》，杨祯钦译，译林出版社 2002 年版，第 92 页。

② ［伊朗］拉明·贾汉贝格鲁：《伯林谈话录》，杨祯钦译，译林出版社 2002 年版，第 92 页。注：虔信主义即虔敬主义。

了民族主义，而是虔敬主义提供了民族主义生长的土壤。事实上，是另一个随后而来的思潮成为了德意志民族主义的直接推动者，那就是浪漫主义。

二　进攻性民族主义的精神模具

伯林提出，德意志民族主义有两个截然相反的理论源头：一是以虔敬主义、狂飙突进运动以及浪漫主义为代表的反理性主义潮流，以反对理性主义的方式来强调民族主义的历史地位和作用——反理性主义的理论思潮代表了当代民族主义中非理性的部分，以感性的情感、归属、寄托等表达民族情感和民族诉求；二是来自启蒙运动的理性主义思潮，以理性主义一元论思维来解读民族主义的诉求，充分体现了民族主义中对民族利益、民族荣誉追求的一元性和超越性。因此，在伯林看来，民族主义的源头既有非理性主义又有理性主义，二者殊途同归成为民族主义复杂特征的共同理论基石，也成为德意志民族主义的精神模具，这使得德意志的民族主义思想及其民族主义运动具有强烈的代表性，甚至在某一时期凸显出进攻性民族主义的最典型特征。

（一）浪漫主义

伯林对浪漫主义有深刻而全面的研究。他认为，作为近代西方规模最大的一场运动，浪漫主义改变了整个西方世界的生活和思想。与虔敬主义隐晦地通过反传统宗教来反对理性一元论的一律不同，浪漫主义更直接地反对理性主义一元论的统治。浪漫主义传统源于18世纪法国大革命中理性主义的变革。18世纪的欧洲大陆，理性主义逐步获得科学和社会领域中的绝对优势地位，人们信奉普遍理性不仅适用于自然科学，也可以用于人类生活乃至艺术、道德、政治和哲学等领域，整个大陆思想界呈现前所未有的一致。但是，随着法国大革命的深入和转向，法国大革命为之而战的普遍理性、秩序和公正原则受到质疑，唯一正确的理想社会和生活模式不再受到广泛欢迎；相反，独特的意识、深刻的情感内省和事物间差异性意识开始萌发，人们开始对个人的幸福生活、虔诚的信仰、纯洁的灵魂感兴趣，放弃了为某种值得牺牲一切、为之献身的理想奉献个人的所有的愿望。这种反潮流的思潮首先出现在信仰领域，为真理殉道的诉求与虔敬主义的价值观产生了共鸣，人们的精神状态和动机变得比追求某种理性的高尚结果更为重要，虔敬主义的土壤孕育出了浪漫主义的精神之花。反对理性主义一元论的禁锢，追求纯洁的情感，完整的内心和彻底的奉献逐步普及开来，成为越来越多人的价值取向，并从信仰领域扩散到思想、文学、艺术诸领域：在席勒、毕希纳等人的悲剧中，在巴尔扎克的小说里，乃至在贝多芬的音乐间，都体现出对普适性真理和普适性艺术正典的怀疑。在不同思想家、艺术家眼中浪漫主义的定义各不相同，而其共同点就在于对理性主义一元论的反叛和挑战。在伯林看来，要准确地定义浪漫主义是一种思潮，还是一场运动，又或是一种生活的态度和方式，或者说全部都是，很难得出一个恰如其分的结论来，只有通过历史方法考察其颠覆性因素及其重大影响。

伯林认为，浪漫主义的第一个重要特征就是反启蒙。平心而论，所有18 世纪的浪漫主义者都始于理性主义：从启蒙运动中来的思想家孟德斯鸠的民族理论、休谟等人的怀疑论思想率先对理性主义提出了质疑。18世纪 70 年代，德意志掀起了"狂飙突进运动"（Sturm und Drang），这场文化思想领域的运动既采纳了虔敬主义的思想内核，也利用了启蒙运动的巨大推动力，最终形成了德意志浪漫主义，其代表人物有哈曼、赫尔德、伦茨、席勒、费希特等人。从温和的浪漫主义者赫尔德倡导的文化多元主义，到更为激进的寻求精神优越感、激情和痛苦的浪漫派作家席勒；从费希特关于人是一种持续的行动的观点，到歌德小说《威廉·迈斯特》中对天才的、自由行使高贵的意志而成就自己的思想，浪漫主义体现了反启蒙、反理性主义特征，也经历了从温和的浪漫主义到极端浪漫主义的发展历程。在温和的浪漫主义时期，思想家们开始意识到语言、历史、神话传说、文学艺术、民族特质等因素对构建民族和民族国家的重要意义，他们将体现人性真正需求的自我表达的自由、对中央集权的反抗与民族深层次的渴望和需求、民族最典型的特征相对照，从而得出讴歌代表社会生命的"民族精神"的结论，如哈曼、赫尔德、费希特等人都曾经借歌颂德意志民族精神来表明反理性主义的诉求。浪漫主义的反理性主义可以分为两个层次：第一，浪漫主义反对理性主义一元论。以哈曼、赫尔德为代表的早期浪漫派思想家认为，过分的理性主义使人类自然情感受到阻滞，启蒙主义的樊笼使人类的精神窒息。尤其是赫尔德，在他的思想中，有三个观点对浪漫主义影响至深，"其一，我称之为表白主义（expressionism）的观点；其二，归属的观点（notion of belonging），意即归属于某一个群体；其三，真正的理想之间经常互不相容，甚至不能够调和。"① 赫尔德利用多元的民族和民族文化作为反对理性主义的强有力武器，以价值多元论对抗理性主义一元论，以多民族文化的价值对抗理性主义的终极价值。伯林甚至认为，浪漫主义的历史意义很大程度上在于它同长期支配西方思想的理性主义一元论之间深刻而彻底的决裂。第二，浪漫主义认为，人类价值不是被发现的，而是被创造的，像艺术品一样，价值是由人创造的，而在艺术品被构思和表达出来之前，去探究其身在何处是没有意义的。也就是说，启蒙运动中被预设的那些绝对价值，那些看上去理所当然的、不会改变的范畴和概念都是不可靠的。价值之所以对人重要，是因为它们在个人生活中的作用，而不是因为它代表了客观秩序。由此可以看出，理性主义指向的"真正自我"也是不存在的，所谓由"真正自我"的本性支配着的个人应有选择行为和应该追求的目的都是外在强加给个人的虚假观念。受到启蒙运动影响的德意志浪漫主义思想恰恰反抗的是理性主义塑造的价值真理和"真正自我"概念。德意志的浪漫主义者认为，信奉启蒙主义的法国人就像干瘪、苍白的猴子，不曾理解人真正的需求和精神；理想和目的是生成的而不是被发现的，理性主义给我们带来的唯一的、共同的人类理想和终极价值并不存在，我们能够做的就是自我创造、自我认识，这也是人类本性的需求。与虔敬主义的反理性宗教信仰作用相同，浪漫主义反理性主义的基本主张是人们对抗世俗生活中一切启蒙理性原则失败的防御机制。"通过否认理性的优势并提出与它同样正当的替代品，或完全否认理性的正当性，浪漫派减少了因实际或可能未展示的这种优势而带来的痛苦，而保护了其自尊，使之免受实际的或潜在的伤害。"② 寻求德意志人真正的本性，而不是效法那些与自己历史、记忆和文化毫不相干的异乡人（法国人）的生活方式，充分发挥个人的创造力，回归德意志独特的文化与信仰，而不是被湮没在世界主义的一律之中，这是温和的浪漫主义

① ［英］以赛亚·伯林：《浪漫主义的根源》，吕梁等译，译林出版社 2011 年版，第 62 页。

② ［美］里亚·格林菲尔德：《民族主义：走向现代的五条道路》，王春华等译，上海三联书店 2010 年版，第 385 页。

者想要表达的思想内核——"这就是民族主义的开端。"①

在社会哲学领域，浪漫主义提出了一种完全与理性主义背道而驰的观点，催生了极权主义思想，这是浪漫主义的第二个重要特征。浪漫主义对政治持有一种蔑视的态度，他们控诉"开明"社会对人的忽视，认为理性将个人与所属社群分离开来，造成了个人无依无靠的状态。为此，他们提出了一种理想中合乎自然的社群的意象——民族。民族这个以族群为基本构成的社群共同体将结束个人的孤立与受排斥状态，把任何成员都纳入其怀抱之中，因此，浪漫主义者常常将国家、民族与社会这些概念混为一谈，以德意志民族的名义来追求所谓真正的自然。19 世纪上半叶著名的浪漫主义政治哲学家亚当·米勒（Adam Müller，1779—1829）就认为，民族国家不是为了人们的利益而存在，它是一个有机体，一个"伦理整体"，只服务于自身的目的和利益。民族国家的日益辉煌"是所有人的成就，是绝对完成的事实，在那里，个人发现其基本人性得到体现，而在那里，其特殊存在仅仅是对其自身的普遍性的意识"。② 浪漫主义的政治观排斥了那些与理性主义相应的政治理念，如自由、平等和理想的政治生活等，他们对个人独立、不受胁迫和不受专横政府控制的自由不感兴趣，认为真正的自由来源于个人无条件地服从集体权威。当个人自由被浪漫主义者否定后，与之紧密联系的"平等"也就完全被拒斥在浪漫主义政治之外了。虔敬主义内心退守的法则被运用到政治生活中：浪漫主义声称，要自由，人就得放弃所有独立；要幸福，就要甘心坚守在自然赋予的位置而不去改变它。在德意志民族中，自有天才的"艺术家"受到上天的指派来带领整个民族实现崛起的理想，在他们的身上，人性的光辉必然得到最充分的体现。这种彻底反理性主义的政治观念，超出了前期浪漫主义者温和的反理性主义思维，彻底与理性主义决裂开来。

至此，从虔敬主义到温和的浪漫主义，再到彻底的浪漫主义，德意志民族主义的精神模具已经发展完善：其一，彻底的浪漫主义否定了法国启蒙运动的理性主义思想，构筑了民族精神应对普遍主义的反理性规范，强

---

① ［英］以赛亚·伯林：《扭曲的人性之材》，岳秀坤译，译林出版社 2009 年版，第 247 页。

② ［美］里亚·格林菲尔德：《民族主义：走向现代的五条道路》，王春华等译，上海三联书店 2010 年版，第 433 页。

调德意志民族独特的价值和意义；其二，作为民族主义思想中坚力量的德意志知识分子阶层迫切摆脱当时的困境、展示自身的非凡能力，他们一方面接受了启蒙运动关于个人自由、平等的理念；另一方面又认为自己有能力引领整个民族和国家找到一条振兴之路，由此，对法国的怨恨之情开始演化为民族崛起的强烈愿望；其三，与此同时，因受到法兰西、英格兰等先进民族歧视或蔑视而产生的民族耻辱感也在德意志各邦国民众中逐渐凸显出来。19世纪初普鲁士与拿破仑的战争中的失败彻底刺伤了德意志各邦的民族情感，德意志的民族意识和民族精神迎来了百年发展史上突如其来的高潮。根据伯林对民族主义产生条件的分析来看，此时的德意志已经集齐了民族主义产生的必备条件：（1）一群率先觉醒的、具有清晰民族形象的"受过较好的教育、社会和历史意识较强的人"①——德意志有较为成熟的、受到启蒙主义思想影响的知识分子（他们中很多人是启蒙主义者、虔敬主义者或浪漫主义者）。（2）"这个社会内部必须……寻找着一个忠诚或自我认同的对象，而早先的凝聚力——部族的、宗教的、封建的、王朝的或军事的——已不再能够提供这种基础"②——普鲁士帝国的瓦解，让整个德意志各邦国陷入前所未有的危机；虔敬主义改变了传统的宗教信仰模式，民族和民族精神成为知识分子和普通民众唯一可以仰赖的新的凝聚力。（3）"一个社会或至少是其精神领袖的集体情感受到伤害。"③——德意志长期落后于周边的欧洲国家，且普鲁士的战败带来了强烈了民族耻辱感，这都使德意志民族自尊受到严重伤害。1809年，普鲁士在对法战争中的失败、帝国的瓦解无异于一记重磅炸弹，不仅刺激了代表旧秩序的贵族和官僚阶层，也深刻震撼了代表中下阶层的知识分子。后者把维护德意志的权益当作自己的事业，这种民族认同感让他们分担了本属于贵族和官僚的耻辱。民族的耻辱是比个人遭受的被忽视或凄惨的贫困状态带来的耻辱更高贵的理由，民族的悲惨境遇掩盖了个人独自承受的悲惨命运，由此，雪洗民族耻辱的斗争代替了为改变个人境遇所做的努力，知识分子阶层开始光明正大地捍卫民族自豪感和民族自尊。可以说，

---

①　［英］以赛亚·伯林：《反潮流：观念史论文集》，冯克利译，译林出版社2002年版，第413页。

②　同上。

③　同上。

民族主义让此时的德意志知识分子如获至宝，它的出现给虔敬主义和浪漫主义增添了方向和行动的目标：虔敬主义倡导的对现世生活的隐忍与精神的退守，浪漫主义对多元价值和自由精神的追求都有了现实的出口。知识分子们纷纷投身到为德意志民族和民族主义作论证的工作中来。弗里德里希·施莱格尔，恩斯特·阿恩特等人在造访了法兰西后感受到民族的巨大魔力，随即成为了民族主义者。19 世纪初的 20 年，表现民族认同主题的民歌集和民间故事集大量出现，著名的格林兄弟故事集就是在这一时期诞生的。爱国主义与民族荣誉、民族独立的渴望紧密联系在一起，爱国主义和民族精神成为知识分子们最为激赏的情绪，曾资助了《德意志史籍》①这部巨大资料集的卡尔·冯·施泰因（Karl Reichsfreiherr vom und zum Stein，1757—1831）就写道，"它就是德意志……我真心向它，而非向其他任何部分，奉献我的忠诚……我渴望德意志能变大变强，以使其恢复其独立与民族性。"②

（二）康德——一个鲜为人知的民族主义源头

正如伯林所说，浪漫主义是近代人类思想史上一次影响深远的运动，它不仅影响了非理性主义者，成为非理性主义者反启蒙、反对理性主义的思想工具，还影响了坚定的理性主义思想家。这种影响不是把他们导向非理性主义，而是改变了他们的意志观和人性观。通常而言，我们认为德意志民族主义是浪漫主义结出的果实，因为民族主义确实承袭了浪漫主义中的非理性主义，强调精神和意志的巨大作用，推崇以自然的人性和创造本能来创造人类社会。但假如我们把德意志民族主义及其最终结果全部归咎于浪漫主义的非理性主义态度，那么难免会让人产生一种错觉，即只要严格遵照理性主义的引导，我们就可以避免民族主义带来的灾难。然而，伯林出人意料地提出理性主义的代表人物康德的思想是民族主义的另一个重要源头。这种观点在民族主义研究史上具有超常的特殊性，看起来与其他自由主义者对理性主义与民族主义关系的理解大不一样，却又和伯林的自由多元主义思想相一致。

---

① 《德意志史籍》由卡尔·冯·施泰因资助编撰，耗时一百多年，直至 1925 年才完成，计120 卷。

② ［美］里亚·格林菲尔德：《民族主义：走向现代的五条道路》，王春华等译，上海三联书店 2010 年版，第 385 页。

伯林对康德的理性主义思想的分析可谓另辟蹊径。康德是世所公认的理性主义代表人物，在他的思想中，憎恶一切非理性的、感情用事的认识世界的方式，相信理性和科学的力量会超越地域和民族的界限，让人们获得普遍的自由。可以说，康德不啻为一名坚定的理性世界主义者，他的思想与反启蒙的、神秘主义的浪漫主义看起来有无法跨越的对立。但伯林却将他归为温和的浪漫主义者（拘谨的浪漫主义者）一派，认为康德的理性主义与浪漫主义的民族主义的兴起具有内在联系。伯林说到，也许康德自己都不会承认这种不体面的联系，但思想的制造者往往无法预料到思想产生后的发展方向及后果，康德的理性主义确实是德意志浪漫主义的民族主义的另一个根源。

众所周知，康德的道德哲学中最核心的理念就是人的能动性。在康德看来，人与宇宙间其他一切事物最根本的区别就在于其自我管理、自治的能动性。自治即意味着人为自己立法，拥有不受其他个人无法控制的东西所强制、所决定的自由。他治则恰好相反：要求人必须服从一个外在之物的法律——物质世界的因果律、上帝的声音等。康德认为，人之所以为人，是因为人能够选择，也即人有自由意志。伯林这样概述康德的核心思想："价值是由人类自己创造出来的实体。如果人们的行动取决于外在于他们或某种他们无法控制的东西，或者换句话说，如果他们的行为不是缘起于自身内部而是自身之外的事物，那么我们就有理由认为他们是不负责的。如果他们不能为自己负责，那么他们也就不是完全意义上有道德的人。但是，如果我们不是有道德的人，那么我们关于对与错、自由与非自由、责任与享乐的区分不过是错觉而已。"[1] 不难看出，伯林对康德思想的解读带有强烈的自由主义色彩，采用了他批判决定论时最常用的推理过程。不管怎样，康德的自由意志思想的确将人独立于自然之外：主动而非被动地行为，主动而非被动地选择，这些在康德看来是天赋人权，任何人、即便是上帝都不能剥夺这种力量；而剥夺一个人的选择权和自治权是对人能够做出的可以想象出的最大伤害，因为人的尊严和自由就来自选择和自治的权利。由此，康德思想改变了现代主义对待自然和自然秩序的整个态度。西方传统思想的核心，也即理性主义思想的核心观念是：存在一

---

① ［英］以赛亚·伯林：《浪漫主义的根源》，吕梁等译，译林出版社 2011 年版，第 75 页。

个世界结构，在其中人占有某个由上帝或自然给定的位置，不可更改。只有当人迷失了理性或其他原因走错方向的时候才会否认这种位置的存在。人与宇宙万物一样，都置身于宇宙这个巨大时空中，人只是其中的一个等级、一个环节、一个元素。只有认识到宇宙结构的唯一真理，人才能在宇宙中理解上帝或自然，并被赋予永远幸福与和谐的生活。但是，康德认为，如果真是这样，人就不过是一只转动烤肉叉的"转叉狗"而已——他行动，却不受自己意志的支配，也无法为自己的行为负责。为此，康德提出"人是目的本身""人为自己立法"等概念，完全翻转了传统理性主义的思维模式，颠覆了人在宇宙中的从属地位——因为如果存在某种外在于人的价值能决定人的行为，判断其对错，那么人就会处于被奴役的状态，即便这种奴役的目的是极其崇高的，但奴役就是奴役。在康德那里，自然不再是主宰，而是一种中性的事物，人类自由地选择自己的生活，把自然塑造成自己的目的。康德对自由意志有至高无上的肯定。但是，康德到底还是启蒙运动的信徒，因为在他的思想中始终相信，所有人，只要他们心灵纯洁，一旦自问如何才是正确的行为时，在相似的情境中都会得出一致的答案，因为人的普遍理性会使人们得出完全相同的答案。这样一来，康德的思想最终似乎回归到了完全的理性主义中来。

但是伯林认为，康德的思想不仅受到启蒙运动的影响，还有一个独特的来源，即他的虔敬派家庭背景和特定的社会环境，这让康德始终强调独立性、内心导向和自我决定。从现实层面看，康德生活时代的德意志处于弱势的国际关系中，且许多国内王公对民众的生活也不甚关心，德意志人的生活越来越糟，这一切让虔敬主义者从现实生活的失败退守到内心精神中，他们认为，敌人要我们的财产，我就说服自己不想要财产，暴君要夺走我的家园、亲人和个人自由，我就学会没有它们也能生活下去。但是，"德国人保持着未被侵犯的自由的、自治的人类精神，一种寻求自己的实现道路、不会因为物质利益而出卖自己的精神。"① 当然，康德不过是提出了自由意志的绝对地位不可动摇，从他的开明理性主义到浪漫主义的民族主义还需要两个步骤：

第一个步骤是价值的自我选择。由于人是自己的目的，为自己立法，

---

① ［英］以赛亚·伯林：《现实感》，潘荣荣等译，译林出版社 2011 年版，第 279 页。

那么当我按照某些价值的指引行动和生活的时候，不是因为这些价值是外在某种力量迫使我这样去做的，也不是因为这种价值是由那些理性充分发展的人发现且具有普遍适用性的，而是因为它们是我自己的，从我独特的本质而来，从属于我自己的宇宙观。在这个意义上说，是我自己创造出了事物的价值和意义，事物因我的选择和行为而被赋予了某种特质，这是我自由选择的结果。就好像康德的门徒费希特的比喻那样："我不因为食物放在我面前而感到饥饿，而是因为我饥饿才使它成为食物。"① 从外在赋予的价值到自我创造价值，自我选择的能动作用在其中起到关键作用，价值从一般的变为了特殊的，是我自由地选择了它们，它们成为价值的原因是"自我"。在这一步骤中，我们已经发现了伯林列举的民族主义的一个重要特征：我之所以坚持民族的价值，没有其他原因，只因它是"我的"民族的价值。通过自我选择从个体行为转变成集体行为，民族主义和民族价值成为德意志人价值自我选择的最佳代言人。

　　康德思想的民族主义转向的第二个步骤是关于选择者自我的概念。在康德那里，选择者就是个人，即便作为道德主体的个人已经被赋予了道德意志超时空的先验地位，它还是个人的。但是，在费希特、赫尔德等后继者那里，自我的概念发生了变化。赫尔德率先认为，自我由其所属群体塑造而成，个人出生后所处群体的传统、习俗、语言、共同情感历史等影响个人的价值选择和行为取向。个体与他人存在微妙的联系，而社会环境使得特定个人的选择必定符合一个时代、一个社会、一个传统、一种文化的特性，从而与其他时代、社会、传统和文化相区别。在费希特那里，个人进一步被视为永恒的、先验的活动，经常等同于精神世界、绝对的神圣原则等，个人不再是单个的个体，而是集体、是民族。"自我的观念被扩充为一个准形而上学的超人格"②，一个伟大的集体整体，个人自由选择、放弃或改变的权利都被民族这个集体所吸收和掌握了。个人应该乐于为整体牺牲自己和他人，因为所有个体都只不过是民族、国家等集体中的一个元

---

　　① ［德］费希特：《约翰·戈特利普·费希特作品全集》（第七卷），I. H. 费希特编．柏林，1845—1846，第256页。

　　② ［英］以赛亚·伯林：《现实感》，潘荣荣等译，译林出版社2011年版，第285页。

素，一个碎片，其全部意义都是从整体中获得的，集体会把个人提高到一个靠经验自我永远无法达到的高度。在政治领域，康德的先验自我概念从个人演变成了命运的联合体——民族，民族永恒的、特殊的需要代替了康德推崇的先验的自我，民族被视作至高无上的善，是社会生活真正的源泉和完美体现，其所有从属者——个人、家庭、部族、群体、集团等都必须忠诚于民族的需要。在伯林看来，民族主义这种狂热的病态情感导致了"个人道德自治的观念向民族道德自治观念的转变，导致了个人意志转入个人必须服从的民族意志，个人必须让自己认同于民族意志，他们必须是她积极的、毫无疑问的、热情的代理者。自由自我的学说——康德试图用她来克服在他看来接受一个机械的、非人格的、被决定的、在其中选择显得虚幻不实的宇宙所带来的对道德自由的危险——被放大了，而且实际上被转变成了这样一种学说……其核心是这样一个观点：把民族或民族国家的利益与目的当作一个创造性的、自我发展的艺术作品。"① 从价值的普遍性到特殊性，从先验个人到民族集体的自我观念，通过以上两个步骤的转化，康德根植于启蒙运动的开明理性主义思想结出了最糟糕的浪漫民族主义的恶果——民族有机体论、沙文主义、民族排外情绪、神秘主义等。

　　至此，浪漫主义不再是民族主义唯一的来源，非理性主义也不是民族主义中唯一的情绪体验。伯林坚称，康德的开明理性主义与浪漫主义鲜为人知的共通之处就是它们都源于创造一种适应战败后德意志民族的哲学理论的需要，用以弥合其遭遇不幸后受伤的心灵。这两种思想都宣称："政治上的无能意味着精神的自由：物质的败北即是道德的胜利。鉴于我无法控制行为的结果，因此唯有控制我的动机、目的以及心灵的纯洁——唯有这些才是真实的。"② 伯林认为，这种自我孤立主义，以回复自己本初状态为自由的思想以及对真实自我的追求正是浪漫主义和康德共同的思想核心，它不仅对个人产生了强烈的影响，还对整个德意志民族主义思想产生了影响。

---

① ［英］以赛亚·伯林：《现实感》，潘荣荣等译，译林出版社 2011 年版，第 287 页。

② Berlin. I., *The Sense of Reality*. London：Chatto and Windus, 1996, p. 242.

三 精神模具的现实化——德意志民族主义的最初表现和最终结果

德意志的民族主义从一开始就与其反法事业紧密联系在一起，旧的帝国连同其秩序一起在战争中被摧毁，其利益受到直接冲击的权势集团不得不接受处于社会中下层的知识分子关于民族主义的宣传，知识分子阶层关于民族意识、民族精神和民族自尊的观念通过小说、诗歌、报刊等途径广泛传播，并得到了统治阶层和邦国政府的有力支持，浪漫主义的世界观迅速成为德意志民族主义的意识形态，缔造了德意志的民族认同。毫无疑问，德意志的民族主义是浪漫主义的民族主义。浪漫主义对德意志民族主义的性格影响至深，而民族主义反过来也使德意志的浪漫主义最终冲破了个人生活和纯粹精神的领域，转而寻求神圣光荣的目的——为民族（国家）而战。而康德思想中价值的自我创造理论，以及后来赫尔德、费希特等人将康德的先验自我演化成为民族这个集体概念的做法，又使德意志民族主义获得了一种最重要的特征：整体主义，为其对内的极权统治和对外的侵略奠定了理论基础。

前文中我们已经分析过，伯林曾提出了弱势民族及其成员在面对外来优势文化压迫时可能的两种反应（参见第三章第二节）：一是愤怒的孤立主义，受到压迫的民族否认那些被公认的对手具有的品质，转而肯定和赞美本民族独有的特质。二是意识到本民族落后的现状，急于获得其他民族的承认，为了迅速达成这一目的，就难免以战争来实现对其他民族的征服，一方面显示本民族的优秀，壮大民族实力；另一方面也可以削弱和打击其他民族。伯林认为，这两种反应都可能产生侵略性的后果，而德意志的民族主义恰好同时具备这两种反应，其危害也完全验证了伯林的推断。早在 19 世纪 30 年代初，德国诗人海涅（Heinrich Heine，1797—1856）向法国人发出了民族主义的警告：他们的德国邻居总有一天会被一种可怕的情绪点燃，"这情绪是专制主义的形而上学，对历史的记忆和怨恨，狂热，野蛮的力量与愤怒的混合物，将通通加诸在法国人身上，将摧毁西方文明的所有象征，'无情的康德派……带着斧头和利剑，要把我们欧洲人的生活从大地上连根拔起，切断我们与过去的联系……全副武装的费希特派也将会出现。'……当这些陷入形而上狂热的野蛮人开始行动的时候，就该提醒法国人警惕了：与之相比，法国大革命看起来会像田园牧歌一样。"① 不久后的 20 世纪，海涅的预言不幸变成了现实，或者说，德国民族主义的恐怖行为远远超出了海涅的描述，不仅让法国人备尝了德意志民族主义这一反弹弯枝（the flashback of bent twig）的无情报复，甚至使整个世界都遭到了前所未有的摧残。

（一）民族有机体论的极端形式——整体主义

伯林认为，费希特（Johann Gottlieb Fichte, 1762—1814）的思想发展历程在文化民族主义向进攻性民族主义的转变过程中尤为具有代表性。在普鲁士战败之前，和许多浪漫主义者一样，费希特并不是一个民族主义者；相反，受到启蒙运动的影响，他曾是一个坚定的世界主义者。直至 1799 年，他甚至都还希望法国能够战胜德意志，因为这样一来，那些跟他一样拥有自由思想和独立意志的德意志人才能像法国人一样获得安全感和自由表达的权利。直到 1805 年，拿破仑战败普鲁士的前一年，费希特对民族主义还没有任何兴趣。然而，1806 年法兰西与普鲁士的战争彻底改变了费希特，他渴望成为普鲁士的士兵，为自己的民族奋力搏杀。费希特虽然没有成为持剑的士兵，却希望自己的思想如剑一般刺向敌人法兰西。在浪漫主义和民族主义双重思潮的影响下，费希特将康德的自由意志理论扩展到政治领域，把自我不再等同于个人，而是与超个人的实体（如一个族群、一个国家、一个教会或一个阶级）结合起来，这些超个人实体的意志成为了比个人更巨大、显赫和持久的人格要素。在德意志民族危亡之际，费希特自然而然地将个人意志和自我创造的需要投射到民族这一超个人实体之上。在 1808 年的一次公开演讲中，费希特明确表达了对独立、强大的德意志民族精神的强烈呼唤，这次演讲的内容被辑成著名的《致德意志民族的演讲》（*Address to the German Nation*），被奉为"民族主义的圣经"。人们认为，虔敬主义经过百余年的传播和发展，圣经的福音已经不再纯粹了，费希特关于德意志民族精神的阐释恰好弥补了这个缺憾，共同的民族情感、共同的德意志祖国观念深深抓住了每一个德意志人。演讲中最精彩的部分莫过于费希特对民族精神的阐释：

---

① Berlin, I., *The Crooked Timber of Humanity: Chapters in the History of Ideas.* ed. Henry Hardy. London: John Murray, 1990, pp. 241 – 242.

"你们要么相信人的本质，即我们种族的自由、完美和无限发展，要么不相信这些，你们甚至会有一些与此相反的情感和直觉。所有对生活怀有创造性冲动的人，或感到自身才能遭到压制的人，都在等待这样一个时刻。到那时，他们卷入汹涌纯真的生活巨流之中，也许对这种自由的到来，他们的预感有些混乱，面对自由，他们不仇恨、不恐惧，只有爱。这正是人性的本质特征。这些人是真正的人，是构成本质的人，是本真的人——我指的就是德意志人民。而那些沦为和甘作附庸和次品的人，他们最终会为此付出信仰的代价。他们只是附着于生活。……他们被排除在真正的人之外，他们是陌生人，他们是局外人。时至今日，担当'德意志'之名的民族一直在各种领域里显示出他们的创造力和创新能力。"①

从演讲的文本内容来看，费希特并没有鼓吹沙文主义的德意志民族和民族主义，他只是将德意志人的品格与"真正的人"联系起来，以是否具有真正的人的特质来区分是否属于德意志民族。他所谓的德意志人不仅限于德意志帝国的族群成员，而是囊括了"那些相信精神生活自由的人，那些相信通过自由手段获得精神的永恒进步的人，无论他们来自何方，无论他们说何种语言，他们与我们同属一个民族，构成我们人民的一部分，或者说他们迟早会加入我们的"。② 这个"德意志人"的范畴包括了法国人、英国人、北欧民族甚至一部分地中海民族在内。显然，这种区分不是现代意义上的民族区分标准，而是浪漫主义对是否在思想上具有创造性、具有自我意识和自然人格的人的本质性区分。按照费希特最初的民族理论，德意志民族精神是上帝赋予个人与民族结合的纽带，"它以最亲密的方式，首先将自己的民族与自己联结在一起，然后通过其他民族将整个人类与自己联结在一起，并且将其所有需要带入他扩大了的同情中，直到时

①　［德］费希特：《约翰·戈特利普·费希特作品全集》（第七卷），I. H. 费希特编. 柏林，1845—1846，第374、375 页。

②　［英］以赛亚·伯林：《浪漫主义的根源》，吕梁等译，译林出版社 2011 年版，第99 页。

间的尽头。"① 不过，费希特温和浪漫主义气质的民族主义并没有持续太久，在普鲁士战败这个特定历史背景之下，德意志的民族主义形成了独有的气质。深刻的民族耻辱感成为一个决定性因素，让德意志民族主义从以赫尔德为代表的、承认民族多元性以及各民族权利、文化平等的温和民族主义，向极权主义的、极端一元论的进攻性民族主义转化。

一直以来，德意志的民族观与浪漫主义的国家概念经常被混为一谈，德意志的民族精神由此具有了浪漫主义的理想，她被视为一个真正的超个人实体，一个代表所有民族成员利益的整体，个人只有在民族中才能成为健全的人，才具有生存的价值，个人理当为民族而活。正如弗里德里希·施莱格尔所说："民族概念要求其所有成员必须结合得如同一个人。"② 转变以后的费希特反对按照设定的世界和人性来认识生活和感受自我，他坚信科学所描述的世界不过是人为的构建结果。自由不羁的意志、否认世上事物的本性、并试图破除一切事物固有的结构的意图，成为了以费希特为代表的浪漫主义者的基本理念。创造的冲动消解了理性主义思想中主体与客体、认识者与认识对象之间的某种裂痕，世界只有主体，没有客体。人们所追求的就是永恒的冲动和创造，人类内在就是不可言说的精神，这才是生活的真正要义。当这个观念被植入政治生活之后，就成为了政治生活有机论、民族有机体论的核心。彻底反理性主义的浪漫主义政治思想认为，"理性主义会导向无神论、个人主义以及无政府主义，社会结构之所以能够聚合在一起，正是因为人们认识到了他们的天然的领导者，因为他们感受到了天然的权威，所以他们愿意服从。"③ 彻底浪漫主义者的集体主义和反个人主义排除了政治生活中议会制政府的可能，德意志的爱国者们认为，科学、理性只能再造一个死气沉沉的德意志，复制英国那一套社会契约、自由主义的国家制度模式只能使德意志停滞不前，民族和国家"不只是一个工厂、农场、

① ［德］费希特：《约翰·戈特利普·费希特作品全集》（第七卷），I. H. 费希特编. 柏林，1845—1846，第 373 页。

② ［美］里亚·格林菲尔德：《民族主义：走向现代的五条道路》，王春华等译，上海三联书店 2010 年版，第 452 页。

③ ［英］以赛亚·伯林：《扭曲的人性之材》，岳秀坤译，译林出版社 2009 年版，第 136页。

保险公司或商业社会；它是把一个民族的全部的物质和精神需要、全部的物质和精神财富、全部内在和外在生命紧紧捆绑在一起，维系成一个能量惊人、极度活跃、生机无限的整体"。① 尽管是出于完全相悖的理由，他们像启蒙主义者和其他 18 世纪德意志知识分子一样更倾向支持权威主义。在彻底浪漫主义者眼中，大众自由、平等、民主等概念立足于那些无根的抽象，既没有经验的证明，也未曾得到神的启示；一切权力都来自上帝，权力能够无孔不入地填补社会的真空，合法的权威才能带领民族和国家建立合理的秩序。人类声称能够通过理性来了解上帝的意愿和手段不过是荒谬可笑的闹剧，必然会遭遇惨败与毁灭，上帝的声音只能通过民族的或教会的古老智慧传递出来。与温和的浪漫主义者截然不同，以费希特为代表的极端浪漫主义者并未指出民族精神的美好品性及其对个人的重要作用，而是强调其超自然的、要求集体顺从的制度力量，强调它们的持久性和权威性，被统治者的盲从和统治者的自我牺牲才能拯救人类社会免于毁灭。

　　从康德思想中演变过来的费希特民族主义理论，已经完全抛弃了早期世界主义的理想。集体性的自我被赋予了最高层次的意义，所有民族成员的生活方式、意义和目的都由其决定；是民族创造了价值和让价值得以体现的制度，"（民族）是永恒的、无限的精神的具体化，是无须诉诸其他东西的权威。"② 德意志民族主义以民族统一性取代了传统社会的等级制度，象征性地提高了普通民众的社会地位，人民大众、特别是农民的地位得到前所未有的推崇；但是，普通民众只是一种认知构建的符号，并不是指向每一个活生生的个人。个人已经被完全湮灭在民族这一集体之中，个人必须放弃自己所有的特殊利益，绝对服从于集体的自我，并为之奉献一切乃至生命。由此，浪漫主义的民族（民族国家）的整体目的取代了理性主义的个人自由、平等和其他政治理想，民族主义整体主义的观点已经形成。至于自由、平等这些理性主义的口号的意义也完全服从于民族主义的需要被加以调整，只有服从民族利益的行为和个人才能获得真正的自由

---

　　① ［英］以赛亚·伯林：《浪漫主义的根源》，吕梁等译，译林出版社 2011 年版，第 125 页。

　　② Berlin, I., *The Sense of Reality*: *Studies in Ideas and their History*. ed. Henry Hardy, with an introduction by Patrick Gardiner. London: Chatto and Windus, 1996, p. 243.

与平等，民族的自由才是真正的个人自由。对民族而言，外来的干涉和侵略是威胁民族自由的头号敌人，对民族的个性造成了严重威胁，当然是不可容忍的罪行。法国对普鲁士的入侵和凌辱，被视为对德意志民族自由的最粗暴行径，不仅激起了强烈的民族耻辱感，还激发了前所未有的民族归属感和整体主义情绪。

（二）民族价值优越性与超越性观点形成

按照赫尔德温和的民族主义观点来看，各民族间应是平等的关系，德意志民族不过是世界众多民族之一，仅是民族花园中的一朵花而已。虔敬主义也好，浪漫主义也罢，这些德意志民族主义的基础理论最初都提出一种上帝之下所有个体平等的假定，借以否定封建等级制度和来自法兰西、英格兰等更发达民族的歧视。如果德意志民族主义继续按照这个思路前进的话，即便它已经形成了整体主义的特征，强调民族整体性和有机体作用，也不会生发出民族主义的另外两个特征——强烈民族价值优越感和民族目标超越性的观点。然而，虔敬主义和浪漫主义在后期抛弃了这种平等主义的主张，其神秘主义的倾向使得它们更愿意选择相信上帝会选择某一种或一个个体作为真正的选项，而将其他的选项拒斥为不真实的或不完整的。理性最初还被浪漫主义者视作自然的一部分，或者是上帝彰显自身的一种方式，后来则被视作反常之物加以斥责，非理性的情感成为浪漫主义者唯一认可的与上帝联系的方式。显然，这不是必然的结论，那么，是什么力量使浪漫主义放弃了最初的多元主义观点，转向了一元论呢？事实上，正是强烈的民族耻辱感扭曲了这个推论：相较于浪漫主义，民族主义则更明确地表达了这种一元论思想。

德意志民族主义者显然无法接受德意志民族只是世界众多民族之一的事实，只有将德意志描述为一个唯一的、真正的、理想的、完美的民族，才能让他们感到满意。为此，他们一方面将德意志描述为具有普世性的民族，其民族个性和民族精神符合全人类的基本人性需要，完全有理由、有能力充当世界各民族的领袖；另一方面又强调德意志民族的纯洁性，通过彰显其种族血统的纯洁和高贵，以及其民族精神、民族思想和民族语言的优越性来表明德意志民族超越其他民族的绝对价值。

首先，民族主义者提出，"德意志是最完美的民族，因为它最充分地体现了人性，是最人性化的民族。"① 费希特所描述的德意志民族汇集了那些具有真正意志，体现上帝精神的人，他们的共同特征就是具备德意志的民族性，是德意志民族精神这一共性的体现。德意志民族代表了那唯一的、符合真正人性需求的基本原则，因此，德意志注定要在世界上扮演主导角色，整个欧洲乃至整个世界的命运都取决于它。威廉·冯·洪堡（Wilhelm von Humboldt, 1767—1835）就曾说过："或许没有任何国家有资格像德意志一样自由和独立，因为没有任何国家如此倾向于如此真诚地把自己的自由奉献给全人类的幸福。德意志的创造力在所有民族中破坏性最小并始终滋养着自身。在获得自由时，德意志必将在任何文化与思想的形式中取得杰出的地位……其他民族不像我们热爱德意志一样热爱其国家。我们的忠诚由某种无形的力量维持着，而远不是需要或习惯的产物。它与其说是对特定国度的感情，不如说是对德意志情感和德意志精神的渴望。"② 阿恩特也说，德意志人是"一种普世的人，上帝已给予了他整个地球为家……（因此，）德意志是现今世上最伟大的世界民族"。③ 而费希特关于德意志民族的描述在后来被民族主义者奉为民族主义中对德意志民族优越性最明确的表述——"只有德意志人——最本真的人，还没有在任何组织体系中变得麻木——真正拥有民族，并有资格期待一个民族，……只有他有能力真实而理性地爱他的民族。"④（当然，此时德意志人的概念已经被重新理解为德意志帝国范围内的德意志民族族群成员，而非费希特的原意了。）这种典型一元论的断言否定了前期浪漫主义思想中温和的、多元主义的价值观，表现出惊人的专一性，反映出德意志民族实现民族统一和强盛，进而超越并领导法兰西、英格兰等其他欧洲民族乃至世界所有民族的理想，也体现了民族主义中关

---

① ［美］里亚·格林菲尔德：《民族主义：走向现代的五条道路》，王春华等译，上海三联书店 2010 年版，第 454 页。

② 同上。

③ Kohn Hans, *Arndt and the Character of German Nationalism*, American Historical Review, 54: 4, 1949, p. 787, 803.

④ ［德］费希特：《约翰·戈特利普·费希特作品全集》（第七卷），I. H. 费希特编. 柏林，1845—1846，第 130 页。

于本民族价值具有绝对优越性的基本特征。从温和浪漫主义者的角度看，世界的民族关系本来是各展其长的，也就是说，在不同的时代，不同的民族承担着人类进步过程中的领导者角色，当然，领导者的角色总是由最适合那个时代的民族来扮演，这一民族代表了处于上升期的独特风尚，其普世的角色决定她对其他民族合理的支配权，任何其他民族的发展与进步都必须以服从这种来自领袖民族的指引和领导为前提。不过，领袖民族及其合理支配权不是一成不变的，只有那些能够认识人类真实目的的民族才有此资格，随着时光流转，领袖民族不再具有代表性的时候，必然由其他民族取而代之。但是，在德意志民族主义者看来，则只有德意志人在任何时代都能够凭借其对真正人性的理解来理解时代，能够代表全人类，并感知到人类的下一个目标——因为德意志是最杰出的、普世的民族。很明显，这种推论是不合逻辑的。不过，这种不合逻辑的推论并不影响民族主义者对德意志民族优越性的表达和论证。

其次，德意志人对自己民族优越性的肯定早在 18 世纪下半叶就已经表露无遗，民族性格、民族思想乃至民族的语言都成为他们论证其民族优越性的武器，最终目的是为德意志民族血统纯洁性和优越性作论证。弗里德里希·施莱格尔在 1791 年就宣称德意志人民有一种非常伟大的性格，其中一些品质是在其他任何民族中找不到的；亚当·米勒也宣布"德意志学术界的发展是现代思想史上最重要的事件。可以肯定的是……像日耳曼部落已经建立了欧洲的政治秩序那样，德意志思想界迟早将支配欧洲。"① 德意志民族主义者都认为，德意志民族性格和民族思想的优点在于其普世性，代表了全人类的完美个性，它能够超越自身并统率其他不完美的民族，德意志理所当然是世界的精神中心；从民族性来说，德意志又是最纯粹的，德意志人拥有对上帝最坚定的信仰（从虔敬主义承袭来的观念），拥有从未被外来语词"污染"过的纯洁德语。从逻辑上说，德意志民族的纯粹性和她宣称的普世性是相矛盾的——纯洁性意味着因缺少对外交流而得以保存的单一性，普世性则必

---

① ［美］里亚·格林菲尔德：《民族主义：走向现代的五条道路》，王春华等译，上海三联书店 2010 年版，第 457 页。

须有与多元文化的交流和文化融合的能力——但在浪漫主义的民族主义
者眼中，这种矛盾恰好是其优越性的体现。德意志民族主义者认为，语
言的纯洁性表现了民族精神和民族本身，最终的民族性是以血统为基础
的。德意志民族的纯洁还表现在血统纯洁、没有外来族群掺杂，阿恩特
就曾说："德意志人没有因异己民族而变得低劣，他们还没有成为杂种；
就其最初的纯洁而言，他们比许多其他民族保持得更多，并且他们有能
力按照时间的持久法则缓慢而悄悄地从其种族和天性的这种纯洁中发展
起来；幸运的德意志人是原初民族。"① 德意志人保留了原始民族（Ur-
volk）本初状态，也即人与自然的最初关系，德意志的光荣根本上在于
其优秀的种族血统，民族个性、民族思想以及民族语言都是优秀种族特
性的外在表现，这样一来，德意志民族对其他民族的统帅和价值超越性
就是天经地义的了。由此可以看出，德意志民族主义从一开始就带有种
族主义的特征。

　　至此，德意志民族主义已经与"德意志民族主义之父"赫尔德温
和的"文化民族主义"思想相去甚远，已经转变成了具有强烈民族归
属感、整体主义、强调民族价值优越性和超越性的进攻性民族主义。
与温和的民族主义相比，进攻性民族主义是整体主义的、一元论的，
肯定本民族价值的优越性和超越性，而否认其他民族具有与自己同等
的文化或政治权利。对法国的仇恨成为支撑德意志民族主义的重要因
素，德意志民族主义者的一切论证都是为了证明本民族的优秀和法兰
西民族及其他民族的低劣。赫尔德温和的、多元主义的民族主义显然
已经不能满足这种需要，仇恨与复仇成为支持德意志民族主义发动对
外进攻的巨大动因。换言之，进攻性民族主义之所以具有进攻性，是
因为在民族优越感的催生下，某一民族必然会以自身价值具有普世性
为由对其他民族及其民族文化进行改造，当这种文化的输出或改造遇
到阻力以后，就会诉诸战争，以暴力来解决所遭到的抵抗。罗素对这
种民族自豪感向进攻性民族主义的转变有很好的总结：当甲民族在长
期经受了乙民族的压迫和强制之后，其民族主义得以发展，并最终指

---

① Kohn Hans, *Arndt and the Character of German Nationalism*, American Historical Review,
54：4, 1949, p. 791, p. 792.

导甲民族在一次战争中推翻了乙民族的统治、获取了民族自由，他们就会产生对其他民族的优越感："什么？你说成为我国一部分的丙民族有反对我们的权利吗？有和我们反对乙民族同样的权利吗？这是荒谬可笑的话啊。丙民族蠢如猪豕，好暴乱，无能力组织良好政府，它如果希望不受一切邻族的威胁和骚扰，必需有个强有力的统治者。"[①] 1871 年，普鲁士在首相俾斯麦的领导下空前强大，在对拿破仑的战争中雪洗了民族耻辱，进一步完成了统一德意志各邦国的历史任务，至此，德意志民族主义的威力彰显无遗。在经历了困境和自我牺牲的努力后，德意志获得了成功，国家的统一和民族自由的实现让他们的民族自豪感开始发生变化。由于在民族内部取得了前所未有的成功，他们自认为证明了本民族超越其他一切民族的优越性，进而自认有能力和义务去征服外国或制止其他弱小民族获得自由，以免他们成为本民族的威胁。他们还认为德意志的胜利源于种族的纯洁性，证明他们有超过其他一切民族的优越性，可以统治"劣等"民族。民族内部的完整性和整齐划一已经不能满足民族主义者的需要，对外征伐必定成为下一步的行动目标，征服并改造那些"违反人性的"民族的使命感让德意志的民族主义变得极为暴力，战争成为德意志民族主义最终积极推崇的方式，因为战争能以特有的仪式（"铁"和"血"的献祭）荡涤"劣等"民族的罪恶。和平虽然美好，但德意志人的民族尊严更为重要；流血虽然恐怖，但却是人类生命与运动的象征。

小　结

通过对民族主义的成因及其不同诉求的分析，伯林区分了温和的民族主义与进攻性民族主义的差别：前者把民族归属当作人性中的基本需要，也是人类社会的自然族群区分；后者则源自对民族耻辱感的过度反弹，造成了进攻性的极权主义乃至法西斯主义。二者之间有着千丝万缕的联系，我们甚至无法完全区分温和的民族主义与进攻性民族主义之间的明确差

---

① 罗素：《人类为什么战争》，转引自海斯《现代民族主义演进史》，帕米尔等译，华东师范大学出版社 2011 年版，第 180、181 页。

异，因为只需要一两个步骤，二者就可以相互转化，例如：认为本民族有优秀的文化和历史传统的民族自豪感与认为本民族文化超越其他一切民族文化，凌驾其他文化之上并对其进行改造的愿望之间，本来就很难划出一条清晰的界限。那么，如何才能防止温和的民族主义向进攻性民族主义转变呢？伯林认为，"我们没办法阻止这种转变。"[1] 究其原因，进攻性民族主义大多以战争的形式表现出来，而没有人能够追究战争的根源到底是什么。有人认为战争的根源是利己主义（egoism），是为了本民族利益或民族尊严而进行的对外征伐。进攻性民族主义者相信，民族的自由来自对内部和外部一切反对力量的无情铲除，也就是说必须对所有权力的竞争者——民族内部的不同阶级或集团和来自外部的力量，即其他民族——都发动圣战。但伯林否定了这种观点，他认为，如果进攻性民族主义是利己主义的，人们不会选择会流血和大肆破坏的战争，而会选择过和平的生活。伯林认为，更可能是一种利他主义（altruism）的思想让人们发动民族战争，例如，在进攻性民族主义中，进攻其他民族的目的很大程度上不是占有更多资源或打击其他民族，而是由于侵略者坚信其民族掌握了人类社会发展的真理，想要通过战争的方式来改变其他民族的落后状况，将其彻底同化。

伯林对进攻性民族主义是持否定态度的，因为其最终的形态和危害已经让全人类饱尝其害，但是，民族主义却又是人类无法回避的客观问题。那么是否温和的民族主义就是伯林认为恰当的民族主义形式呢？事实上，伯林在这个问题上的态度显得有些暧昧。他在许多演讲、访谈甚至著作中都谈及了赫尔德的文化民族主义思想，认为这种民族主义的形式（有时伯林将其称为民粹主义）是多元主义的、文化的，不会涉及过多的政治诉求或对人类自由与和平造成影响；但是他又很难从自由主义者的角度完全接受民族主义的所有诉求，如将民族归属、民族文化、民族利益置于个人权利之上，更何况，温和的民族主义与进攻性民族主义之间的联系与转化的必然性更让伯林不得不对其保持相当的警惕。那么，伯林对民族主义的态度究竟如何呢？他能否在现代社会为民族主义找到一条合理的出路

---

① Berlin. I. , *Nationalism*: *the Melting - Pot Myth*, An Interview with Bryan Magee. from（http：//berlin. wolf. ox. ac. uk/）

呢？为此，伯林在他的访谈录中做了大量阐述，在伯林看来，全球化趋势下的民族主义并未走向衰微，反而是以更多样的形式表现出来，让民族国家不得不面对更为复杂的民族主义运动形式。伯林是否思考过如何让民族主义在自由民主的社会制度中合理存在，或者让自由主义思想融合在民族主义之中呢？

第五章　自由主义的民族主义

　　19世纪，随着自由主义向理性主义一元论方向的演变，其理性主义的传统与民族主义中非理性主义的要求逐步形成了剪刀差的格局，二者渐行渐远，甚至在一些特定情境下呈现出一些自由主义学者认定的完全敌对状态。为此，一些自由主义者认为消除民族主义及其影响是历史的必然，试图以自由主义的普遍主义取代民族主义的特殊主义诉求。然而，"民族国家"的努力已经被证明是不可行的，民族主义并没有短期内消亡的迹象，自由主义似乎与民族主义陷入了不可调和的矛盾之中。不过，伯林的自由多元主义思想挽回了这个局面。在伯林那里，自由民族主义不仅意味着自由主义和民族主义不存在根本的冲突，而且是一种民族主义的特殊形式，她不要求牺牲自由主义者所珍视的自由以及其他个人基本权利。如果这就是自由民族主义的基本含义，那么伯林绝对是当之无愧的自由民族主义之父：伯林是一位自由主义者，同时他也认为有一些民族主义的形式能够与个人自由相融合，即便他没有明确提出是"哪种"民族主义。在某种程度上，戴维·米勒认为与17世纪的自由主义者一样，伯林对待民族主义的态度是认定自由主义和民族主义不仅是兼容的，还是共生的关系。特别是伯林的自由民族主义思想强调：如果社会成员不能共享一个民族价值的话，自由目标的实现会缺乏可靠保障，同样的，在缺乏成员的自由权利的社会中，民族自决的目标也是很难达成的。但这种说法是否真的就消除了自由主义和民族主义在基本理念上的紧张呢？是否在政策上具有可行性？伯林的自由主义思想首先强调对消极自由的保障，那么伯林的消极自由能否与他对民族主义的宽容相结合呢？

　　在本章中，我们将对伯林以自由多元主义为基础的民族主义思想加以论述，在分析伯林理想民族主义形式的基础上，论证自由主义与民族主义之间的相互证成作用，以及在现实生活中二者如何达到平衡，最终实现对自由主义的民族主义（以下简称自由民族主义）的定义及基本特征加以界定。

第一节　伯林的自由民族主义思想

一　理想的民族主义形式

虽然在很多时候对民族主义是否具有最佳形态都显得有些闪烁其词，但伯林确实曾设想过民族主义的理想形式，这表现在他对印度诗人拉宾德拉纳特·泰戈尔（Rabindranath Tagore，1861—1941）的民族主义思想的高度赞赏中。伯林认为，泰戈尔的民族主义思想，既具备了民族主义的四个基本特征——强烈的民族归属感和自尊心，相信民族有机体的力量，尊重并珍视民族价值，相信民族权利至高无上——又没有如常地被民族耻辱感蒙蔽了理智，成为反弹的弯枝，意欲以数倍的反弹力发泄受辱后的愤怒与报复，走向进攻性民族主义的深渊。

泰戈尔的民族主义思想之所以得到伯林的高度赞扬，在于其独有的三个特征。其一，泰戈尔的民族主义思想摆脱了民族主义的常规心理状态。印度民族主义的发展与欧洲乃至世界大多数民族主义有着相似的历程。18世纪中叶，印度沦为英国殖民地，印度人同样遭受了外来民族的压迫和羞辱。通常而言，受压迫和羞辱的民族（如德意志、日本、法兰西等）会产生两种心理反应：一种反应是意识到自己的缺陷和落后并力求奋力直追，甚至放弃本民族的文化特征；另一种反应是退守内心、以愤怒的孤立主义来对抗现实中的失败。与这两种常见的反应不完全相同，泰戈尔"既不漂向激进现代主义的锡拉岩礁，也不漂向妄自尊大的阴郁的传统主义的卡律布狄斯大漩涡"①，而是选择了走最困难的中间道路——在西化派和传统派之间寻求印度民族主义的"真理"。一方面，泰戈尔清醒地认识到印度在印英关系和互动中表现出的落后与孱弱，也看到英国文明给印度社会带来的切实好处，如现代的生活方式、先进的生产力等；但他始终认为，英国的文化再好也不过是借来的盛装，无论其多么气派、多么舒

---

① ［英］以赛亚·伯林：《现实感》，潘荣荣等译，译林出版社2011年版，第302页。

适，终究不属于印度和印度人。另一方面，他也相信，那种让印度摒除一切英国文化的影响，消除所有"西方弊病"，回归到没有现代工业的质朴生活的努力是无法成功的——影响已经造成，原初状态已然不再。对印度来说，追求全盘西化或固守完全的传统都不是最佳选择，因为前者会抹杀印度的民族性，后者则是已经不可逆地被改变了：英语好比是印度看向广阔世界的一扇窗，关上它将是对印度的犯罪；不过窗毕竟是窗，不是门。如果只看着窗户外面的世界，而不想法子走出门去，是更荒唐的。

其二，泰戈尔清晰认识到保留传统和适当改变印度民族文化的同等重要性，民族实力的强大才是根本目标。泰戈尔认为，英国殖民者与印度之间的关系是病态的，因为文化的传播也好、文明社会制度的建设也罢，种种改造和帮助都建立在不平等的基础上，印度始终处于被施舍、被解救的卑微地位。英国的种种好处都不属于印度，要向世人展现印度的特性，就必须用印度的语言、文化和表达方式，才不致被西方文明掩盖了印度人的本性和才华。泰戈尔说到，"英国人创造的东西或许的确了得，但它们不属于我们……如果因为我们失去了眼睛，就想用别人的眼睛看世界，那永远也行不通。"[1] 要找回印度人的自我认同、实现印度的自主，印度人必须强大自己的实力。泰戈尔认为，英国人不平等地对待我们，是因为我们不够强大，只要我们强大起来，他们必然待我们如兄弟——"只有已经拥有的人，才配得到。"[2] 如果没有强大的实力，世界主义的关于民族大团结的构想就只能是一个美好愿景，所有民族无论大小一律平等就只是一句空话。"只要人的本性不变，对弱者就鲜有公正，因为这很难做到。"[3] 团结必须建立在平等的基础上。如果弱势民族试图通过放弃自己的特性、融合进强势民族来寻求团结，就不啻羊羔在被老虎吃掉的时候说自己赢得了与老虎的团结。

其三，泰戈尔选择非暴力的途径来实现印度的民族主义目标。通常而言，弱势民族试图强大自己、证明自己的过程往往促成了进攻性民族主义，表现为以暴力强索承认。在实现印度民族主义目标道路的选择上，泰

---

①　Berlin, I. , *The Sense of Reality*: *Studies in Ideas and their History*. ed. Henry Hardy, with an introduction by Patrick Gardiner. London: Chatto and Windus, 1996, p. 261.

②　Ibid. , p. 262.

③　［英］以赛亚·伯林：《现实感》，潘荣荣等译，译林出版社 2011 年版，第 305 页。

戈尔展现了惊人的智慧：他认为，通向权力的道路是多样的，非道德主义的、暴力的方式注定在消灭敌人的同时毁灭自己，因为这会导致以暴制暴。我们必须毫不妥协地追求实力的强大，但一定采取和平的手段。在伯林看来，泰戈尔的这种民族主义观念再明智不过：他既抛弃了狭隘的民族理念，又不为浅薄的国际主义所动，而是通过强大自身实力获得一度失落的自我认同和与其他民族平等的地位。为此，受屈辱、被压迫的人应当团结起来，增强实力，赢得解放，利用自己的自然资源、在自己的土地上、用自己的语言获得增长和发展的机会，而不是在文化上或经济上完全依赖某种外来的恩遇。而在实现民族目标路径的选择上，泰戈尔又毅然决然抛弃了简单、暴力的方式，坚持更为困难的、中道的和平方式。伯林说道："这是民族主义中永远合理的因素，真正的、唯一的自决情形——打造链子上的民族之环：没有它们就没有全人类的大连接。"① 泰戈尔民族主义思想的卓越之处在于他抵制住了来自两边的巨大诱惑：一边是以国际主义面貌出现的强权，向落后民族宣扬小国沙文主义是如何有害；另一边是落后民族渴望融入优势民族之中，丢弃自己的身份、历史和人性中对归属感的渴求，以彻底投降的方式换取想象中的人类大团结——毕竟，无论走向哪一边，都比泰戈尔的中间道路来得容易。正如伯林所说，"夸大其词和走极端是比较容易的"②：用巨大的、集中化、简单化的一个目标、一个人或一个政党来统率一切民族和民族文化的办法看起来是美好的，通过消灭一切差异、一切特殊性来实现人类的团结与世界和平的办法听起来也很有道理。这种观点受到理性主义一元论的影响甚深，但显然与伯林的自由多元主义思想格格不入。在伯林看来，自由主义普遍主义与民族主义特殊主义的矛盾并不能通过自由主义对民族主义的改造甚至完全消灭来实现，二者在具体实施过程中的困难始终存在。

二　自由多元主义的犹太复国主义者

伯林把他理想中的民族主义的形式投射到了现实的政治生活中，支持了他从青年时期起就积极推崇的犹太复国主义。从一定意义上说，伯林对

---

① ［英］以赛亚·伯林：《现实感》，潘荣荣等译，译林出版社 2011 年版，第 307 页。

② 同上书，第 308 页。

民族主义的关注及其自由民族主义思想的形成和矛盾都与他的犹太复国主义思想有极大关系。早在20世纪30年代中后期，伯林在游历巴勒斯坦之后便确定了自由主义的犹太复国主义主张。伯林曾对迪斯累利、马克思、赫斯等具有代表性的犹太人学者身份认同的困惑以及对待犹太人身份的看法进行了深入分析，从中看清了犹太人民族的困境，并提出了犹太人在异族中生活时可能的三种身份选择——否认自己犹太人身份、试图与主流民族同化；夸大自己犹太人身份的优越性借此获得特殊的关注或者压制自己的民族身份及其认同，只在特定的时间、地点才会提及——以及这三种方法最终都不能获得真正的归属感和安全感的遗憾结局。对犹太人来说，他们的困境不是文化选择的结果，而是个人自身不可避免的民族身份带来的。伯林在纪念魏茨曼的文章中表达了犹太人的身份认同困难："魏茨曼在早年就接受了这样的主张：犹太人的病患主要是由于他们所处的社会反常局势引起的；无论在任何地方，只要他们依旧处于半奴役的状态，处于一种下等的依附性的地位，这种地位使他们遵循的善恶标准只是做奴隶的善恶标准，那么他们无论作为个体还是集体的神经官能症就都是无法治愈的……个人的正直和力量是远远不够的；除非他们的社会和政治地位得到改变，使其趋以正常，并纳入到与其他民族一样的轨道，否则大多数犹太人将仍可能在道德和社会上永远都是残疾的，成为善良人们的同情之人，挑剔之辈的深刻憎恶之人。对此，除了通过革命进行完全的社会变革，获取全体人的解放，别无其他疗法。"[1] 伯林的犹太复国主义反映了他的自由民族主义思想，成为他理想中最好的民族主义形式的一个现实蓝本。

首先，伯林的犹太复国主义思想源自他对民族归属感对个人重要作用的基本观点。伯林借赫斯之口提出，民族身份的真实性是犹太人和其他民族的成员都无法否认的事实，否定自己的民族身份会让犹太人丧失其他人的尊重，同化也不能解决问题，启蒙运动或共产主义都不能成为掩盖犹太人身份的屏障，唯有面对民族成员身份这种如同家庭、生理类型等再自然不过的现象，才是犹太人最现实的选择。[2] 伯林认为，唯有建立自己的家

---

[1]　Berlin. I. , "Chaim Weizmann", *Personal Impression* , London, Hogarth Press, 1980, p. 42.

[2]　[英] 以赛亚·伯林：《反潮流：观念史论文集》，冯克利译，译林出版社2002年版，第276页。

园，犹太人才能实现这种归属感和自在感："必须有这样一些地方，在那里犹太人不会被迫时时意识到自我，住在那里的犹太人并不觉得必须完全被同化，不必刻意强调自己对当地文化的贡献，他们完全能够过正常的不受人注意的生活。"① 犹太人如果不想继续成为其他国家和民族内的少数派，想要过正常的生活，就必须拥有这样的一个国度——"在那里，国家的文化就是你们自己的文化。"② 共同的文化形式可以提供个人必须的自我认同、归属感和自尊，而共同文化的保存和发展必须要有相应的政治体现，这是民族主义发展中不可回避的一个问题。伯林认为，犹太人的历史尤其是二战中犹太人遭受大屠杀的遭遇证明，犹太人共同的文化和生活方式必须依靠建立犹太人自己的国家加以保护这一观念不再是犹太复国主义的理想，而且已经是迫在眉睫的一个问题了。③ 在伯林看来，建立一个犹太人的民族国家，为犹太人提供一个政治上的、地理上的家园，是最合理的选择。他强调，民族群体只有在民族国家内部，而不是作为个体散落在世界各地，其文化和自由才能得到保护。以色列建国之后，犹太人有了归属感和家园感的真实指向地，这不仅解决了那些居住在以色列国内的犹太人的问题，还能够解决散居在世界各地的犹太人的问题：它允许犹太人自由选择成为以色列公民或继续居住在国外。即便作为个人的犹太人没有生活在这个民族国家，也能从根本上获得精神的和伦理的家园——"从心理上讲这是一个替代的祖国。"④ "犹太人存在着自我认同，这'既不需要证明，也不需要否定。'就像其他犹太人一样，只要他们愿意，他们可以同化到他们出生的国家中去。"⑤ 在与贾汉贝格鲁的一次谈话中，伯林提及，虽然以色列建国付出了相当的代价，但这是值得的："甚至美国的犹太人，因为支持以色列，跟30年代相比，他们在美国也少了一些当外国人的感觉。希腊人有希腊，德国人有德国，同样，犹太人也有了一个祖

---

① ［伊朗］拉明·贾汉贝格鲁：《伯林谈话录》，杨祯钦译，译林出版社2002年版，第80页。

② 同上书，第81页。

③ ［英］约翰·格雷：《伯林》，马俊峰等译，昆仑出版社1999年版，第117—118页。

④ ［伊朗］拉明·贾汉贝格鲁：《伯林谈话录》，杨祯钦译，译林出版社2002年版，第81页。

⑤ ［英］以赛亚·伯林：《反潮流：观念史论文集》，冯克利译，译林出版社2002年版，第283页。

国，在巴勒斯坦，在耶路撒冷。"① 进一步地，伯林认为，以色列的建国也为犹太民族获得其他民族的肯定和认同提供了必要条件。伯林在《赫斯的生平与观点》一文中写道："在俄国、普鲁士、奥地利和土耳其帝国领土上的数百万愚昧的人，即这些落后地区的犹太人，将移居巴勒斯坦建立一个新的国家。……那些瞧不起他们的犹太裔公民同胞使自己日耳曼化的做法，而且根本不把他们不断列举出的'文化成就'放在眼里的德国人，一旦犹太人成了一个自己祖先土地上的民族，他们也会把拒绝给予他们个人的东西，给予作为一个民族的他们。"②

其次，伯林的犹太复国主义思想是自由多元主义的，而非民族沙文主义的。其一，伯林提出以色列建国的理论依据是以他的消极自由思想为前提的：个人的自由选择是人最基本的自由。伯林认为，以色列的建国是自由的胜利，在以色列建国之前，几乎没有一个犹太人能够逃过异族人的监视或奇怪眼光、民族的性格压制和约束以及对犹太人的残害。以色列的建国"不仅恢复了犹太人作为人的尊严和地位，更替他们重新赢得了一种重要得多的东西，那就是他们作为个体选择自己的生活方式的权利。"③伯林指出，"犹太人应当和其他任何民族的人一样享有设计自己生活的权利——同化、移民或是独立等任何一种经受得住自由生活考验的选择的权利。"④ 根据自由多元主义思想，伯林认为，犹太人同其他民族的成员一样，应当绝对不止一种生活方式可供选择。某个犹太人可能既会对以色列感到认同，也可能认同英国（例如伯林本人就是这样）；某人可能认同的是犹太人的宗教信仰，另一个的认同则是只坚持犹太习俗，而第三个人根本就愿意完全抛弃犹太教的一切。如果假定只有一种选择和认同是合理的，那就意味着理性的专制以民族主义的形式凌驾于个人自由选择权利之上。如果宗教和传统的要求胜过了个体按照自己的愿望来设计自己生活的

---

① ［伊朗］拉明·贾汉贝格鲁：《伯林谈话录》，杨祯钦译，译林出版社 2002 年版，第 81 页。

② ［英］以赛亚·伯林：《反潮流：观念史论文集》，冯克利译，译林出版社 2002 年版，第 283 页。

③ Berlin. I. , "Jewish Slavery and Emancipation", in Norman Bentwich ed. Hebrew University Garland, London, *Constellation Books*, 1952, pp. 18 – 24.

④ ［加拿大］伊格纳季耶夫：《伯林传》，罗妍莉译，译林出版社 2001 年版，第 248 页。

权利，那就是犹太人以自己的奴役取代了几千年来异族人强加在他们身上的枷锁。不难看出，伯林提倡犹太人建立自己的国家，很重要的一个原因是建立以色列能够恢复犹太人丧失已久的、自由选择生活方式的基本权利。作为一个坚定的自由主义者，伯林坚持，如果犹太人想要获得真正的自由，就必须以稳固的文化归属和国家作为保证——假如犹太文化从一个犹太人的生活中消失，那么他就不再能够自由地选择做还是不做一个犹太人了。

其二，伯林的犹太复国主义思想杜绝了所有种族主义和进攻性民族主义可能的形态，坚持了自由多元主义关于价值多元的基本主张。他提出："犹太复国主义的目的就是正常化，要创造条件让犹太人能够像一个民族那样生活，跟别的民族一样。"[①] 犹太民族是一个民族，它同其他所有民族一样，虽然古怪、别具一格，但仍是一个民族。"因此他们没有什么可放弃的东西，他们不应当自欺欺人，竭力说服自己，那些不属于他们的东西，从来就不属于他们的东西，比他们自己真正拥有的东西更可爱；他们不应当怀着痛苦而难以承受的耻辱感，放弃他们真正喜爱的东西，他们自己的习俗、人生观、记忆、传统，他们的历史，他们的骄傲，他们对一个民族的认同意识，他们——就像其他民族一样——赖以生存的一切，让他们尊重自己也让别的民族尊重他们的一切。"[②] 然而，"民族主义的弊病就在于它要主宰其他民族。"[③] 伯林坚持认为，对于想要和其他民族一样、过正常民族生活的犹太人来说，其民族主义不应该是偏狭的。伯林深信，种族不分优劣，犹太民族首先必须得到自由才可能与其他民族一起平等合作。要杜绝民族主义最容易产生的民族文化超越性观念，防止民族主义为存续或彰显民族文化，雪洗民族耻辱感而产生的进攻性，唯有在保障个人基本自由权利、尊重差异化的民族文化、承认价值多元性的社会环境中才可能实现，其他任何试图以一劳永逸的方式解决民族主义问题的做法（如自由主义一元论和共产主义唯理性主义的关于民族主义最终消亡的设

---

① ［伊朗］拉明·贾汉贝格鲁：《伯林谈话录》，杨祯钦译，译林出版社 2002 年版，第 80 页。

② ［英］以赛亚·伯林：《反潮流：观念史论文集》，冯克利译，译林出版社 2002 年版，第 290 页。

③ 同上书，第 278 页。

想）都是徒劳的。

其三，在实践中，伯林强烈谴责犹太复国主义的非自由主义形式。他强调，在追求犹太人民族归属感的时候，决不能损害民族成员基本的个人自由权利，也不能损害其他民族同等的发展本民族文化的权利或对其他民族形成压迫。因此，每当犹太复国主义的极端主义形式兴起时，伯林就毫不犹豫地选择站在自由主义的一边。一方面，伯林拥护以色列建国的理念和政策，因为这是保证所有犹太人获得真正归属感和共同文化的必要政治手段；另一方面，自从右派的贝京政府①上台之后，伯林开始对以色列的政治感到失望。他反对以色列以暴力、恐怖的手段进行领土扩张，主张通过谈判解决巴勒斯坦问题，并赞成以土地换和平的政策。他认为，以色列的战争悲剧是事与愿违的，以色列人应当"理解反对自己的人，这是赫尔德教导我们的"。② 伯林认为，贝京政府犯了可怕的错误，在文化上、道德上和物质上都极大地损害了以色列。为此，伯林叹道，"很不幸，今天的犹太复国主义发展成了这样一种民族主义的形态。犹太复国主义原来的内容是非常文明的，符合赫尔德的思想。犹太人只不过追求一种犹太人的生活方式，它不一定由宗教所支配，而是一种由许多安全纽带维系的社会团体。犹太人希望有这样的组织，在这样的组织中，他们能够作为一个共同体自由地发展，不必担心受压迫和被歧视。"③ 作为一个犹太人和自由多元主义者，伯林既反对文化帝国主义，又反对病态的民族主义；既肯定和维护不可通约的文化多元性和人的族群归属需要，又主张应有最低限度的人类共识来维持世界和平。在伯林的心中，他相信犹太复国主义不是民族主义，因为这仅是一个民族精神的弘扬和民族文化自决必须的政治诉求，它不应该也不会给其他民族造成伤害。伯林确信，一个现代的民族，如果有良好的政治体制，再加上一些好运，民族归属感是能够与个人自由和谐共处的。不过到目前为止，在伯林的所有论著中，我们都没有发现他对民族归属感与个人自由和谐共处的条件的任何准确表述。

---

① 贝京政府是指以梅纳赫姆·贝京（Menachem Begin, 1913—1992）为总理的以色列政府，主张以暴力和恐怖活动获得巴勒斯坦地区统治权。

② ［伊朗］拉明·贾汉贝格鲁：《伯林谈话录》，杨祯钦译，译林出版社 2002 年版，第 82 页。

③ 同上书，第 96 页。

三　伯林自由民族主义思想中的矛盾

通过对德意志浪漫主义的民族主义的剖析、对泰戈尔民族主义思想的肯定以及对犹太复国主义及以色列建国的坚定支持，伯林的民族主义观念已经比较清晰地呈现在我们面前：他坚决反对进攻性民族主义，但又不否认温和的民族性是人本性的必然需要。在分析进攻性民族主义的时候，伯林大量运用了他自由多元主义的、反理性主义一元论的、反决定论的观点来进行论述，表明了进攻性民族主义之所以对人类社会构成巨大威胁，其根源在于其一元论的、决定论的以及超越性的价值观和整体主义的、反个人自由的政治理念。由此可见，伯林的民族主义思想没有背离其自由多元主义思想这一根基：在对待民族主义的态度上，伯林首先是一个自由主义者，其次才是一个民族主义者。可以说，虽然伯林从未明确提出过他自己的民族主义理论，但他对民族主义的态度绝对是以自由多元主义思想为前提的。在解决自由主义与民族主义之间矛盾的问题上，伯林坚持了多中心主义（polycentric）[1] 的观点，并深刻伴随着他自由主义思想中关于人类多元主义需求、个人选择自由的基本观念。从伯林的论著中我们看出，伯林的民族主义思想主张协调个人需要与集体需要之间的关系，个人对自由、认同、平等的需要与对归属感需要之间的关系——这种理论应该能够适应"扭曲的人性之材"（crooked timber of humanity），也即人性多元化本质的需求。既然民族主义是人性中不可避免的东西，那么它的理想形态就应该是符合人性、符合价值多元化的客观事实的。从自由主义的角度来看，自由民主社会需要社会各族群在一定的共同社会规范之下和平共处，但深层次的多元文化会破坏这种和谐。因此，伯林有时候又认为自由主义是只有在长期和平居住在同一片领地上的人群才能够享有的理念，也就是说，真正的自由只可能存在于同一民族内部，而很难在多民族之间实现，这就造成了伯林自由民族主义思想中的矛盾。接下来，我们将分析伯林自由民族主义思想中难以解答的四个主要矛盾，以及从自由多元主义角度可能进行的选择。

---

[1]　Smith. A. D. , *Theories of Nationalism*. London：Duckworth，1983.

（一）民族多元性与自由民主制度间的矛盾

一直以来，自由主义都没能解决与民族主义之间的一个矛盾，那就是在民族多元文化的社会中如何建立一个自由民主制度国家的问题。著名自由主义政治哲学家密尔的一些关于民族与国家关系的言论可谓臭名昭著，被后来的许多自由民族主义者嗤之以鼻。密尔认为，把人们引向比他们自己文化"更高"的文化是极有益的：对布列塔尼人和巴斯克人而言，被法兰西民族吸纳并同化是再好不过的选择；同样，对威尔士人和高地苏格兰人来说，变成不列颠人也是最佳结局。① 这种观点很明显带有一元论的色彩，整齐划一、"先进"代替"落后"，"文明"代替"野蛮"成为以密尔为代表的功利主义者认为理所当然的最优选择，因为这符合最大幸福原则，能够给最大多数人最大的福利，而在这个寻求最大多数人最大福利的过程中，被牺牲掉的少数民族文化、族群利益及个人权利等就显得微不足道了。密尔甚至理所当然地认为，

"没有人会假设，对于法国纳瓦省的一个布列塔尼人或者巴斯克人来说，被引向高度文明和训练良好之人的观念和感觉的趋势中——成为法国民族的成员、平等享有法国公民身份的所有特权并享受法国保护的便利和法国权力的尊严和威望——不比沉默地反抗自己的困境和过去半野蛮的遗迹，并围绕他小小的精神轨道转动，而对整个世界的一般运动没有参与或兴趣更有益。"②

伯林自然反对密尔这种一元论倾向的民族主义言论，他从来不否认民族文化本身的价值及其对民族成员的独特意义，但也没有排除所有自由民主制度的基本原则。在提及以色列建国的时候，伯林对现代希伯来语作为一种民族语言的创造性作用充满了溢美之词，认为是希伯来语把世界各地的犹太人都联结在一起了，并将他们与一个共同的光荣历史联系起来。伯林认为，"如今以色列为建立一个民族和自由国家的所有努力——即便包

---

① Mill, J. S., *Utilitarianism*; *On Liberty*; *Representative Government*. H. B. Acton（ed.），London：Dent，1972，pp. 363－364.

② ［英］戴维·米勒：《论民族性》，刘曙辉译，译林出版社 2010 年版，第 86 页。参见密尔《代议制政府思考》《论自由》《代议制政府》。

括其军队在内——都堪称影响最深远，最有穿透力和最成功的。"① 在对泰戈尔思想进行分析的时候，伯林盛赞了泰戈尔想要彰显印度文化独特之处的愿望（例如复兴孟加拉语），恰好与当时流行的浅薄的国际主义要求相对立，后者强烈要求各种族、社会和国家放弃疆界，消灭民族特性、停止相互争斗、联合成一个地球村。② 值得注意的是，伯林赞同的民族文化的或政治的诉求都是非强制性的，并不需要民族成员或外部关联者在自由主义和建立民族国家二者之间进行非此即彼的选择。不过，在考虑国家建构与民族权利之间关系的时候，我们必须考察哪些国家构建的具体问题会对个人自由产生一定影响。例如，加拿大魁北克省的法律规定了在商业合同签署中的语言，是否会影响公民自由选择所使用民族语言的个人权利；又如，在教育中强制使用某民族文化的课程，或者限制学校自主选择是否向学生开设与其民族宗教或族群背景相关的课程的法律规定等是否与公民自由选择并保存本民族文化的权利相抵触。虽然在这些问题上，伯林并没有过明确的态度，但从伯林对自由主义一以贯之的坚决态度和对民族主义持有的同情但又警惕的情感来看，我们有理由相信，他更可能倾向于保护个人自由这一边。即便伯林同意民族归属感的确与自由民主有着不可分的关系，他仍然不会同意以实现民族国家长远利益、进而有利于全人类自由事业的名义去剥夺任何个人的自由权利或任何群体按照自己意愿生活的权利。

（二）文化背景的影响与个人主体性间的矛盾

伯林认为，个人自主选择如何生活的时候，他们必须有充分的社会经验和其他观念，而社会经验和其他观念都来自于他们身处的所谓"文化结构"（cultural structure）③。如果没有"文化结构"作为个人选择的背景，个人选择也能进行，但可能就无法在众多选项中作出最适合自己的明智选择，这还将导致人们不可能为着良善目的而进行选择。加拿大政治哲

---

① Berlin, I. , "The Origins of Israel" in I. Berlin, *The Power of Ideas*. H. Hardy （ed.）, London: Pimlico, 2001, pp. 143 – 161.

② Berlin, I. , *The Sense of Reality: Studies in Ideas and their History*. ed. Henry Hardy, with an introduction by Patrick Gardiner. London: Chatto and Windus, 1996, p. 263.

③ Kymlicka, Will, *Liberalism, Communty and Culture*. New York: Oxford University Press, 1989, Ch. 8.

学家威尔·金里卡认为，最重要的文化结构即是"独特且完整的、制度化的社会文化"①，且文化结构的运作也必须是在某一民族范围内完成的。然而，当代世界全球化的压力逐步侵蚀了这种独特而相对封闭的民族文化结构，后者通常只有在政治自治的情境下才能得以保存。这样看来，民族主义中要求民族自治的诉求就可以用自由主义中毫无争议的"自治的权利"（right of autonomy）为之辩护了。那么，伯林是如何看待为实现个人主体性而提出民族自治的政治诉求的呢？众所周知，伯林对民族自治权充满疑虑，在他看来，这也是积极自由的一种表现形式。虽然没有完全否认民族自治的合法性，但伯林认为不能把自我选择与拥有众多选项相混淆，也不能把选择者的外部环境特征和内部状态相混淆。在伯林看来，在个人决定自己应当如何生活的时候，与诸多选项是否最终都指向构建一个统一的、连贯的"社会文化"相比，是否具有尽可能多的选项显得更为重要。从这个意义上说，伯林的观点与杰里米·沃尔德伦（Jeremy Waldron）颇为相近——沃尔德伦更多地强调从不同文化中获得众多与生活的相关选项。虽然伯林反复强调文化多元性的益处并抨击世界主义的浅薄，但伯林或许也不会同意通过立法来保障某种特定的民族文化不受其他外来因素的影响，如通过学校教育使学生掌握某种濒临失传的少数民族语言，或是限制外来影视作品的传播。伯林的自由多元主义思想比其后的那些自由民族主义者更为规范化，换句话说，伯林的自由多元主义更关注个人的自由权利不受外界——尤其是国家机器——干涉，而不主张利用国家机器保护某种人们能够实现民族自治的文化环境。

（三）民族文化自决权与社会正义间的矛盾

在民族主义的各种诉求中，最容易把文化的完整性与政治自治的要求联系在一起，而这仿佛成为民族主义的致命伤——赫尔德的文化民族主义就是在被加入了各种政治自治要求之后，从内心的退守转向了极权主义，进而转变为进攻性民族主义的。但如果根据伯林对民族主义的基本特征的分析来看，这种文化完整性伴随政治自治要求的民族主义表现也可以分为"强的"和"弱的"模式。"弱的"模式将政治自治视为一种对民族文化

---

① Kymlicka, Will, *Multicultural Citizenship: A Liberal Theory of Minority Rights*. New York: Oxford University Press, 1995, Ch. 5.

的保护，使其能够安全地按照自己内部的节奏发展下去。由于优势文化往往会因为仇怨或者错误的慈悲心对弱势文化造成威胁，为此"弱的"政治自治模式要求避免一种文化遭受外来文化的压迫或扭曲，也要避免民族的文化传统、习俗等被法律列入禁止之列。通过政治自治，可以为民族文化营造一个自我保存和自我发展的合法空间。"强的"模式则将政治自治当作文化发展的一部分。政治本身被视为具有文化价值的，应当优先地建设起来，而且政治还会直接影响许多文化事务的决策，如在学校教育和媒体中使用何种语言，以及国家采用何种民族文化作为主导文化等。对民族主义中的政治自治要求，伯林极可能更倾向于选择"弱的"模式。这当然是一种推论，不过也可以从他的犹太复国主义思想中反映出来。伯林从来没有说过如果不建立自己的民族国家，犹太人就不能复兴犹太文化；相反，他认为要复兴犹太文化，首要的是建立一个犹太人自己的"社会"。在这个社会中，犹太人能够自在地作为一个犹太人生活，对自己国家的事务具有理所当然的管理权，并因此获得真正的家园感，对自己和自己的生活都感到自在和满意，只不过这个理想、舒适的家园需要创建一个独立的以色列国家才能真正得以实现并得到切实的保护，提供足够的安全感。此外，文化自决与政治自治的问题也与个人的主体性问题相关，伯林以赫尔德的文化民族主义思想为蓝本，提出独特的民族文化和民族精神对个人主体性的成长具有不可磨灭的作用。有的学者认为，拒绝民族自治的要求就好比拒绝适格公民的选举权。① 这种观点常常被用于说明加泰罗尼亚人、魁北克人和苏格兰人的文化权利和政治权利。这些民族的成员在物质方面可能非常满足，甚至得到国家政策的优待，但他们就是不被允许自己做主自己的族群集体生活，例如决定语言政策、文化事务、民族象征等，而这一切对已经建立了自己民族国家的民族来说都是再理直气壮不过的了。民族成员的文化自决权利可以视为一种对平等地位的要求，伯林看到了这种权利的存在，有时他也认为这种迫切要求在某种程度上具有合法性；不过伯林显然没有看到赋予少数民族政治自治权后可能产生的新的不公平。即便是这样，在伯林为数不多几次谈及现代民族自决要求与普遍的社会正义

---

① 参见 Miller, Davie. "Crooked Timber of Bent Twig? Isaiah Berlin's Nationalism". *Political Studies*, 2005, Vol. 53. (pp. 100 – 123).

之间矛盾的时候，也没有对文化自决权利给予更多的同情或偏向。①

（四）民族政治自治与社会正义间的关系

伯林之所以对民族自治权利持有保留的态度，或许是因为他曾目睹过太多"民族主义弯枝"的根源，民族主义总是产生在这样的人群中：他们感到自己民族遭受更强大邻族人的侵略，憎恶自己民族和自己遭受的不平等待遇。一旦这种怨恨情绪同民族自决的政治权利结合起来，将会使民族主义迅速产生进攻性。同样的，在实践中，民族利益的冲突无处不在，一个民族政治权利的伸张往往意味着对其他民族同等权利的威胁。例如，在以色列与巴勒斯坦的关系中，领土的争夺始终成为两国矛盾的焦点，而对此的解决方案总是不能令双方都感到满意，因为对这两个民族而言，耶路撒冷都只有一个。在1997年10月底，伯林给阿维赛·马格利特写了一封题为《以色列与巴勒斯坦人》的信，专门表明了他针对以色列问题的民族主义观点：

"由于双方都开始声称，作为他们的历史权利，他们完全拥有巴勒斯坦，而且因为任何一方的主张都不可能在现实主义的范畴内被接受或者不造成严重的不公，因此很明显，妥协，也就是分割，是唯一正确的解决方案，这是遵循奥斯陆（Oslo）的路线——拉宾（Rabin）因支持这一路线而被一个犹太偏激分子暗杀。

在理想中，我们呼吁的是一种友好睦邻关系，但考虑到在巴以双方，顽固、恐怖的沙文主义者都人数众多，这是不切实际的。

这个解决方案必须遵循勉强的容忍，为了避免更恶化的状况——也就是可能对双方都造成不可弥补的伤害的野蛮战争。

至于耶路撒冷，它必须留作以色列的首都，其中穆斯林的圣地享有治外法权，服从穆斯林当局的管辖，由联合国提供保障来维护这一地位，若有必要可以使用武力。"②

不可否认，我们从伯林这篇类似遗言的短文中看出他作为一个犹太复国主义者对以色列的偏私，因为他坚持耶路撒冷应当作为以色列的首都。

---

① 内森·嘉德尔斯：《两种民族主义概念——以赛亚·伯林访谈录》，转引自资中筠等《万象译事》（卷一），辽宁教育出版社1998年版，第260—263页。

② ［美］马克·里拉等编：《以赛亚·伯林的遗产》，刘擎等译，新星出版社2006年版，第141、142页。

但这并不意味着伯林在人生的最后时刻成为了一个他一直反对的民族主义者——伯林始终认为，领土的争端应当通过妥协来完成，穆斯林在耶路撒冷的圣地应享有治外法权，并由联合国保障和维护这一地位。避免战争，避免民族主义的恐怖主义、沙文主义是伯林始终坚持的处理民族问题的底线。不过，在伯林的内心深处，他仍然怀疑他的方案是否能成为解决民族主义问题的有效手段，在他给马格利特的信中，他另纸附加了一个注释："这是我的处方：对任何人有任何用处吗？如果没有——扔进废纸篓。"①由此看来，伯林认为，民族的政治自治最终只是一种工具价值，无论其程序是多么民主，如果非要通过政治决策来设定文化的优先性，就是过于机械化地处理文化本身了。与后来较为成熟的自由民族主义不同，伯林并不把集体自主权——与族群成员一起作出与社会发展方向相关的决定——当作是基本的善。与其他价值相比，自决的意义在于它能够创造一个良好的环境，使个人自由发展，并能避免被其他无法共享或理解自己文化和价值的人控制自己而产生不适感。由此我们可以看出，伯林的民族主义思想始终是由他的自由多元主义思想决定和限制的。

　　不仅在伯林的思想中存在自由民族主义的矛盾与困惑，在反对自由民族主义的学者那里，我们也看到自由民族主义实际面对的困难：自由民族主义者常常在现实的政治生活中摇摆不定，却又不得不在自由主义和民族主义不可通约的价值间进行抉择。例如，对移民、少数民族的文化权利的限制，民族分离运动的主张，以及全球贫困人口责任问题等，在面对前述各问题的时候，我们可以持有自由主义的态度，也可以采取民族主义的态度。就移民或少数民族的文化权利而言，自由主义者可能会支持个人的自由权利，肯定个人自由发展和表达本族群文化的权利；而民族主义者则会以集体利益为首要的考量，限制其他民族成员文化的表达。无论偏向何种选择，自由民族主义似乎都会陷入困境，要么是自由主义的，要么是民族主义的，其中没有第三条道路可供选择。我们对伯林自由民族主义思想中矛盾之处的分析似乎可以证明这种两难困境。伯林之所以对文化的民族主义持有同情心，有两方面原因：一方面，伯林反对那种把丰富多彩的人类

——————————

　　① ［美］马克·里拉等编：《以赛亚·伯林的遗产》，刘擎等译，新星出版社2006年版，第142页。

生活变得干瘪无趣的世界主义思想，他承认在世界各民族各具特色的生活方式和价值取向的现实中，多元的文化本身即是一种价值；另一方面，伯林辩称人类具有文化归属感、家园感、安全感等基本需要，这种认知来源于他深刻的犹太教根源。① 不过，这些思想与政治并无直接关联，毕竟伯林的自由民族主义思想与他推崇备至的赫尔德文化民族主义思想一样，总体而言是非政治化的。在以色列建国的问题上，伯林也认为民族文化的保存和发展需要独立国家的保护才能得以完成，不过这种政治保护始终是工具性的，而不具有自身的价值。正如汉普希尔（Stuart Hampshire）所说，伯林的自由民族主义思想广义来说是功利主义的：人们只有生活在熟悉的习俗和传统中才能感到幸福，而他们需要政治的独立来保证这种生活。②

伯林在自由主义和民族主义不可通约的价值间，最终倾向了自由主义，似乎证明了自由主义的普遍主义超越了民族主义的特殊主义。其实，我们从中可以看出，伯林的自由多元主义思想与温和的民族主义思想最终是调和一致的，二者完全可以成功地结合，甚至在某种程度上说，他们是相互依存的。二者可以成功结合的原因在于自由多元主义和民族主义两种意识形态本身的特点：两者都是松散而灵活的意识形态，可以从不同的角度加以理解和诠释。根据伯林对民族主义的定义、对民族主义不同起源的研究，以及对民族主义与自由主义之间的矛盾选择，我们可以将他的自由民族主义思想归纳为三个递进的层次：

首先，自由民族主义是自由主义的。作为一名坚定的自由主义者，伯林反对进攻性民族主义和其他一切非自由主义的民族主义形式。

其次，自由民族主义是以自由多元主义为前提的。在伯林的自由多元主义思想中，他坚持反对一元论及其导向的积极自由，因为它们容易走向极权主义，而自由主义一元论造成的极权主义又往往成为进攻性民族主义的华美外衣——进攻性民族主义经常借口追求某种终极善而对其他民族进行侵略和压迫。

最后，自由民族主义追求自由主义普遍理性与民族主义特殊偏好的兼

---

① ［加拿大］伊格纳季耶夫：《伯林传》，罗妍莉译，译林出版社 2001 年版，第 41 页。

② Hampshire, S. "Nationalism" in E. and A Margalit（eds），*Isaiah Berlin : A Celebration*. London：Hogarth Press，1991.

容和平衡。伯林在对待民族主义与自由主义之间冲突的问题上，并没有给出明确的解决方案。不过，可以肯定的是，伯林强调最基本的自由权利，但同时也提出包容民族主义的特殊需要。在针对民族权利的问题上，他强调民族的文化权利应当得到保障，民族文化自决的要求应当得到支持，而对于民族自治的问题，他则显得比后来的自由民族主义更为保守。

第二节　自由民族主义的定义和基本特征

从伯林所说的理想的民族主义形式，到散见于伯林对民族主义的多次论述中的观点，如何定义自由多元主义基础上的自由民族主义一直是一个引而未发的难题。我们能否以伯林的自由主义思想和民族主义观为基础给自由民族主义构建一个连贯、合理的思想体系呢？同自由主义一元论者面对的困难一样，在现实政治生活中，自由民族主义者也必须面对一些不可通约的选项：是坚持自由主义普遍主义的原则，还是倾向民族主义的特殊主义需要？关于自由民族主义的定义和基本特征，伯林并没有给出一个规范性的答案，但是从他的论述中可以推导出相应的内容。

一　自由多元主义与民族主义的契合

自由民族主义是将自由主义的意识形态中对民族主义有利的方面与民族主义中符合自由主义基本理念的部分结合起来，换言之，具有更大包容性的自由多元主义能够消解民族主义的进攻性，而民族主义又可能为自由多元主义理念的实践提供独特的支持。

其一，自由多元主义的宽容是自由民族主义得以存在的前提。对自由主义的民族主义最简单直接的定义莫过于"自由主义的民族主义最主要是以自由主义理念为民族共同理念的民族主义。"[①] 不过，现代自由民族主义理念与18世纪的自由民族主义有较大的差异，或者说，伯林以降的自由民族主义思想与海斯总结的自由民族主义有根本的区别：前者以自由多元主义为基本理念；后者则是以理性主义一元论为根本指导的。18世

---

① ［以色列］塔米尔：《自由主义的民族主义》，陶东风译，译林出版社2005年版，代序第5页。

纪自由民族主义衰沉和向进攻性民族主义转向的原因之一正是由于其理性主义一元论的绝对性抹杀了民族主义特殊需求的必然性——自由主义一元论催生了世界主义的理念，使民族主义的特殊需求被视为暂时的、病态的或人类理性主义不成熟阶段的产物；与此同时，民族主义的进攻性也随之扩张，民族整体主义以世界主义为外衣，实现民族价值的超越性——民族主义特殊主义与自由主义普遍主义的结合最终成为进攻性民族主义进行扩张和侵略的最佳借口。

伯林的自由民族主义思想是以自由多元主义为理论基础的，换句话说，自由多元主义是自由民族主义最重要的前提，自由多元主义能够支撑的民族主义必然需要普遍尊重各民族群体的生存权利和文化发展权利。伯林承认人类具有一些普遍价值，但他也强调在人类社会存在不可通约的多元价值，这些价值支撑着民族主义独特的文化需求。也就是说，跟传统的自由主义思想一样，自由多元主义同样把一些基本自由赋予每个个体，尤其是关于怎样过自己生活的选择自由。而要过自己想过的生活方式，每个个体都必须具备一定文化提供的信息、先例和论据，作为自己选择良善生活的最初依据。消极自由作为伯林自由多元主义思想的最基本理念，是对个人政治自由的规范，它为个人划定了一个隔离的空间，使个体免受积极自由扩张后的外来冲击。在民族文化的背景中，消极自由保护的个人权利必然包含个人的文化认同、文化选择、道德信仰等自由权利或自治权利。这样一来，自由民族主义首先应当坚持消极自由为个人划定的底线，宽容多元价值的客观存在，尊重并保障各民族及其成员平等、自主的文化权利。总体而言，伯林将自由主义可适应的民族主义形式限定为自由主义、多元主义基础上的民族联合体，她应当具有广泛的包容性，因为当前几乎所有国家都是多民族、多文化族群构成的联合体，"既有基督徒也有穆斯林、犹太人和无神论者；有异性恋也有同性恋；有城市白领也有乡野农夫，有保守主义者也有社会主义者"。[①] 自由主义的民族主义不是试图去超越或囊括民族主义所有的要素，而是尽量保持民族主义好的一面、防止其不利的一面：有凝聚力的民族共同体，合法的多民族国家，没有进攻性、沙文主义和民族战争。因此，按照自由多元主义的基本原则实施的民

---

① Kymlicka, W., *Politics in Vernacular*. Oxford: Oxford University Press, 2001, p. 39.

族主义政策，最有可能的是在民族族群内部保证族群成员的个人自由，而对民族群体间关系而言，则保障各民族群体的平等权利，这样才能做到既保障民族成员个体最基本的自由权利，同时也为民族群体复兴民族认同和保持、促进特定的民族文化提供足够的空间。

其二，民族主义本身的曲度让某些形态的民族主义可以是自由主义的。从本书第三章我们看到，伯林对民族主义基本特征的归纳是："坚信归属一个民族是压倒一切的需要；坚信在构成一个民族的所有要素之间存在着一种有机关系；坚信我们自己的价值，仅仅因为它是我们的；最后，在面对争夺权威和忠诚的对手时，相信自己民族的权利至高无上。"① 不过，他认为民族主义的四个特征并非一成不变的，对不同国家、地区和民族的民族主义来说，四个特征的程度和比例是可变的。而通过米勒的解读，我们可以看出，民族主义在"政治的"或"文化的"，"一元论的"或"多元论的"，"道德上无限的"或"道德上有限的"，以及"特殊主义的"或"重叠的"四个维度的八个区间之间有非常大的弹性。从实践来说，民族文化是特定民族生产和生活方式的具体表现，由于历史文化、生产力水平、所处社会环境等因素的不同，不同民族的生产生活方式和民族文化存在着客观差异。例如，有的民族由于工业发展滞后，缺乏快捷的文化信息传播方式，长期处于封闭、平静的社会环境中，其民族主义就容易表现为松散的、以文化传统维系的归属感——如鸦片战争前的中国、英国殖民前的印度等前现代民族国家。又如，有些国家由于在历史上较早形成了统一的民族国家，在工业革命中占据了先机，其社会生产力、经济和文化发展水平都明显优于其他国家，这些民族就很容易产生出强劲的爱国主义情绪和民族自豪感——如工业革命后的英国、法国等。再比如，有的民族生产发展落后于周边国家，长期遭受外族压迫和羞辱，产生了强烈的民族耻辱感，而当其一旦建立统一国家，产生了民族自尊和自豪感后，民族主义情绪就会迅速被推动起来，甚至最终演变为种族优越感和民族沙文主义，对其他民族进行侵犯和压迫——如"一战"前后的德国、日本；"二战"后的苏联

---

① ［英］以赛亚·伯林：《反潮流：观念史论文集》，冯克利译，译林出版社 2002 年版，第 411、412 页。

等。总体而言，民族主义的形式是多元化的，其诉求也并非千篇一律，民族主义的四个维度可以排列组合出十二种可能的民族主义形态。① 自由民族主义者认为，无论民族主义的诉求是文化的还是政治的，能够与自由多元主义融合的民族主义形态至少应该是"道德上有限的"、"具有重叠共识的"和"多元的"。正是因为自由多元主义有了较自由主义一元论更大的包容性，也由于民族主义可能具有温和的、文化的形态，才使得自由民族主义成为以伯林为代表的当代自由多元主义学者、自由民族主义学者相信的能够解决当前世界民族主义问题的有效理论。

其三，自由多元主义与民族主义结合的共同基础是对多元价值的承认。价值多元论是伯林自由多元主义思想的基础，也是他对民族主义持有特殊情感的原因之一。伯林曾经提出，民族主义的种子孕育在对世界主义和普遍主义的批判之中，族群归属需要正是多元文化和多元价值在个人身上的体现。② 归属感和认同感是民族能够提供给其成员的独特且不可取代的情感体验，其之所以重要，在于个人真正的自由与幸福都与之密切相连。玛格利特和拉兹就提出："它们是这样的群体（即文化—民族群体），其成员身份是一个归属问题，而不是成就问题；这一事实使它们适合扮演认同的首要焦点角色……在那个层次上的可靠认同对一个人的福祉特别要紧……人们自身的认同感是跟他们对一些包容性群体的归属感密切联系的。"③ 同样的，塔米尔也强调个人认同感与他们民族成员身份的紧密联系，以及个人自我形象深受民族共同体地位的影响："在一个民族中所享受的成员身份是个人身份的形成因素。个体的自我形象受到其共同体的社会地位的极大影响……一个安全的、有尊严的、辉煌民族的存在对于个体的福祉至关重要。"④ 金里卡同样认为"文化成员身份为我们提供了选择的一种明晰背景以及一种安全的认同与归属感，这在我们面对个人价值和计划方面的问题时会寻求其庇护……如果国家机构不承认人民的文化和认同，结果就可能

---

① 四个维度的组合本来有十六种形态，但其中有的形态要素本身具有矛盾是不能成立的，因此只有十二种。参见本文第三章第三节。

② ［英］以赛亚·伯林：《反潮流：观念史论文集》，冯克利译，译林出版社 2002 年版，第 13、14 页。

③ 翟学伟等编译：《全球化与民族认同》，南京大学出版社 2009 年版，第 215 页。

④ ［以色列］塔米尔：《自由主义的民族主义》，陶东风译，译林出版社 2005 年版，第 67 页。

是严重伤害人民的自尊和能动感。"① 认同感对个人如此重要，以至于个人自由都有赖于其实现程度。然而，人们所属的民族和文化是不同的，没有一个所谓举足轻重的文化—民族共同体能够取代其他所有民族及其文化，成为全人类共同的认同源泉。也就是说，民族和民族文化是多元主义的最佳证明，而这种不可同化、不可通约也无法抹杀的归属感和认同需要正是民族主义成为影响人类社会发展、造成矛盾冲突的根本原因所在。

二　自由民族主义的定义

在伯林之后，许多受他自由多元主义思想和民族主义思想影响的自由主义学者，纷纷根据自身对民族主义的理解，描述了自由民族主义的基本含义。其中，比较具有影响力的是加拿大政治哲学家威尔·金里卡的定义，他从国际和国内两个层面分析了自由民族主义的内涵："在国际关系层次上，自由主义民族主义者通常与孔多塞一样服膺于这一理想：世界秩序建立在自由贸易、国家的发展（包括对人权的普遍尊重）和禁止侵略别国领土的基础之上。在国内层次上，自由主义民族主义者则像孔多塞一样服膺于自由民主的立宪主义、机会均等、宗教宽容以及更一般意义上的对多元文化和文化交流的开放态度。"② 相比启蒙运动时代的自由主义者，自由民族主义不仅保护个人自由，还负有保护民族文化的责任——它体现了个人的民族认同需要。"自由民族主义视各国保护和促进在其境内的民族的文化和语言为国家的合法功能。这种保护和促进可以是创建使用这些民族语言工作的公共机构，在公共生活中使用民族符号（如旗帜、颂歌、公共假日等），并允许民族群体在语言和文化的再生产（如实行可以让少数民族群体自治的联邦制或社会主义）等至关重要的问题上自治。"③ 金里卡的定义把民族主义视为保证自由、民主的一种必要的或核心的要素，认为"只有在民族政治联合体中自由民主制度才能最好地实行"。④ 可以看出，这意味着自由民主及其原则只有在单一民族的背景中才能有效施

①　Kymlicka, W. , *Politics in Vernacular.* Oxford: Oxford University Press, 2001, p. 39.

②　［加拿大］金里卡：《少数的权利：民族主义、多元文化主义和公民》，邓红风译，上海世纪出版集团 2005 年版，第 235 页。

③　Kymlicka, W. , *Politics in Vernacular.* Oxford: Oxford University Press, 2001, p. 39.

④　Ibid. , p. 223.

行。在这一点上，金里卡的自由民族主义观点与密尔的民族主义观不谋而合了，或者说是金里卡承袭了密尔的民族主义观。但是，在对自由民族主义特征的描述中，金里卡则显出了自由多元主义不同于密尔为代表的自由主义一元论的宽容，对自由主义一元论的"中立性"的民族政策提出了质疑和挑战。金里卡认为，民族主义与世界主义并非必然对立的，因为自由民族主义者不必要、通常也没有否认世界主义的基本价值观如人权、宽容、文化交流及国际和平与合作等。不过，金里卡在定义自由民族主义的时候，明显要比伯林更积极，他更多主张用国家法律权威来保障民族族群的文化发展权利。

尼尔·麦考密克（Neil MacCormick）的自由民族主义思想则侧重考量民族与国家间的关系。他认为，在现代社会，试图以一个领土国家对应单一民族的办法来解决国家和民族间的问题、借以实现和平的社会理想是不可能的，所谓公民国家主义也根本无法取代民族主义在多民族国家中的作用，因此需要有自由民族主义对国家与民族间的关系进行调和。他认为自由民族主义具有这样的含义："在主权国家或后主权国家的世界秩序中，民族的成员本身就是或在原则上被授权是有效的政治自治体，但是，自治并不需要拥有主权国家的形式。"① 也就是说，在自由民主国家中，对个人的尊重是自由主义中最有资格作为现实道德和政治基本原则的内容，而尊重个人就要求尊重个人的独特性。此外，尊重民族特性和在原则上承认民族主义不仅不会同自由主义相冲突，反而实际上是自由主义本身需要的。

伯林的学生耶尔·塔米尔的定义或许更接近伯林的思想，她将自由民族主义视为"自由主义传统连同它对人的自主性、反思性、选择的尊重，以及民族主义连同它对归属、忠诚以及团结的强调，……（两者）事实上的相互补充。自由主义者可以承认归属、成员身份与文化忠诚以及随之而来的个人的道德信念的重要性，而民族主义者则可以接受个人自主与个体权利和自由的价值，保持对于民族内部以及民族之间的社会正义的价值承诺。"② "它（自由民族主义）放弃以其他价值为代价来追求一套终极

---

① ［英］爱德华·莫迪默主编：《人民·民族·国家——族性与民族主义的含义》，刘泓等译，中央民族大学出版社 2009 年版，第 156 页。

② ［以色列］塔米尔：《自由主义的民族主义》，陶东风译，译林出版社 2005 年版，第 4 页。

价值，是避免镇压或流血危险的一种努力。"① 自由民族主义秉承这样的
基本理念："所有的民族均应该享有平等的权利，而事实上它的普遍结构
来自位于其核心的个体权利的理论。"② 在塔米尔看来，伯林主张的自由
民族主义不是一项规范性的理论，而是一种经验应用。因为在多元价值的
社会中，追求整齐划一不是一个恰当的目的，对社会问题、民族问题也必
然不存在唯一合理或完美的解决方案，因为追求绝对的解决常常导致压迫
或流血。③

　　不管是伯林的自由民族主义思想，还是其他自由民族主义学者的归
纳，都试图将自由主义的普遍主义与民族主义的特殊主义、自由主义的个
人自由与民族主义的整体主义调和起来。通常，自由民族主义是这样来完
成这一艰巨任务的：通过将民族主义者的情形普遍化（universalize），即
承认其他民族也拥有同本民族同样的正当权利，其他民族成员也有权利致
力于本民族文化的传承和发展，从而化解民族主义的偏狭与极权倾向；同
时，自由民族主义又不否定民族主义对个人自由的支撑作用，并认为这是
自由主义在多元社会得以顺利推进的必要因素。正如迈克尔·沃尔泽总结
的："将特殊的忠诚与普遍的善意连在一起，诉诸多元主义，这就是以赛
亚·伯林的方式。……这种方式的必要性在于它拒绝放弃特殊的忠诚，也
拒绝放弃普遍善意。伯林大量的著作可以被看作是一种探索的努力，去探
索这两种拒绝所造成的所有——历史的、政治的和哲学的——后果，由这
两种拒绝导致的政治立场就是某种自由民族主义。"④ 所谓的两种拒绝其
实是对民族主义和自由主义分别进行修正，或者说找到二者恰当的相互适
应维度。自由民族主义认为，民族主义在两个方面被自由主义的基本理念
限制，一是要求民族成员承认民族成员作为个体的人的合法权利，而不能
将民族作为一个巨大的有机体凌驾于作为个体的民族成员基本自由权利之
上；二是要求一个民族及其成员承认其他民族同等的集体性权利（自决、

---

① ［以色列］塔米尔：《自由主义的民族主义》，陶东风译，译林出版社 2005 年版，第 4、
5 页。

② 同上书，第 7 页。

③ Berlin, I., "Interview", *Israeli Democracy*, 1986, pp. 40 – 43.

④ ［美］马克·里拉等编：《以赛亚·伯林的遗产》，刘擎等译，新星出版社 2006 年版，第
154 页。

主权、自治或其他的权利）。而对自由主义来说，包容民族主义的特殊主义又成为在多元社会中广泛推行其普遍善意的必要条件，自由民族主义最好被理解为自由主义的一个改良主义品种，我们接受民族主义的特殊忠诚的客观存在，然后致力于以自由主义的理念去限制它，修正它，从而使这些差异化的特殊忠诚足够兼容并和平共处，而不是试图去寻求一种乌托邦的方案，化解或囊括所有因特殊忠诚而产生的差异和矛盾。① 沃尔泽认为自由主义是可以更宽容的，对自由主义来说，民族主义中个人对集体的特殊忠诚并不是一种比个人对家庭的特殊依恋更难修正的情感。他说道，"人们常说民族主义不可能（真正地）被修正，它必须被随时随地予以反对，因为它在本质上是极端的——正像人们会说（尽管我不相信任何人实际上这样说过），父母之爱必须被反对，因为这种爱在本质上是极端的。这恰恰是伯林所拒绝的立场，不仅因为他在总体上是一个反本质主义者，而且因为具体而言他是一个自由的犹太复国主义者。"② 虽然沃尔泽不是一个自由民族主义者，但他在论述伯林的自由民族主义思想时确实道出了自由主义自我修正的必要性：如果自由主义始终执着于普遍主义的或者理性主义一元论的理念，坚决反对民族主义的任何特殊主义诉求，那么事实上，自由主义者的这种努力注定是会失败的。在沃尔泽看来，自由主义者"致力于日常人类生活的革命性转变——旨在创造一种'自由主义新人'"，而这个目标与苏联教育体制下培养"社会主义新人"的目标相差无几③——二者都是想以理性的一律忽略或压制人的多元本性。

三　自由民族主义的基本特征

当代自由民族主义之根本区别于 18 世纪的自由民族主义思想，在于自由主义的多元主义修正和对民族主义特征的限制。如果民族主义仅仅被狭隘地理解为一些民族因耻辱感和与其他民族比较而产生的自卑感而爆发的复仇情绪，那么，我们就会像自由主义一元论者那样——希望创造一个平等的世界，在其中的所有个体、所有文化都被平等对待，并把民族主义

---

① ［美］马克·里拉等编：《以赛亚·伯林的遗产》，刘擎等译，新星出版社 2006 年版，第 158、159 页。

② 同上书，第 158 页。

③ 同上。

视为人类历史上一个转瞬即逝的阶段。自由多元主义者认为有必要找到自由主义与民族主义相适应的曲度，进而结合起来，形成自由民族主义的新的理论，以解决当前自由民主国家面临的民族问题。这样一来，自由多元主义就必须把民族主义视为普遍人性对归属感和家园感的需要，也必须重视民族主义必将长期存在这一现实，并协调出相应的模式与之和谐共存。

由此，戴维·米勒从何种民族主义能够与自由主义相适应的角度出发，认定自由民族主义应当具有以下六方面特征：

"（1）虽然民族主义必须在表面上实现从前现代转向现代社会的转型，但她绝不会成为一个巨大的、无个性特征的、流动的人类群体。相反，民族主义总是创造一种集体认同，让人们把自己当作具有独特个性和文化特征的跨代（trans‑generational）群体的一部分。（2）然而，民族认同不是原初的。个人的自我认知随着时间发展起来，并随着环境改变。尤其是民族成员标准是可变的，并不一定按照种族的或族裔的标准来界定。（3）民族性（nationality）是个人身份认同的重要来源，但不必也不应该是唯一的来源。归属于某个民族并不意味着个人只具有唯一身份，通常人们还同时归属于各种亚民族的群体，如社区、宗教和文化群体、政治社团等。（4）由于归属于某个民族，个人就对他/她的同胞负有特殊的义务，但这种义务应该同个人对非本民族的其他个人所负的义务是一致的，而非抵触的，如对基本人权的尊重。换言之，民族主义诉求的是一种合理的对同胞的偏袒，而非绝对的道德褊狭。（5）各民族都有合理的自治权，因此任何民族都不得以自治为由阻碍其他民族同样的自治权。政治体制的设定应当对所有民族的自治权利都保持公平，例如在联邦政府的构建或少数民族群体自治权利分配等问题上都应公平对待所有民族。（6）民族政治自治非常重要，因为文化必须依靠政治支撑才能繁荣和发展。但是，我们也必须同样重视政治和民族界限的一致和融合，这或许是实现社会民主和正义的必要前提。"[1]

金里卡对自由主义基本特征的界定与米勒有类似之处，不过更侧重于对自由主义成分与民族主义成分二者比例的限定。金里卡认为：

"（1）自由民族主义并不试图把某种民族特性强加给非本民族的人。

---

[1]　Miller, D., "Crooked Timber of Bent Twig? Isaiah Berlin's Nationalism", *Political Studies*, 2005, Vol. 53. （pp. 100 – 123）：118.

在自由民族主义框架中，公共机构可以使用某一民族的认同特征（如公共机构可以采用某一特殊民族的语言、节日和符号）。但不禁止不属于这一民族群体的个人表达和珍视他们自己民族认同特征的自由权利。个人可以自由地以其他语言谈论和出版，或者庆祝自己的民族节日和使用自己的民族象征。……为此，自由民族主义国家会给予不同民族的认同一个公共空间，人们可以自由采用想要的语言、甚至谋求地区的分离而组成独立国家，这些权利都不因其反叛了当前的国家政权而被视为背叛，国家也不会以此为理由对个人的自由民主权利进行限制。(2)典型的自由民族主义对民族共同体定义更为开放。民族群体的成员资格并不仅限于某一特殊的种族、族裔或宗教。通常而言，谁想加入或退出都是被允许的。……由于这种包容性，自由主义国家的民族认同便不那么强烈。为了使不同族裔文化背景的人可以成为本民族完全且平等的成员，也允许最大范围的个体多样性和不同意见者存在，加入这些国家和民族的要求也宽松许多：加入这样自由主义的民族或国家不需要背弃自己的姓氏、宗教、习俗、文化等。……(3)自由民族主义不具有进攻性，并不试图在本国或其他国家内瓦解其他民族群体的自治机构。因此，自由民族主义愿意在一国范围内使公众承认那些始终以民主方式坚持自己的民族认同特征的少数民族，与他们分享公共空间。"①

　　金里卡归纳的自由民族主义的基本特征表明了自由主义理论的自由、平等两基本原则之下民族主义和民族主义政治的合法形式——前两个特征表明了"在族群内部保障个人自由"的愿望，后一个特征则表明了"保障族群间平等"的要求。正如金里卡所说，"（自由民族主义）要求我们建立一些'外部保护'来降低少数民族群体在面对多数群体的经济和政治权力的脆弱性，也要拒斥那些试图以集体权利的名义侵犯和约束民族成员个体基本公民权和政治自由的'内部限制'。"② 很多时候，我们无法直接用"自由主义的"和"非自由主义的"来划分现有的民族主义，因为很多时候，变动的民族主义运动可以是自由主义的，但在一定的条件下或不同的发展阶段也很容易转变成非自由主义的形式。

---

① Kymlicka, W., *Politics in Vernacular*. Oxford：Oxford University Press, 2001, p. 22.

② Ibid..

　　与米勒和金里卡对自由民族主义特征的描述相似,塔米尔认为,自由民族主义的首要特点是:"(1)它在巩固民族理想的同时并不无视其他的人类价值观念——民族的理想应该依据这种人类价值来衡量。"① 也就是说,塔米尔同样认为,自由民族主义的特征包括尊重族群间文化的同等价值和平等地位。自由民族主义的这一最主要特征能实现"对于合法的民族目标以及追求整个目标的手段重新界定。自由主义的民族主义因而珍视民族文化的特殊性和人权的普遍性,珍视个体和社会的文化嵌入性以及人的自治。"② 在首要特征之外,自由民族主义还具有其他一些特征:"(2)它是多元的、开放的,它把民族群体不仅看作历史的产物,而且也看作人类意志的产物,它大体上遵循人文主义的传统。它是依据伦理个人主义(ethnical individualism)的假设而得到建构的。因此,对个人而言,自由主义的民族主义突出地强调选择的可能性与重要性。(3)生活在一个民族共同体内对个体而言具有特殊的意义:……它提供了被重要的他者承认的可能性。……使个体能够享受一定程度的、光凭自身不能体验的自我实现。……(而且)生活在一个成员们共同拥有一种'想象的一体感'的共同体之中促进了相互的责任。"③

　　从塔米尔的表述中,我们可以看出,在对自由民族主义特征进行界定时,她同样强调"族群间平等关系"和"族群内部成员个人的自由权利"的重要性。在塔米尔的归纳中,我们可以看出,多元主义(多中心主义)是自由民族主义最突出的特征,她认为"自由主义的民族主义是通过对于民族群体生存的普遍性承诺而得到申述的,所以它从定义上说就是多中心的。"④ 也就是说,自由民族主义在追求特殊的民族认同和忠诚的时候,并不否认普遍的人类基本权利。尊奉自由民族主义的民族共享了为争取自由、民主、独立而斗争的神圣职责,正如特莱奇克(Treitschek)所说:"每个民族的人民都有权利相信特定的神圣理性的属性更加完美地体现在

---

① [以色列]塔米尔:《自由主义的民族主义》,陶东风译,译林出版社2005年版,第74页。

② 同上。

③ 同上书,第79页。

④ 同上书,第87页。

自己的身上。"① 正是价值多元论的基本理念使自由民族主义避免了特殊主义的民族主义本身包含的理论局限，也把自由民族主义同其他形式的民族主义——帝国主义、种族主义、法西斯主义以及纳粹主义——区分开来。塔米尔还描述了自由民族主义的民族实体的特征："这个实体将赞同自由主义的内外分配原则，其政治体制将反映特定的民族文化，但是它的公民将可以自由地实践不同的文化，遵循不同的生活计划与关于好的概念。"② 这种秉承自由民族主义思想的民族实体把文化当作政治生活的中心概念，民族的政治目的和诉求是为促进民族文化而生的。

阿尔伯特·祖尔（Albert W. Dzur）在《民族主义、自由主义与民主》一文中将自由民族主义视为一种普遍的、由信念构成但并不一定寻求建立特定国家的意识形态，他认为自由民族主义有四个基本特征："（1）社会性联系——在民族国家中，民族成员间因特定的公共文化联系起来，并以此和其他民族相区分；（2）民族成员间平等——民族成员仅因归属于同一民族而相互产生联系；（3）历史渊源——民族成员将自己的生活与其民族的历史和未来联系起来理解；（4）领土根源——民族成员的历史体验与特定的土地密切相连。③"他认为，自由民族主义并不追求一个政治联合体的民族国家存在，而是更关注在一定的界限内以文化为中心的民族主义，这是一种普遍主义的而非特殊主义的民族主义观。这种观点与塔米尔对自由民族主义的分析是吻合的：它强调民族文化和地位的平等；强调民族文化自决的权利，而不过分追求民族主义的政治目的。

尽管自由民族主义学者们在归纳自由民族主义的定义和特征时各有侧重，有具体表述上也有差异，但他们有一致的核心观点：自由民族主义是以自由多元主义为前提的，承认多元民族文化的客观存在及其价值，同时强调个人基本自由和权利得到普遍的保障。在对待民族主义的态度上，强调各民族内部要消除可能对民族成员个体的自由权利造成影响和制约的

---

① Treitschek, H., "Politics." in M. Zliger, ed., *A Reader in Political Philosophy*. Jerusalem: Hebrew University, 1977, p. 359.

② ［以色列］塔米尔：《自由主义的民族主义》，陶东风译，译林出版社 2005 年版，第 168 页。

③ 戴维·米勒也有类似关于民族主义与特定领土间关系的论述，参见［英］戴维·米勒：《论民族性》，刘曙辉译，译林出版社 2010 年版。

"内部限制"，在民族间关系中则要提供平等的对待和促进各民族自由发展自身文化的"外部保护"。这是自由民族主义在对自由主义和对民族主义两方面的最低限度的要求。

第三节　自由多元主义与民族主义的相互证成

按照 18 世纪自由主义者普遍的民族主义观，只有在单一民族的国家中，自由民主制度才能得以最好的体现，个人自由、社会平等、正义等自由主义的基本理念才能有最佳程度的实施。这种理想化的民族与自由理念的结合被证明在事实上存在深刻冲突：从理论层面讲，自由主义普遍主义与民族主义的特殊主义是对立的；从实践层面讲，自由主义追求的平等公民权利、世界主义的政治理想与民族主义强调的民族利益和民族成员特殊权利也常常是冲突的。因此，20 世纪许多自由主义者最终选择放弃、排挤民族主义，以保证自由主义基本原则的一以贯之。在自由多元主义者看来，这种观念的产生源于这些自由主义者错误应用了自由主义的基本原则："自由主义者反对那些提议实际上是符合自由主义原则的，却宽容了那些实际上践踏了自由主义原则、使不公正永久化的提议。"① 在自由民族主义者眼中，自由主义原则的正确应用是自由多元主义的，而非自由主义一元论的。从伯林对民族主义的关注来看，他认为，民族主义的浪漫主义根源即是对理性主义一元论的彻底反对，换句话说，民族主义存在的正当性正是由于它反对理性主义一元论的特征——民族主义的存在恰好证明了多元价值的客观存在。金里卡也认为，强势民族给弱势民族加上"劣等"的前缀、主流群体给少数民族贴上非自由主义的标签，并把关于民族主义的讨论理解为自由主义对非自由主义的包容或理解，都是对自由主义和民族主义的双重误解。② 这种自由主义与民族主义的绝对对立，是夸大了自由主义与民族主义的差异，以彻底的普遍主义对抗极端的特殊主义，以"我们对抗他们"的心理来看待自由主义与民族主义的关系，而不是试图去构建一种能够包容相当程度民族主义诉求的自由主义理论。然

---

① Kymlicka, W. , *Politics in the Vernacular.* New York：Oxford University Press, 2001, p. 63.

② Ibid. .

而，伯林的自由多元主义思想突破了自由主义一元论的狭隘应用，自由主义开始承认多元价值的客观存在，进而肯定民族主义是源自人类多元本性的社会常态，并进一步证明自由主义与民族主义具有极强的互补性和交叉性，构建了以自由多元主义为基础的新的自由民族主义思想，作为当今世界各国解决民族问题的指导理念。要论证自由民族主义的合法性，必须首先驳斥自由主义一元论推崇的中立理论及"公民国家主义"的缺陷和不可行。

一 自由民族主义的合法性——与公民国家主义相比较

（一）自由主义一元论中立性的缺陷

在自由民主国家建构理论中，一般这样表述自由主义普遍主义的文化中立理论：正如一个自由主义国家不可建立某种官方的宗教信仰一样，它同样不能建立官方的文化系统；因为文化同宗教信仰一样，属于公民私人生活领域的、应当由公民自由选择的价值。一种文化的兴盛与衰亡应取决于公民的选择而非国家的倡导或压制。① 对自由主义一元论者来说，自由民主国家也可以是民族主义的，但首先必须保持文化中立的原则并保证所有公民的平等权利和普遍的社会正义。

自由主义中立理论由来已久，其最典型的代表莫过于罗尔斯在《正义论》和《政治自由主义》当中的论述。在著名的两个正义原则中，罗尔斯利用"无知之幕"（veil of ignorance）排除了一切可能影响公民理性选择的因素，包括公民关于善的理念以及其对待民族和民族主义的态度。罗尔斯将这种思想表述为"正当优先于善"，这意味着自由主义理论不应当寻求某种特定的理念或认定某种最佳的生活方式并在公民中广泛推行；相反，自由主义理论应当肯定多元的生活方式，并构建一个中立的正义架构来保证每一种生活方式都能够平等地存在，所有公民都能自由地选择过何种生活，以此保证每个公民平等的自由选择权利。这也意味着国家不能提倡任何官方的善的理念或宗教信仰，以便给个人提供一种开放的政治环境，可以自由地选择和追求私人生活。国家政权一旦干预了任何一个本属

---

① Barry, B., *Culture and Equality: An Egalitarian Critique of Multiculturalism*. Cambridge: Harvard University Press, 2002.

于私人领域的事务，表示出对某种价值的倾向，便会对那些采纳其他价值的公民造成实质的歧视。罗尔斯认为，只有以公民个人自主为基础开展各种政治活动，才能实现社会平等，这就是通常意义上所说的自由主义对各种差异性的善持中立态度。换句话说，罗尔斯合理的完备性学说囊括了所有差异性的价值，使之能够让持有多元价值观的公民达成一致的正义观。我们不难看出，罗尔斯的完备性学说肯定了多元价值的存在以及多元生活方式的合理性，实际上具有多元主义的倾向。然而，完备性学说在事实上会形成实质上的一元论倾向和压迫。在后期，罗尔斯意识到了这种实质上的不平等，提出了以政治作为正义的共识来规避这种不平等的可能。哈贝马斯对此给予了高度评价，他认为"作为一种合理结构的政治自由主义没有提出某种特定的真理，而是对所有冲突的世界观保持中立"。[1] 以罗尔斯为代表的自由主义者认为，自由主义国家面对的首要挑战和任务就是如何在具有冲突的多元世界观的公民之中建构一个能够保持中立的社会结构。以罗尔斯为代表的自由主义者都声称中立性是自由主义典型的政治特征，甚至认为中立性是自由主义理论的核心特征。[2] 虽然罗尔斯承认了多元文化的客观性，却最终相信自由主义的普适性可以消除多民族的文化差异，相信中立的自由主义能够保证无差别公民权利和平等的实现。但是，乔纳森·泽格罗（Jonathan Seglow）认为，"罗尔斯在事实上排除了民族文化是在多元文化中构建自由主义的个人自主性的必要元素，因为他坚信公民身份才是构建政治共同体的唯一必要元素。"[3] 自由民族主义者认为，这仍然是一种一元论的观点，因为对那些没有选择主流生活方式的公民来说，与主流生活方式和政治结构的差异会让他们永远无法实现真正的善。

　　自由主义普遍主义者不仅在政治上、宗教上坚持中立的态度，他们同

---

① Habermas, Jügen, "Commentary on Rawls", *The Journal of Philosophy*, Vol XC Ⅱ, No. 3, March 1995.

② 与罗尔斯持有相同观点的还有罗纳德·德沃金（Ronald Dworkin），布鲁斯·阿克曼（Bruce Ackeman），查尔斯·拉莫（Charles Larmore）等当代著名的自由主义者，参见 Ackerman, Bruce, *Social Justice in the Liberal State*. Yale University Press, New Haven, Conn. , 1980.　Dworkin, Ronard, "In Defense of Equality", *Social Philosophy and Policy*, 1983, 1/1: 24 - 40.　Larmore, Charles, *Patterns of Moral Complexity*. Cambridge: Cambridge University Press, 1987。

③ Seglow, Jonathan, "Universal and Particulars: the Case of Liberal Cultural Nationalism", *Political Studies*, 1998, ⅪⅥ, 963 - 977: 964.

样认为，国家也不能在文化价值上具有倾向性。自由主义普遍主义区分民族主义的标准的核心是对族群和文化的态度。根据自由主义一元论观点对民族主义的理解，民族主义通常被分为"公民民族主义"（civic nationalism）（"公民国家主义"）①和"族群民族主义"（ethnic nationalism）两大类②，前者被认为是"自由的"；后者则是"非自由的"。所谓"公民国家主义"，是指以美国和法国为代表的革命民族主义，"其基础不是共同的血缘或文化，而是共同的政治原则，尤其是自由平等的原则"。③公民国家中成员身份的界定不以血缘或文化为基础，而是以其国家疆界内的公民对民主自由政治原则的认同和忠诚为基础的，并在此基础上形成特定的民族性格和公民文化。这样一来，任何血统和文化传统的公民最终能享有同一的文化，有共同的目标，并构成统一的"民族国家"共同体。"公民国家主义"的理论基础是自由主义一元论的中立理论，假设其支持的自由民主社会制度对所有公民在民族性和文化上都是中立的，这也是自由主义者一贯为之自豪的特质。"公民国家主义"成为自由主义一元论者为之自豪的，被认为在"后民族主义"时代能够代替民族主义、且优于民族主义的社会认同体系，因为"自由主义使得国家与族裔性绝对分离。自由主义国家位于国内所有族裔和民族群体之上，拒绝赞同或支持他们的生活方式，或是对他们的社会繁衍表现得高度感兴趣。相反，国家对这些群体的语言、历史、文学和历法都保持中立。"④在自由主义一元论者的分类中，与"公民国家主义"相对的是"族群民族主义"，后者被认为建基于特定的民族、种族和文化之上，不遵循自由主义的政治体系，因为它排除了其他非本民族成员的合法权益。在民族社会之中，民族成员身份由特定的民族和文化决定，甚至还可能掺杂血统的标准在内。"族群民族主

---

① 注："公民民族主义"又译为"公民国家主义"，为与伯林界定的民族主义概念区分开来，后文都使用"公民国家主义"。

② 注：有的学者将其分为"公民民族主义"和"文化民族主义"（cultural nationalism）两大类，或者分为"西方的民族主义"和"东方的民族主义"两大类，其区分的核心标准都是是否是自由主义的。

③ ［加拿大］金里卡：《少数的权利：民族主义、多元文化主义和公民》，邓红风译，上海世纪出版集团 2005 年版，第 266 页。

④ Walzer, M, "Comment", in Amy Gutmann（ed.）*Multiculturalism and the "Politics of Recognition"*（Princeton University Press, Princeton）, 1992, pp. 100 – 101.

义"的政治体系具有排外性、差别性和非自由主义的褊狭性，这与"公民国家主义"的中立性特征产生了冲突：它破坏了公民普遍平等的权利，将公民分为两个等级——具有"官方的"或"主流的"民族成员身份和文化的公民属于第一等级（优秀等级），而其他的公民则属于第二等级（劣等等级）。因为否定了个人自由、平等、普遍性等自由主义的基本理念，"族群民族主义"的偏狭和排他性成为自由主义普遍主义不能容忍的缺陷，也成为自由主义普遍主义攻击甚至全部否定民族主义的根源所在。

自由主义普遍主义者还认为，世界上层出不穷的民族主义冲突的主要的或唯一的根源就在于民族主义本质上的反个人主义、反平等主义以及强烈的排外性。从伯林对民族主义的定义及特征描述来看，"公民国家主义"其实不具备民族主义的基本特征，不是严格意义上的民族主义：它没有对特定民族形成认同感和归属感，没有认定本民族的特殊价值及其超越性。相反，"公民国家主义"和启蒙运动、自由主义一元论倡导的世界主义更相似：它们都认为无论在哪个国家和民族群体中，只要个人权利受到尊重，人们就会产生归属感。"公民国家主义"和世界主义两种理论都认为，少数民族融入多数民族、小群体融入大群体，最终达到民族融合的终点——产生出一个世界通用的、所有文化高度融合的单一的全球社会——是社会历史发展的必然；民族认同必将随着人类理性的高度发达、社会文化的高度交融最终消亡。无论是密尔还是孔多塞，是笛卡儿还是莱布尼茨、富兰克林以及伏尔泰，这些自由主义普遍主义者无一例外地赞成这种观点。这一观点同样是 18 世纪的启蒙思想家、19 世纪的自由主义者以及 20 世纪的现代化、全球化理论的理论家都持有的共识。

（二）自由民族主义对自由主义中立性及"公民国家主义"的批判

以伯林为代表的自由民族主义者批判了自由主义一元论关于"公民国家主义"与"族群民族主义"的区分，主要从四个方面否认了自由主义一元论的民族主义观点：其一，自由多元主义者认为，所谓国家的价值中立只是一种虚构的体系，任何自由民主国家都没有也不可能保持文化的绝对中立。其二，国家共同体内的平等公民权利并不能从道德层面解释为何同一国家内的公民相互间具有道德的和政治的义务，以及为何道德的和政治的义务仅仅对国家界限之内的人有效。其三，即便是在公民权利已经高度发达的西方国家，对文化权利和少数民族权利的需求仍然在不断高涨，而不是像自由主义一元论设想的那样：高度发达的理性和公民权利最终消解非理性的、不成熟的民族归属感和民族文化的需求。其四，"公民国家主义"并非一定是自由主义的，在实际运作中，"公民国家主义"更容易转化为极权主义和进攻性民族主义。

首先，自由民族主义者认为，"中立从来都不是自由主义的典型特征。"① 在罗尔斯的《政治自由主义》一书中，虽然没有对文化中立性有任何具体的规定，但自尊是被认定为一种首要的善存在的。② 从伯林的两种自由概念我们可以推导出，如果自由主义支持的是最小国家（minimal state）并主要关心公民的消极自由是否得到保障，那么这个"自由国家的必要条件就是政府的权力与权威应通过宪法和实践加以限制，在这个体系中，法律规定内的个人自由与人格平等得到尊重"。③ 只有在这个时候，所谓自由主义的中立性才是可能的，因为它能够不干涉其成员的生活，对持有不同的善的观念的人表现出最大的宽容。但是，正如第二章中伯林对积极自由的分析，自由主义一元论导向下的国家总是承担了更为积极的角色，远远超出了最小国家的限度，这样一来，自由主义的中立就成为泡影了。例如，对于呼吁福利国家的自由主义者来说，似乎有两种可能的中立态度，一是门德兹（S. Mundus）所说的"原因的中立"，即政府不因某些群体持有特定的善的理念就损害其利益；二是更为严格的既考量原因也重视结果的中立形式，它主张"凡是使得追求一种善的概念比追求另一种善的概念更容易的法律和政策都不应该通过和被采纳"。④ 然而，这两种中立都是不可能实现的。即便对最小国家而言，无论是政治体系还是文化导向都不可能做到百分之百的中立，它们至少必须在某些最基础的善的观念上有所保留，例如对基本人权、种族歧视、恐怖行动等观念和行动的基本价值作出善恶判断。对福利国家而言，在法律和政策的制定过程中，国家更是"不得不对社会的、政治的、经济的以及道德的问题采取某种立场，而那些同意国家所倡导的政策的人，就拥有更好地追求自己的生活计

---

① Tamir, Y. , *Liberal Nationalism*, Princeton University Press, 1995, p. 141.

② Rawls, J. , *Political Liberalism*, New York: Columbia University Press, 1993, p. 318.

③ Gray, J. , *Liberalism*, Milton Keynes, England: Open University Press, 1986, p. 75.

④ Mundus, S, *Toleration and the Limits of Liberalism*, London: Macmillan, 1989, p. 13.

划与善的概念的机会"。① 在这样的情况下，赋予公民平等权利事实上无法完全保证公民能平等地获得自己追求的生活方式的机会，因为那些认同于统治制度的人总是更容易得到认同和帮助。事实上，积极自由导向的福利国家最终会产生两个相对的结果——"在强迫采取必然反映特定价值系统的分配政策的同时，又巩固了中立的观念。"② 在自由民族主义者看来，这不过是一个有道德偏见和文化倾向的国家不愿承认自己的倾向性，又自欺欺人地相信自己是不拘泥于任何特定善的观念的。自由主义一元论的本质已经决定了自由民主国家必然具有某种价值导向。

在民族主义的问题上，"公民国家主义"认为自身已经彻底排除了种族、文化等非理性因素对民族主义的影响，因此可以做到普遍的适应性和中立性，但是它忽略了文化背景对公民身份的影响。自由民族主义者认为，与对待宗教信仰的态度不同，国家不可能在民族文化上保持完全中立。例如，人们通常认为，作为一个移民国家，美国的国家民族（国族）认同是极成功的。迈克尔·沃尔泽就曾说，"美国的象征和节日——国旗、誓言、独立纪念日和宪法——在文化上是无特色的，是被发明而不是被继承的，在形式上是唯意志论的，在内容上是狭义政治的。"③ 但事实上，美国社会文化的中立性也不是完整的。以语言为例，查尔斯·泰勒说道："如果一个现代社会具有一种'官方'语言，从本质上讲，这就是国家支持的、倡导的和规定的语言和文化，国家的经济和政治都在此基础上运行，这对那些以该语言为母语、以该文化为自己文化的人来说显然具有极大的优势。"④ 在任何国家，总是多数民族的语言被选做"官方"语言。虽然没有法律的明文规定，但美国政府事实上采纳的官方语言是英语和西班牙语，目前美国的 50 个州有 31 个州已经将英语作为官方语言。在政治生活、学校教育及移民文化改造中，英语都被强制地推行，并以行业法规或政策的形式加以合法化，美国各州还分别采取了禁止使用少数民族语言

---

① Tamir, Y., *Liberal Nationalism*, Princeton University Press, 1995, p. 144.

② ［以色列］塔米尔：《自由主义的民族主义》，陶东风译，译林出版社 2005 年版，第 151 页。

③ Walzer, M., "What Does it Mean to Be an 'American'?" *Social Research*, 57, 1990, p. 602.

④ Taylor, C., "Nationalism and Modernity" In M. a. McKim, *The Morality of Nationalism* (pp. 31 –55). New York: Oxford University Press, 1997, p. 34.

的政策来保障官方语言的普及，目前只有 3 个州承认其他语言有与英语平行的地位。① 对生活在美国社会的母语非英语的个人和群体而言，能否流利使用官方语言关涉到个人能否适应学校教育，能否在社会文化中如鱼得水，在社会中顺利进行各种经济的、政治的活动，这常常迫使他们放弃自己的母语在日常生活中的重要地位，转而学习和使用非母语的英语。同样的，学校课程的设置、国家节假日的安排等与民族文化、民族事务相关的事务同样由多数民族文化决定。仍以美国为例，虽然美国有很多超越民族文化的节假日、纪念日，如马丁·路德·金纪念日，哥伦布日、独立日等，但仍有许多节日具有强烈的民族文化倾向。例如，感恩节是专为纪念英法殖民者在新大陆的成功而设置的，名义上是纪念殖民者与土著印第安人之间的和平与友谊，事实上却掩盖了历史上殖民者对印第安人的残忍行径，这个节日至今无法为印第安人接受。由此可见，即便是在自由民主高度发达的社会，完全的文化中立仍是行不通的，"公民国家主义"或多或少具有多数民族文化的印记无法抹去。对那些享有与主流文化相同文化的个体成员而言，他们能够自然而然地认同于某种共同的善的观念。与之相对，对那些少数民族群体来说，他们缺乏社会认同的"基础观念"，因此在生活中也难以被承认和肯定。②

其次，自由民族主义者批判了"公民国家主义"以民族国家为界限决定成员身份以及成员之间是否具有道德义务的观点。自由民族主义认为，自由主义提倡的分配正义、平等原则等只适用于边界清晰、相对封闭的社会框架中，这种偏狭的"你我"区别作出了如下划分：对同一国家的"自己人"来说，我们享有同等公民权利且相互间负有特定的道德义务；而对那些即便地理位置只有几公里之遥却身居他国疆界内的"外人"，我们则不必承担任何道德责任或者只承担更有限的道德责任。民族国家"只在有限的社群之中运作，这要求公民把国界看作道德义务的象征。"③ 显然，这种只对本国公民负有道德责任和义务的观点与自由主义

---

① 注：分别是路易斯安那州的法语、夏威夷州的夏威夷语、新墨西哥州的西班牙语。

② Seglow, Jonathan, "Universal and Particulars: the Case of Liberal Cultural Nationalism", *Political Studies*. XI Ⅵ, 963 – 977, 1998, p. 965.

③ Kymlicka, W., *Contemporary Political Philosophy*, New York: Oxford University Press, 2002, p. 255.

"普遍理性"之下消除民族主义影响力、实现世界主义的观点相抵触，而具有伦理特殊主义的特征——国家及公民个体只针对特定人群负有特定的道德责任和义务关系。① 在此，我们不必探究现代国家疆界形成的具体历史原因，但我们需要得到一个明确的回答：为什么以国家疆界而不是其他因素为界限来界定成员及成员之间的权利和义务？显然，这种界限的形成和存在合理性是自由主义世界主义的理想无法解释的（以人类理性的缺陷为理由似乎过于牵强）。从现实来看，这种以国界为界限构成的"公民国家主义"也不像他们自己所说的那样，公民成员身份的获得已经完全排除了血统和文化对公民权利的影响，而是以对自由民主原则的忠诚度来判断。以美国为例，"对 92% 的本地出生的美国人而言……（其）公民身份的获得与他的政治信仰毫无关系。由于血统，他们靠出生自动获得公民身份，而这种身份不会因为他们变成原教旨主义者或法西斯主义者就被取消。"② 与之相对的是，美国的移民政策并不向每一个对美国表示忠诚、赞同自由民主制度的人开放，而是设定了诸多准入条件加以限制。可见，所谓"普遍性"和"中立性"绝非"公民国家主义"的本质特征。虽然在 18 世纪的启蒙运动家曾经赞成边界开放的原则，以彻底实现他们诉求的无族群、国籍以及血统差别的个人自由和平等，但其后的自由主义者并没有提倡这一点，和罗尔斯一样，他们通常默认了一个人在其社会文化内部才享有自由和平等的权利。

再次，在实践中，自由民族主义者质问"公民国家主义"者，如果公民国家能够在文化上做到完全中立，个人也只要拥有了完善的自由权利和平等环境就能够完全满足，为什么在自由民主较为发达的西方国家，少数族群对文化权利、文化自决和民族自治的要求会越发高涨呢？在 20 世纪，即便我们已经普遍接受了自由民主的公民权利，我们仍无法忽视世界范围内风起云涌的民族主义运动。③ 如果"公民国家主义"所仰仗的自由

---

① 参见戴维·米勒《论民族性》第三章，塔米尔《自由主义的民族主义》导言中对此的论述。

② Kymlicka, W., *Politics in the Vernacular*, New York: Oxford University Press, 2001, p. 244.

③ 注：两次世界大战前后以及近年的欧洲民族主义运动，以及在自由民主制度内部出现的少数民族权利诉求，如魁北克、加泰罗尼亚、弗兰德斯、苏格兰、波多黎各等地的民族主义运动。

主义中立性政策能够协调多元的文化，并让个人和群体都能够自由地追求喜好的文化，为什么会有越来越多的少数民族群体要追求民族自治权和国家特殊政策的保护呢？如果一定要追问这些问题的成因，我们不得不转向民族文化和种族差异寻求答案。例如，加拿大的魁北克人、西班牙的加泰罗尼亚人，英国的苏格兰人都是自由民主制度国家中民族主义运动的典型代表，或许从这些国家的现行法律来看，前述少数民族谋求文化自决、民族自治的诉求是非法的，但这恰好充分驳斥了"公民国家主义"者、世界主义者对于民族认同即将消亡并出现一个通用的世界文化的热望。此外，自由民主国家内部的民族主义运动还说明了一个问题，并非所有的民族主义者都是反自由主义的，自由民族主义并不像其反对者说的那样，是无法自洽的理论体系。例如，魁北克、加泰罗尼亚、苏格兰的民族主义者同时也是自由主义的改革者。他们为争取民族自治而斗争的同时也为本民族社会的自由化努力。因为他们相信，参与到民族文化中，能够使个人选择和个人自由更符合人性的需要，变得更有意义。他们同时也认为，自由主义的基本理念是个人幸福生活和安定民族生活的必要保障。这些国家的民族主义者与其他公民一样尊崇自由主义理念：他们同样想要建立一个自由、平等、民主的公民社会，只不过这个社会要独立于那个非本民族成员构成的社会之外。

最后，"公民国家主义"容易转化为沙文主义、极权主义或进攻性民族主义。自由民族主义者认为，所谓对文化持中立态度的西方自由民主国家事实上都强烈偏好主流群体的文化。18、19 世纪，在启蒙运动、理性主义一元论思想的影响下，许多西方国家都试图用武力或高压政策迫使其国家疆界内的所有民族都形成统一的民族认同。他们将其称为"民族构建"进程，主要表现为在法律、经济和教育机构中推行统一的语言，塑造共同的民族历史和象征物，有时还采纳一些民族的宗教、种族以及服饰文化元素。对这些国家内的少数民族而言，"民族构建"运动是不公平的，因为被采纳的、广泛应用于公众场合与私人生活领域的语言、民族历史及种族象征等都是多数民族的，所有公民包括少数民族成员都能够接触到的历史、象征物和文化也是多数民族的。不可否认，一些现代国家的民族认同构建获得了相当的成功，树立了所谓"公民国家主义"的典范，但这种成功是建立在破坏其国内少数民族群体已有的民族认同基础之上

的。事实上，当今自由民主国家内出现民族主义冲突的根源，并不像
"公民国家主义"者所说的那样是由于族裔民族主义的排外性，恰好相
反，民族主义冲突很大程度上是由于"公民国家主义"试图强制兼并和
同化少数民族群体引起的。这恰好符合了伯林分析的民族主义产生的重要
因素：如弯枝一般，民族文化被长期压制、民族自尊严重受挫及其引起的
强烈民族耻辱感激起了少数民族的对抗和反弹。例如，土耳其境内库尔德
斯坦暴乱这一世界上持续时间最长的民族冲突不是由于族裔排外引起的，
而是由于多数群体试图强行同化一个少数民族，激起了该民族的反抗。也
就是说，当地库尔德人的民族主义问题不在于土耳其政府否认其土耳其公
民身份，而是土耳其政府强迫他们把自己当作土耳其人，拒绝承认库尔德
人为独立的民族群体，而是将其称为"山地土耳其人"，为强行同化库尔
德人，直到 1990 年土耳其政府才解除对库尔德语的禁令。在美国也存在
类似的状况，美国政府把印第安部落、夏威夷土著和波多黎各人强制并入
美国，又试图用益格鲁撒克逊文化将其同化。政府曾禁止在学校使用印第
安语言，迫使波多黎各人和夏威夷人的学校用英语取代西班牙语和夏威夷
语，这些所谓"熔炉政策"（Melting Pot Policy）遭到了美国少数民族群
体的抵制。由此"公民国家主义"的真正目的昭然若揭：将少数民族群
体纳入多数民族之中，使前者成为后者中的一员，而不是一个独立或自治
民族的成员。对历史上曾经和现在依然受到不公平待遇的少数民族群体而
言，自由主义普遍主义所持的中立性态度或"公民国家主义"政策不能
弥补他们历史上遭受过的创伤，也不利于保障少数民族文化的存续和发
展，其实施的结果是造成对少数民族文化的进一步限制和对少数民族成员
个人权利的损害。

其实早在 20 世纪中叶，伯林就已经对"公民国家主义"的做法提出
质疑：从自由主义的层面看，强制性的同化措施是国家以积极自由代替公
民最低限度的消极自由（免于被干涉的自由），积极自由的扩张会侵犯少
数民族成员个体的自由和选择过自己想要的生活方式的基本权利。"公民
国家主义"就是以增进公民自由为由剥夺国内少数民族成员对自己民族
属性的选择权，剥夺了他们自我认同、身份认同的诸多选项，取而代之以
唯一的公民身份。从民族主义的层面看，"公民国家主义"通常伴随着侵
略性的扩张主义，以多数的暴虐强迫其他非自由主义的个人和民族服从自

由民主制度，对其他少数民族群体造成事实上的侵犯和强制，这种自由主义的强制在马志尼的自由民族主义思想中已经反映出来（参见第一章）。事实上，在推进"公民国家主义"，构建"民族国家"的过程中，政府很容易以多数民族的沙文主义对少数民族的文化进行粗暴压制或消灭。例如，在将印第安人和夏威夷人变为美国公民、赋予他们与其他公民同等权利的时候，美国政府已经把征服和同化、殖民化少数民族，并在学校和政府中强行推行英语当作正当手段了。由此可见，自由主义中立论也好，由此衍生的"公民国家主义"也罢，都夸大了族裔群体、民族主义对自由民主国家的负面影响，进而否认了民族主义可以有多元的、符合自由主义基本理念的形式。"公民国家主义"不过是自由主义一元论继续推行"民族国家"建构理想的一种新形式而已——自由主义一元论从未放弃"一个国家一个民族，一个民族一个国家"的民族主义观念。从"公民国家主义"自身来看，其自认为与尊重个人自由的、理性的、世界主义的理想相联系，事实上，他们之间并不必然同步。无论是"公民国家主义"还是"族群民族主义"，二者与民主、自由都没有直接的必然联系：在多族裔的社会中，各种族成员都享有平等的公民权，但并不意味着这个国家是绝对民主和自由的，如印度尼西亚的苏哈托政权以及再早的法国雅各宾民族主义都是如此。①"公民国家主义"可以是自由民主的，同样也可能是军人独裁的。②

总而言之，对自由民族主义者来说，以是"公民的"还是"族群的"来判定民族主义是"自由主义的"还是"非自由主义的"显然是不合理的。他们认为，民族主义是否与自由主义兼容，并不在于其是"公民的"还是"族群的"，而是在于民族主义的形式是否坚持消极自由的底线，是否符合自由主义"最小"国家原则。那么，自由民族主义又是怎样协调自由主义与民族主义间冲突的呢？在自由民主国家中，民族主义到底是鸡肋还是必要成分？对民族主义而言，自由主义又是否能够成为其基本要素呢？

---

① Brown, D., "Are there Good and Bad Nationalism", *Nations and Nationalism* 5 (2) (pp. 281 –302). London: ASEN, 1999, p. 286.

② ［加拿大］金里卡：《少数的权利：民族主义、多元文化主义和公民》，邓红风译，上海世纪出版集团2005年版，第271页。

二　自由民主国家中民族主义的必要性

在自由主义一元论与自由多元主义对待民族主义不同的态度背后，其实是对民族主义定义的不同理解和对自由主义基本原则的不同应用。自由民族主义者通过驳斥"公民国家主义"的中立性，提出了民族主义注定是具有特殊偏好的意识形态，而自由主义能兼容某些类型的民族主义，它们能够在文化特殊偏好、独有的道德义务与普遍善意之间找到平衡。通常而言，自由民族主义经常需要面对来自自由主义一元论者的两个方面的质疑：一是自由民族主义这种温和的民族主义究竟是否属于民族主义的范畴？二是民族主义框架内的自由主义是否还保留了自由主义的基本特质？我们将用伯林可能归纳的自由民族主义的定义和特征来回答这两个难题。

（一）民族归属感和文化背景促进个人自由的实现

在自由民主国家内部，民族和民族主义问题对个人的影响通常表现在民族身份认同与公民身份认同的矛盾与冲突中。塔米尔在分析伯林的民族主义思想时曾说到，伯林的一生似乎都不曾为自己的民族身份和公民身份感到过分困扰，因此他在对承认的追求上显得并不像其他犹太人那么迫切，但这并不意味着他不曾关切过民族成员对个人承认和地位的需求。伯.林认为，对承认的需求是不同于个人自由的，但"它同样是人类深层次的需要和充满激情地为之奋斗的东西"。① 这种对承认的需求近似于消极自由，因为"它给整个民族群体带来消极自由，不过它更与团结友爱、相互理解、平等合作的需要等所有被称为（但这是一种误称）'社会自由'的东西紧密关联。"② 其实这就是对自己民族成员身份得到广泛承认和地位肯定的需要。人之所以会渴求一种民族成员身份，是因为在现代社会，个人民族成员身份经常与公民身份相冲突，自由主义一元论排除了文化成员身份作为人类基本善的地位。塔米尔认为，承认文化成员身份给个人提供有意义的选择并为个人对生活方式、价值的判断提供了必要的助力，应当被视为罗尔斯正义论中的一项基本善。③ 她提出："以对文化成

---

① Berlin, I., *Four Essays on Liberty* . London and New York：Oxford University Press, 1969, p. 203.

② Ibid. .

③ Tamir, Y., *Liberal Nationalism*. Princeton University Press, 1995, p. 150.

员身份的基本善的重要性的承认为基础的把人视为文化成员来尊重的观念不是一个反自由主义的观念。它并不认为社群要比构成它的个体重要，或者主张国家应该把（自认为）是最佳的好生活观念强加给自己的公民以维护文化的纯洁，或者诸如此类的其他一些看法。"① 自由民族主义认为，获得民族成员身份的认同和相应地位不仅是人性本质的需要，还是促进个人自由得以实现的重要因素。

1. 个人的身份认同总是孕育在差异性文化之中。伯林反对自由主义一元论和启蒙主义将个人原子化的方法，并反对建立在抽象人性论基础上的普世文明。在伯林看来，个人并非生活在孤岛的鲁滨孙，因此"不仅我的物质生活依赖于与别人的互动——或者，我之为我乃是社会力量的结果——而且我的一些（甚至全部）观念，特别是我自己的道德与社会身份感，只有根据我作为其一分子（这种比喻不应被过分利用）的社会网络，才是可以理解的。"② 可以看出，伯林认为归属感不是一种迟滞人类理性发展的力量；恰好相反，它是人类自我认识、自我认同的重要因素，抹杀了个体的在境性（situated nature）本质，忽视了情感、忠诚、社会联系等个人身份的构建因素，人就只能被抽象为原子式的、异化的狭隘自我。如果一个人没有对一个民族或其他共同体的归属感，此人就会缺乏创造力；归属感在民族成员之间建立积极的联系，共同体成员能够按照一定的方式向着特定的目标、以特定的价值观、世界观思考和行动。伯林在一次采访中被问及，冷战结束后，人类面临的许多问题——如世界和平、军备竞赛、核能控制、环境保护、恐怖主义等——都不是一国之力可以解决的，加之国际贸易和国际性通俗文化的泛滥，全球范围内广泛的合作与协调势在必行，这是否意味着一个"人类普遍文化"（a universal world culture）即将形成，一种理性的语言即将取代各民族语言、统一的人类文化即将融合并最终取代各民族文化了呢？对此，伯林坚持了他一贯的反世界主义观点，他回应说，如果所有多元的文化和语言最终让位给一种统一的语言，而这种语言不仅被应用在学术事务或政治、经济生活中，还要试图

---

① ［以色列］塔米尔：《自由主义的民族主义》，陶东风译，译林出版社 2005 年版，第 160 页。

② ［英］以赛亚·伯林：《自由论》，胡传胜译，译林出版社 2003 年版，第 227 页。

表达人类最细腻深刻的情感，那么这不是文化的统一，而是文化的死亡。早在 20 世纪 60 年代，伯林就认为："哲学家们试图发明一种世界通用语言，清除其中非理性的残余和曲里拐弯的特殊用语，以此使交流理性化。他们的成功之时就是灾难降临之日。因为一个民族的语言是其在独特的历史进程中，吸收、包容和保存了半自觉、半记忆的集体经验的巨大财富。那些被人们称为迷信和偏见的东西，只不过是习俗的外壳。民族语言的绝对生存能力，已经证明它能够在漫长的生命中抵御各种破坏和变迁；失去它，也就失去了保护人们的民族生活、精神、习惯、记忆和信仰的屏障——正是这些东西使他们成为他们自己。"[①] 伯林提出，人类的历史自来是一些价值、目标在产生，同时另一些价值、目标在消亡，每一种文化和价值都有其生命周期，都是独一无二的，所有的价值和文化都不可能被统一的世界主义理想取代。事实上，伯林之后的许多自由主义者都接受了这种观点，认为个人对特定共同体的归属需要是人性的一方面，而且归属感是影响个人身份选择、个性塑造以及决定个人与社会关系的重要因素。

2. 民族主义为个人自由选择提供了可能。自由多元主义者认为，在一个社会中，拥有多种文化和多种生活方式本身就是一种价值，因为文化的多样性有助于丰富人们的生活：它不仅为人类的审美提供丰富的对象，还创造了一个更有趣的世界。多元的民族及民族文化是多元文化的典型代表。民族主义的这种贡献是两方面的：一方面，参与到民族文化中有利于个人实现自由选择的权利。个人选择权是伯林最强调的个人消极自由权利之一，只有拥有自由选择的权利，才能保障真正的个人自由和其他合法权利。人们不可能在真空中选择，他们总是置身于某个文化背景之中，"归属于一种民族文化给个人提供充足的选择可能"。[②] 文化背景给个人的思想和选择加上了一定限制，但也给个人理解和衡量自己的选择以一定的标准，换句话说："熟悉一种文化的程度决定了想象力驰骋的疆界。"[③] 个人行动的选择和各种社会实践的开展所秉承的理念最初都来自所属的民族文

---

①　Berlin, I., *Against the Current*: *Essays in the History of Ideas.* ed. and with a bibliography by Henry Hardy, with an introduction by Roger Hausheer. London: Hogarth Press, 1979, p. 21.

②　Margalit and Raz, "National Self – Determination". *Journal of Philosophy*, 1990, 87 (9), 439 – 461: p. 449.

③　Ibid. .

化：一种行动是否对我们有意义，取决于民族语言是如何呈现这一行动的，而民族语言的呈现方式也是由民族的历史、传统、习俗等形成的。"理解这些文化叙事，是能够对有关怎样过我们的生活的问题作出深思熟虑的判断的一个前提。在这种意义上说，我们的文化不仅提供了选项，它也'提供了我们用来识别有价值的经验的眼镜'。"① 另一方面，多元的民族文化赋予个人在民族文化间自由选择的可能。由于世界各民族文化的存在，作为任何民族成员的个人有了更为丰富的选择自由，他们可以拒绝自己民族的语言、文化，并归化到另一个不同的民族文化之中，如主动移民的群体就是这样。人们也可以选择留在自己的民族和文化中，保留并巩固一种排外感，坚定地维护自己民族作为一个活生生的社会单位的存在，如魁北克人或属地印第安人的选择，但这种选择并不意味着他们就一定是文化上保守的。人们还可以批判自己的文化，也可以改变它、发展它或者重新界定它；也可以对自己的文化深深地失望，认为它正走向衰亡并且低于其他文化。② 事实上，个人身份选择不仅是公民身份的确认，还是对民族身份的选择。自由民族主义者认为，选择一种新的民族身份是可能的，虽然我们无法保证选择了新民族身份的个人一定能够实现这个目标、能够完全被新的民族同化和接受，但是，这至少为不满意自己本生民族的个人提供了一个新的身份归属选项，一旦他们选择了新的民族身份，就意味着做好了接受新的规则或面对新的困难的准备。对自由民族主义者来说，重要的不是个人选择了什么身份，而是在个人的面前有尽可能多的选项存在，这可以尽量满足现代人身份选择中的两个需要——过一种自己真正喜欢的生活的需要和有所归属的需要——这也是自由多元主义赋予自由民族主义的内在含义之一。

3. 民族归属感有利于维护个人尊严。保护个人尊严和自尊是自由主义最重要的价值观之一。在《两种自由概念》一文中伯林提出，人之为人的尊严不仅来自拥有个体自主权利和自由，即享有消极自由，还依赖于他们所处的社会、政治机构、文化生活体现出的独特价值观和生

---

① ［加拿大］金里卡：《多元文化公民权：一种有关少数族群权利的自由主义理论》，杨立峰译，上海世纪出版集团 2009 年版，第 105 页。

② ［以色列］塔米尔：《自由主义的民族主义》，陶东风译，译林出版社 2005 年版，第 85 页。

活方式，因此，个人总是渴望着特定群体成员的资格，成为群体中负责任的行动者。事实上，这就是个人对地位和承认的渴望。当人们缺乏适当承认的时候，总会感到作为人的自尊受损：人们并不总是寻求对社会生活的理性计划或对自我的理性完善，也不总是在失去了消极自由的时候才产生不自由的感觉。有时候，"我试图避免的仅仅是被忽视、庇护、轻视，或者被想当然地对待而已。……我希望被理解与被承认，即使这意味着不受欢迎与不被喜欢。而唯一能够这样承认我并因此给予我成为某人的感觉的，便是那个从历史、道德、经济也许还有种族方面我感到属于其中的社会的成员们。"① 既然人总是归属于民族文化之中，个人幸福则必然不能与所属的民族文化的繁荣分离开来，人们的自尊同其民族受到的尊重是捆绑在一起的。在这个问题上，伯林的观念与社群主义者有相通之处，他们都认为个人幸福在某种程度依赖于不可缺失的公众的或社群的力量，他们的尊严与族群的尊严紧密联系在一起。如果一个文化不能受到普遍尊重，那么其成员的尊严和自尊就会受到直接威胁。② 对个人而言，如果自己所属的民族文化正在衰落或被歧视，"那么其成员可能拥有的选择和机遇就会减少，就会变得不那么诱人，而且他们的追求也就不大可能成功"。③ 因此伯林认为，对个人来说，自由、自主和自尊是同等重要的。伯林关于族群归属对个人自尊有重要作用的观点被自由民族主义者查尔斯·泰勒、马格利特、拉兹、塔米尔等人继承。马格利特和拉兹曾经提出，个人繁荣需要六个与个人相关的条件：（1）一个定义了某种特定生活方式的普遍的、共同的文化；（2）这种文化以某种相当重要的方式给其成员烙下印记；（3）民族成员间相互认同；（4）民族成员身份对个人的身份认同来说有重要意义；（5）民族成员身份是一种归属感而非某种可欲的目标；（6）民族成员间认同不是建立在个人现实接触的基础上，而在于是否共享和具有族群认同的特征。④ 在评论伯林这种观点的时候，斯图亚特·汉普希尔（Stuart

---

① ［英］以赛亚·伯林：《自由论》，胡传胜译，译林出版社 2003 年版，第 227、228 页。

② Margalit and Raz. , "National Self - Determination", *Journal of Philosophy*, 1990, 87 (9), 439 - 461, 447 - 449.

③ Ibid. , p. 449.

④ Ibid. pp. 439 - 461.

Hampshire）在纪念伯林的文集中写道，"伯林有力地论证了那些期待人们成为一个完整世界的公民的启蒙运动思想家受到了欺骗。赫尔德、哈曼和休谟都正确地论述过统治人们思想和情感的是哺育他们的习惯和风俗，而不是要求普遍一致的理性原则，尽管他们各自以不同的方式表述了这一点。……对大多数人来说，只有在他们所熟悉的风俗习惯为他们自己的生活方式所延伸和强化的情况下，才会感到幸福。"①

由此可见，民族归属感和对民族文化的坚持是自由主义应当赋予个人的基本权利，它能够保证个人产生足够的身份认同、为个人提供更多自由选择的可能，并因此提升个人的自尊和幸福感。在这个问题上，伯林的自由主义思想似乎已经与经典自由主义的观点有了较大差距，而是具有了某些社群主义的色彩。但是，伯林、其后的自由民族主义者以及大多数自由主义者都已经认为，在自由多元主义最基础的个人自由选择权利方面，民族文化和民族归属感起着不可或缺的作用，这是因为，有意义的个人选择要想成为可能，个体不仅需要拥有对选项进行反思的信息和能力，以及表达的自由和结社自由，同时还需要理解置身其中进行选择的民族文化。按照罗尔斯的说法，进入特定的民族文化中是一种"首要的善"，即不管人们对生活方式的具体选择如何，都离不开民族文化这个作出选择的背景。② 自由主义者为个人争取的自由，根本上来说都是无法超越他们的语言、文化和历史范畴的自由，是必须在他们身处的社会文化中实现的自由。

4. 规范性身份的确认需要民族文化的支持。在自由主义一元论看来，发展共有的公民身份是"公民国家主义"的应有之义，无差别的公民权身份是实现世界主义的基本前提。所谓无差别公民身份是指"把人们当作已享有平等权利的个体来对待。这一定义区分开了民主的公民身份与各种封建的或其他前现代依据人们的宗教、种族或阶级成员身份来决定他们

---

① Stuart Hampshire, "Nationalism", in *Isaiah Berlin：A Celebration*, Chicago：University of Chicago Press, 1991, p. 128.

② 关于自由主义的实践以来于特定社会文化的其他论证，可参见金里卡《自由主义、社群与文化》一书 第七章，第八章；塔米尔《自由主义的民族主义》一书第一、二章；Taylor, C. *Philosophy and Human Sciences：Philosophical Paper 2*（Cambridge University Press, Cambridge, 1985）。

的政治地位的观点"。① 这种无差别的公民身份与自由主义原子式的个人主义一脉相承。与之相对，如果一个社会承认因群体差别而赋予差异性的个人权利，即某些成员因其群体和群体成员的身份而获得某些政治权利，或被并入特定的政治共同体中，则称为"差别性公民身份"。许多自由主义一元论者相信，无差别的个人权利必然导向无差别的公民权身份，这是自由主义基本理念中个人主义、自由、平等、社会正义等原则得以实现的重要因素，是自由平等的人们为了互惠互利而形成的一种公平合作体系的产物。如果按照传统自由主义对个人身份的设定，要么把公民身份视为自然法赋予的权利，要么以契约论的传统把公民群体的存在视为契约形成后自然的状态，成员身份是给定的，早期罗尔斯就认为"每个人都发现自己在一出世的时候就被置于社会中的某种特殊的位置……它的成员是自主的，他们所承担的义务也是自己加诸自己身上的。"② 这种关于规范性身份的确认似乎并不看重个体从属于哪个社会，只要这个社会是遵从正义原则的就可以了。

罗尔斯、德沃金等著名的现代自由主义大家对无差别公民身份都持肯定态度，③ 并认定"差别性公民身份"挑战了"自由、平等、博爱"的自由主义愿望④。他们普遍认为，如果公民身份是有差别的，它就不能提供一种共享的经验和平等地位，因此不能让人们凝结成团结的共同体，因此公民身份应当是一个超越人们差异性文化和需求、专注于所有公民共同利益的工具。⑤ 然而，这种无差别公民身份的设想却在现实中缺乏可操作

---

① ［加拿大］金里卡：《多元文化公民权：一种有关少数族群权利的自由主义理论》，杨立峰译，上海世纪出版集团 2009 年版，第 222 页。

② Rawls, J. , *A Theory of Justice*. Oxford：Oxford University Press, 1972, p. 13.

③ Rawls, J. , "The Domain of the Political and Ideas of the Good", *Philosophy and Public Affairs*, 1989. 17/4, 233 – 255：241.

④ Glazer, Nathan, *Ethnic Dilemmas*：1964 – 1982（Harvard University Press, Cambridge, Mass. ）1983, p. 227.

⑤ 参见 Kukathas, C. , "The Idea of a Multicultural Society" and "Multiculturalism and the Idea of an Australian Identity", in Chandran Kukathas（ed. ）, *Multicultural Citizens：The Philosophy and Politics of Identity*（Centre for Independent Studies, St Leonard's）, 1993, 19 – 30, 145 – 147：156. Kristeva, *JuliaNations without Nationalism*, New York：Columbia University Press, 1993, p. 7. Cairns. Alan "The Fragmentation of Canadian Citizenship", in William Kaplan（ed. ）, *Belonging：The Meaning and Future of Canadian Citizenship*（McGill – Queen's Press, Montreal）, 1993, pp. 181 – 220。

性。现代自由民主国家中的公民身份更多地具有差异性而非自由主义一元论最初设计的同质性——这是现代自由主义一元论理论中存在的严重缺陷之一。全球范围内一系列新兴的政治事件和政治趋势正好说明了无差别公民身份的问题所在，如美国日益严重的政治无感和投票冷漠以及对福利的严重依赖，东欧民族主义运动的复兴，人口中日益增加的多元文化和种族多元化趋势对西欧造成的压力日增，以及依赖公民自愿合作的环境政策的失败等都表明了同一个问题：现代自由民主制度的健康与稳定发展不仅取决于基本社会制度的正义，还依赖于生活在其间的公民的素质和态度。公民的认同感、归属感以及他们对待其他潜在竞争的民族、地区、种族或宗教认同，公民对与自己不同的其他人的宽容程度和合作能力，公民的正义感的范围以及对公平的资源分配方式的信奉等都会影响自由民主国家的正常运转。如果公民不具备这些素质，或者对其他民族、地区和种族的他人不抱有平等的态度或相当的责任感，那么，"自由主义社会成功运转的能力就会下降"。[1]

在自由民族主义者看来，无差别公民身份不足以让公民产生对自己公民身份的充分理解和应用，公民对正义、平等、自由的理解，以及对公平的资源分配的信奉都依赖于民族认同的协助。对个人而言，自由民主国家中的公民身份是一种规范性身份，它来自于社会赋予个人的权利和义务。有许多自由主义者曾假定，自由化和现代化会让公民身份这一规范性身份最终取代民族身份，因为随着全球化和文化通俗化的发展，人们与他们民族性群体的同胞成员在传统习惯或关于良善生活方面的共识将越来越少，文明之间的差距不断缩小，民族文化的界限被打破最终消失殆尽。然而，大量压倒性的证据证明，自由民主国家中的成员不仅服从自由主义基本理念的要求，珍视自己的公民身份以及由此产生的自由民主权利和义务，同时也珍视（甚至更珍视）自己的民族成员身份，"自由主义化绝对没有取代民族身份，事实上，自由主义化是与一种日益增强的民族身份感同步进行的。"[2] 自由主义化与民族身份的巩固是一种自然的联合，这种情况在

---

① Galston. William, *Liberal Purposes: Goods, Virtues, and Duties in the Liberal State*. Cambridge: Cambridge University Press, 1991, p. 220.

② Kymlicka, Will, *Multicultural Citizenship: A Liberal Theory of Minority Rights*. Oxford: Oxford University Press, 1995, p. 88.

不少国家也能找到佐证。例如，比利时弗兰芒人社会的自由化意志伴随着民族主义情感的急剧上升，自由主义文化已经普遍为人们接受，但人们却从未放弃过要在自己的民族文化中生活、工作的强烈愿望。① 事实上，沃克·康纳（Walker Connor）早就指出，虽然许多得到承认的民族群体面临着强大的经济动机和政治压力已经开始与其他文化进行同化，但是，只有很少的例子（如果有的话）能够证明这些民族是自愿的。②

（二）社会正义、平等的实现有赖于民族国家内部的情境化

在自由民主国家的政治生活中，公民身份意味着在享受平等公民权利的同时，公民对同样具有公民身份的其他人负有特殊类型的协作性义务，即政治义务，这是自由主义认定的自由与理性的行动者自愿承担的义务。但尽管如此，自由民主国家的政治义务的维持并非如自由主义一元论者设想的那样仅仅是自由与理性决策的后果——不论是通过何种理性主义的方式来论证的（契约论的、自然法理论的或功利主义的）——其中还包含了情绪与直觉的因素。换句话说，"政治义务与民族义务一道，属于更广泛的协作义务的范畴，即根植于特殊的团体中的成员身份感的义务。"③可见，公民身份很大程度上需要民族成员身份的支撑，如果忽视了后者，前者所负有的政治义务就很难在社会群体中被广泛地接受，因为协作性的义务必须建立在归属感的基础上，只有当一个人意识到自身在某群体中的身份和地位的时候，才会自愿产生出道德的责任感，才能建立起与民族成员一致的社会正义观念。

1. 自由民族主义与社会正义。自由的民族主义者认为，民族主义直接关涉到自由主义的平等理想。不可否认的是，自由主义关于社会平等的理想并非自由主义一元论自认的那样具有普适性，而是有界限的，即便是罗尔斯这样对自由民主社会的平等理论有深刻理解和论证的政治哲学家也首先将社会正义的范围假设在一国之内。自由民族主义者提出，自由民族

---

① Peterson, W., "On the Subnations of Europe", in N. Glazer and D. Moynihan (eds.), *Ethnicity: Theory and Experience* (Harvard University Press, Cambridge, Mass.), 1975, pp. 117 – 208.

② Connor, Walker, "Nation – Building or Nation – Destroying", *World Politics*, 24 (319 – 345), 1972, pp. 350 – 351.

③ ［以色列］塔米尔：《自由主义的民族主义》，陶东风译，译林出版社 2005 年版，第 132 页。

主义的要素有助于实现在有限的社会范围内证明、构建和调整各种社会平等政策。

首先，在民族国家中，只有当人们共享一种文化和语言的时候，他们才能更好地理解彼此的真实需要，也更容易对平等的概念达成共识。毫无争议的是，我们只能感知和理解那些我们熟知的事情，而有限的社会是我们能够理解、掌控并真正实施"平等"这一自由主义理念的基本单位。与此同时，不同的历史和文化对"平等"这一概念的理解会不尽相同，因此，只有在拥有共同民族文化的群体中才能更好地推行相同的平等政策及措施，而对具有非同一民族文化的个体和群体而言，要推行同样的平等权利就显得困难很多。当然，自由民族主义对"平等"这一概念的理解仍然尊崇自由主义的基本理念。按照经典的自由主义学者罗尔斯的两个正义原则，一个社会只有接受了以下两个原则才可能是正义的："第一个原则：每一个人对最广泛的、平等的基本自由体系都拥有平等的权利，而这种最广泛的、平等的基本自由体系同所有人的相似自由体系是相容的；第二个原则：社会和经济的不平等应该这样加以安排，以使它们：（1）适合于最不利者的最大利益，并与正义的储蓄原则相一致；（2）在公平的机会平等的条件下，使所有的职务和地位向所有的人开放。"① 罗尔斯的这一正义观乍看起来是普遍适用的，因为他没有设定对特定人群的适用性，而是排除了所有可能影响个人选择和社会再分配正义的因素。但自由民族主义者认为，罗尔斯普适性的正义观仍然是以某个相对独立的社会文化为基本单位的。②

其次，民族主义与平等理想之间的联系还在于社会和经济的正义很大程度上取决于社会成员之间的同胞感，这种同胞感更容易让个人、群体或阶级产生帮助社会弱势群体的道德责任感。自由民主国家的构建把公民当作平等的个体，所有法律、政府的规则或提议都假设公民之间具有较强的相互信任和合作愿望。事实上，我们有理由相信，从心理上来说，人们总是更容易或更愿意去帮助那些他们视为"同胞"的人，因为这些人跟我

---

① ［美］罗尔斯：《正义论》，何怀宏等译，中国社会科学出版社2009年版，第10页。

② ［以色列］塔米尔：《自由主义的民族主义》，陶东风译，译林出版社2005年版，第4章。

们分享共同的语言、历史、生活习俗和文化，并因此在心理上、情感上天然会产生共鸣和亲近感。民族共同体为那些身处同一国家、同一社会但事实上彼此互不相识且不直接发生联系的人们之间的信任提供了重要纽带，让他们通过文化共同体产生"同胞感"。为了证明这种"同胞"间特有的信任感，自由民族主义者经常把这种情感类比为家庭成员之间"特殊的责任"（special duties）①：我们之所以珍视家人的利益，是因为我们共享同样的历史，没有其他人能像家人一样跟我们有如此多的共同经历。毫无疑问的是，跟对其他人的关照比起来，我们会更珍视自己家人和同胞的利益。正如塔米尔所说："美德始于家庭。……我们需要考虑其利益的其他人是那些我们关心的人，那些与我们身份认同有关的人。民族团结营造了一种亲密感或者说一种共命运的幻象，而这恰好是社会再分配正义的前提。"② 塔米尔认为，即便是罗尔斯这样支持新社会契约论的自由主义学者都没有能够避免社会的自我中心主义，罗尔斯所谓的"所有的人"并非指向世界范围内的所有人，而是"我们社会"中的人。换句话说，罗尔斯没有选择"全球最弱势群体的生活状况成为评价我们的社会制度的首要标准，"③ 而是与其他自由主义者一样选择了一个特定的国家界限为实现社会正义的起点。

再次，自由民族主义者认为，人们之所以会相信在民族成员内部实行再分配政策是正义的，在于我们相信我们对本民族负有特殊的义务和感激之情——因为我们从民族这一整体中获得了其他群体或社团中无法替代的归属感和家园感。无论如何，允许社会再分配的正义原则必然要求牺牲社会中非最不利者的部分利益，而"致力于成为福利国家并同时赢得民主合法性的国家必定根源于其成员承认对彼此的这种正义义务的共同体"。④ 罗尔斯是捍卫再分配的社会正义原则、要求对社会中最不利者给予偏爱的自由主义哲学家的代表，他虽然回避了社会政治共同体中的民族特征，却

① Hurka, Thomas, "The Justification of National Partiality". In Robert McKim and Jeff McMahan, eds. , *The Morality of Nationalism.* New York: Oxford University Press, 1997.

② Tamir, Yael, *Liberal Nationalism*, Princeton, NJ: Princeton University Press, 1993, p. 121.

③ Pogge, T. , "Rawls and Global Justice". *Canadian Journal of Philosophy* 18: 227 – 255, 1988, p. 233.

④ ［英］戴维·米勒：《论民族性》，刘曙辉译，译林出版社 2010 年版，第 93 页。

心照不宣地假设所有关于平等的基本原则都发生在其成员承认团结纽带的民族共同体情境中。罗尔斯认为，原初状态中各方的任务"是就人类生活社会的基本结构的原则达成一致……对人和地方、对组织和共同体以及对文化纽带形成的依恋太强而不能放弃，这一事实不会受到强烈反对。"[1]自由民族主义者认为，我们对本民族的其他成员负有相应的特殊义务，这种相互间义务是在与其他非本民族成员的交往中不具备的。"共享的认同伴随着共享忠诚，这增强了对其他人会回报自己的合作行为的信心。……民族共同体的重要性只在于它们是渴望吸引每个居住在特定地域的人的包容性共同体。……信任可能存在于群体内部，却不存在于群体之间。"[2]尤其是当自由主义的平等观念需要通过再分配的体制来实现的时候，成员间的信任就显得特别重要了。针对民族和民族同胞的特殊义务不能够单纯地等同于公民间义务或者某种互惠理论（如单纯的社会契约论和天赋人权基础上的平等理念），因为后两者已经被广泛地认为是现下极不恰当的社会再分配正义论证理论了。

米勒曾经提问道，如果我们严格按照公民身份本身的实践以及彼此联系，其行动则完全受到公平原则的推动，公民的权利义务将会是怎样的呢？米勒认为，如果政治合作的实践完全按照公民身份来实施，那么可以预想的结果就是"他们会坚持严格的互换性。"[3] 即每个人都期待他或她的贡献能够成比例地获益于他们的组织。简言之，人们可能不再认为社会优势群体有义务积极地帮助那些社会弱势群体，因为后者可能从社会中取得的收益已经比他们自身能够做出的贡献多得多了。[4] 还有一些自由民族主义者，如麦克·马汉（McMahan），把这种对民族和民族成员优先的义务称为"因对民族的感念而生的责任——由于个人从民族中获得了某种益处而产生的道德责任感。"[5] 总之，自由民族主义认为，与平等主义政

---

① Rawls, J, "Basic Structure", *Political Liberalism*, Columbia University Press, 1993, p. 277.

② ［英］戴维·米勒:《论民族性》，刘曙辉译，译林出版社 2010 年版，第 92 页。

③ 同上书，第 72 页。

④ Cohen, G. A., "Self - Ownership, World - Ownership and Equality: Part Ⅱ", *Social Philosophy and Policy* 3, 1986, pp. 77 - 96.

⑤ McMahan, Jeff., "The Limits of National Partiality", In Robert McKim and Jeff McMahan, eds., *The Morality of Nationalism*. New York: Oxford University Press, 1997, p. 130.

策的合法性来源相关的义务根植于共同的民族性体验之中，而非来自个人之间自愿的、互惠的关系，相互性的公民身份义务很大程度上依赖于共同的民族性义务，没有其他的社会认同能够比民族认同更激发人们为其他人持续地作出牺牲和额外的无收益的贡献的愿望。

最后，根据两个正义原则中的最后一点"公平的机会平等的条件下，使所有的职务和地位向所有的人开放"，即机会均等原则，人们应当有平等获得培训和获得工作机会的途径，而民族性问题是制定相关政策时不可不考虑的问题。随着经济的工业化，工作机会逐步要求人们具有较强的读写水平、教育水平和交际能力。是否能够接受全民教育，熟练使用共同的标准语言，以及融入主流社会文化之中成为一个人能否获得良好工作机会和取得个人成功的重要条件。但在多民族构成的自由民主国家，少数民族群体及其成员的社会性文化生存能力很可能受到由多数民族作出的经济决定和政治决策的削弱。由于在重大社会决策问题中缺乏占优势的代表票数，少数民族群体可能缺乏话语权，进而导致在对影响它们民族文化至关重要的资源分配方案或政策决策时处于弱势甚至被"善意地忽略"（benign neglect），进而由于在教育、语言及文化政策上的不利，导致少数民族成员在社会竞争中无法获得均等的机会，如果不加处理的话，就会对社会正义构成严重威胁。多数民族的成员则不会面临这种问题：假设在同一自由民主国家中有甲、乙二人，国家规定或默许的"官方语言"是甲的母语而非乙的母语（乙可能是该国家中的少数民族成员），那么甲获得工作的机会或获得更多社会资源的途径就比乙明显有利很多。

因此，自由民族主义者提出，通过特定的社会方案，如区域自主、否决权力，在中央权力机构中有保证的代表席位、土地权利、语言权利等差别性公民权利（differentiated citizenship），可以降低少数民族相对于多数民族的易受伤害性，纠正少数民族及其成员的不利地位。① 事实上，给予少数民族的文化以差别性的外部保护，正是所有合理的正义理论的题内之义，因为按照功利主义的"最大幸福原则"来理解，这种差别性权利所要求的非少数民族成员的牺牲，同少数民族成员在缺乏这些权利时所面临

---

① ［加拿大］金里卡：《多元文化公民权：一种有关少数族群权利的自由主义理论》，杨立峰译，上海世纪出版集团2009年版，第139、140页。

的牺牲要少得多。从另一角度来看，这种差别性公民权利也符合罗尔斯和德沃金的平等理论，因为他们都强调对非选择性不平等进行矫正的重要性，而民族成员身份上的不平等就是他们所说的"非选择性不平等"。①

2. 自由民族主义与商议性民主。根据自由民主国家的构建原则，民主化是一个重要组成部分，它要求建立一个允许所有公民在政治协商中提出理由的集体协商和立法的体系。这个体系要求在公共生活中通过公众协商的方式完成对所需解决问题及其解决方案的协商，然后以投票的方式产生决策，并借由立法合法化。自由主义者认为，民主协商的方式能最大程度反映全体公民深思熟虑后的意愿和共同利益，而非部分人的私利或一时兴之所至。自由民族主义者认为，自由民族主义对商议性民主的支持作用体现在两个方面。

第一，自由民族主义者相信，跟对平等概念的理解一样，商议性民主需要参与者能够相互理解，并能够顺利沟通，从操作上看，这需要一种共同语言的支持。从理论上讲，在多民族国家中实施民主化制度，大量的翻译机构可以消除使用不同语言的民族成员间交流的障碍，但是这种做法的成本太昂贵也太麻烦，以至于无法实施。因此，一种共同交流的语言成为大多数多民族国家的选择，它们被看作能促成更具活力的商议性民主的形式。密尔就认为，在多语言国家中，真正的民主几乎不可能，因为如果"人们用不同的语言阅读和言说，那么代议制机构运行所必须的统一名义就不可能存在"。② 金里卡也认为，在"民族/语言单位内的民主比在跨语言的更高层次上的民主更具有真正的参与性"。③ 对普通公众来说，使用母语来讨论政治问题才能感到无障碍，"只有精英才能熟练掌握一种以上的语言，才能不断有机会保持并发展这些语言技能，因而才能在多语言环

---

① 参见 Rawls，J.，*A Theory of Justice*．London：Oxford University Press，1971，p. 96．Dworkin，Ronard，"What is Equality? Part Ⅱ：Equality of Resources"，*Philosophy and Public Affairs*，10/4，1981，pp. 283－345。

② Mill，J. S.，"Considerations on Representative Government"，*Utilitarianism*，*Liberty*，*Representative Government*，ed. H. Acton（J. M. Dent，London.），1972，p. 392.

③ ［加拿大］金里卡：《少数的权利：民族主义、多元文化主义和公民》，邓红风译，上海世纪出版集团 2005 年版，第 229 页。

境下使用外语讨论政治问题时感到自在。"① 更高层次的跨语言的政治交流无可避免地都是由精英人物控制——因为掌握非母语的共同语言对大众来说是很困难的。

第二，商议性民主也要求一种社会成员间的高度信任。在商议性民主中，交流是一种非常重要的能力，它能够缩短不同政治利益群体之间的距离、在彼此间建立信任并促成集体情绪的产生。交流能力是"民主政治得以运作，公民必须与他人交流"② 的最直接工具。自由的交流需要"语言同质性"（linguistic homogeneity）和"文化趋同性"（cultural similarity），这恰好是只有民族群体才能提供的两个要素，因为"理解他人行为的能力取决于大量的共识。"③ 人们必须能够相信其他人会真的考虑自己的利益和意见才会产生对他人的信任，"在这个场合我会支持你的正义要求，因为我知道在将来某个时刻，你也会支持我的正义要求。信任不仅要求群体内部的团结，也要求群体之间的团结，这反过来依赖于唯有民族性能够提供的那种共同认同。"④ 集体情绪不仅促使公民为了满足个人利益，而且也为了进一步追求共同的利益去支持和参与他们的政治制度。⑤ 如果支持民主制度的公共文化缺乏有效的交流、信任和集体情绪的话，民主制度制定政策的能力就会大大削弱，并最终威胁到民主制度的稳定性。⑥ 而自由主义追求的民主形式，必须重视公民尊重彼此寻求共识基础的良好信仰的条件。在人类社会生活中，只有共同的民族性能够提供使之成为可能的团结感和信任感。共同的民族认同不意味着必定持有相似的政治观点，但确实是承诺找到伙伴并一起生活的前提条件。在自由民主国家

---

① ［加拿大］金里卡：《少数的权利：民族主义、多元文化主义和公民》，邓红风译，上海世纪出版集团 2005 年版，第 229 页。

② Barry, Brian, "Self – Government Revisited. In David Miller and Larry Siedentop", eds. , *The Nature of Political Theory*. Oxford：Clarendon Press, 1983, p. 145.

③ Ibid. , pp. 144 – 145.

④ ［英］戴维·米勒：《论民族性》，刘曙辉译，译林出版社 2010 年版，第 142 页。

⑤ Tamir, Yael, *Liberal Nationalism*. Princeton, NJ：Princeton University Press, 1993, p. 115.

⑥ Barry, Brian, "Self – Government Revisited". In David Miller and Larry Siedentop, eds. , *The Nature of Political Theory*. Oxford：Clarendon Press, 1983, p. 145.

构建过程中，多民族的共同存在使商议性民主的实施变得相较单一语言的民族国家更困难，但这也为在民族内部实施文化自决和政治自治的必要性提供了证明。自由民族主义认为，多民族国家存在的既成事实是无法改变的，我们不可能通过重划国家界限或大规模移民来解决多民族杂居一国之内的现状，要解决民族差异带来的商议性民主过程中的困难，就必须要通过差异性的民族政策。本书将在第六章中详述部分自由民族主义提出的可行方案。

三　自由民族主义需要自由主义基本理念

多元的社会文化在人们的生活中广泛存在，人们也可以充分运用自我选择的权利过自己想要的生活。对自由多元主义者来说，文化间的交流与相互吸纳是一件再好不过的事，因为丰富多彩的社会性文化的形成很大程度上是由于它接受和利用了各种民族文化的成果。同样的，对自由民族主义来说，文化的交流也绝非坏事，因为现代的生活方式和开放的文化交流并不意味着人们放弃独特的民族文化。它意味着这一民族的文化是开放的、多元性的，可以向其他文化借鉴它认为有价值的任何东西，并将其融入自身和传承给下一代族群成员。自由民族主义的开放性并不意味着自由主义可以对民族主义的所有需求都无限地宽容和满足。在前面，我们已经证明了温和的民族主义诉求（或者说文化民族主义的诉求）能够为个人主义、平等、社会正义等自由主义的基本理念提供更合理的支撑，使之既符合普遍的要求，又能够在多元价值的民族主义文化中得以贯彻实施。然而，需要注意的是，自由民主国家绝非能够包容所有民族主义的形式，而是对民族主义中的许多要素进行了限制。

当前自由民主国家在处理文化多样性和民族问题的时候，赋予了民族群体诸多的权利，总体而言可以分为两类，一类是针对民族内部关系的；另一类是处理民族间关系的，金里卡将其称为"内部限制"（internal restriction）和"外部保护"（external protection）。二者在具体实施过程中，都有其积极意义，也存在潜在的威胁。其一，所谓内部限制，是指一个民族为了保证群体免受"内部不满"（internal dissent）的破坏性影响而对其成员提出的某些行为要求。① 内部限制调整民族内部关系，以保护民族利益为首要目标。一方面，通过对成员行为的规范或限制，能够保证民族传统、文化得以更好地传承下去，例如要求民族成员学习本民族语言、历史和文化等可以保证民族文化的延续。另一方面，内部限制常常会以寻求民族利益、群体稳定为由运用政治权力限制其民族成员的个人自由，这就增加了民族主义以整体利益名义压制个体的危险。其二，外部保护是为保护民族免受"外部决定"（external decisions）的影响而对自由民主国家乃至国际环境提出的要求，它保护族群之间的关系。一方面，通过民族外部更大的社会的决定——授予某个民族特殊代表权力、土地权利或语言权利等——可以保护民族的独特存在和成员身份，例如通过"飞地"政策保证印第安人独特的生活模式得以延续。另一方面，外部保护也产生某种危险：它可能在民族之间产生不公平。某个民族可能以保护另一个民族的独特性为名将其边缘化或隔离起来，最常被引用的例子是南非的种族隔离制度。内部限制和外部保护都可能出现在自由民主国家内的各民族内部，也可能出现在国家内的民族之间甚至国家之间。②

金里卡提出，自由主义不能对内部限制和外部保护的所有内容都无限包容，也就是说民族主义的诉求需要以自由主义的基本理念加以限制。自由主义对内部限制的条件是："一种自由主义的少数民族权利观不能为（极端情况除外）'内部限制'辩护：即一个少数民族文化限制其成员的基本公民权利或政治权利的要求。"③ 也就是说，任何一个民族强加给其成员的任何内部限制，都不应该允许这个民族中有权势的成员剥夺弱势成员的利益。这是自由主义的正义基本原则在民族内部实施的基本要求。根据个人自由选择的基本权利，自由主义认为民族成员个体有选择自己身份的权利，也就是说，个人可以选择是否成为自己出身民族的成员，也可以选择是否延续和传承本民族文化传统，也有决定将民族文化中的哪些部分进行传承、哪些部分加以放弃的权利。自由主义对外部保护的限制条件是："自由主义的正义不允许任何能够使一个群体压迫或剥夺另一个群体

① Kymlicka, Will, *Multicultural Citizenship: A Liberal Theory of Minority Rights*. Oxford: Oxford University Press, 1995, p. 35, p. 6.

② Ibid., p. 36.

③ Ibid., p. 152.

的权利（如种族隔离中的情况）。只有当外部保护能够通过补偿某个民族的成员遭受的不利或伤害促进民族间的平等时，这些保护措施才是正当的。"① 自由民族主义在对待内部限制和外部保护的问题上的基本观念是：自由民族主义者可以且应该接受特定的外部保护，以此保护民族之间的公平，但是应该拒绝那些限制民族成员质疑并修改传统权威与习俗的权利的内部限制。② 简言之，"自由主义的观点要求在少数民族内部实现自由，而在少数民族与多数民族之间实现平等。"③ 我们有理由相信，伯林描述的温和的、能与自由多元主义相融合的民族主义，必定尊重关于"内部限制"和"外部保护"的两个基本条件，因为这恰好为民族主义在自由民主国家中的形态提供了最低限度的规定，也是可能的最有利于民族主义向着"文化的、多元的、道德上有限的和重叠共识的"温和民族主义形态发展的限制条件。

（一）自由多元主义对明确个人归属感和民族成员身份的促进作用

自由多元主义对于民族权利的"内部限制"的限定条件表明：任何以民族利益为目的实施的对民族成员的限制都不能跨越个人消极自由的底线。这种在整体权利与个体权利之间的界限有效保护了个人自由不受整体权利的侵犯。按照传统自由主义观念，实现社会族裔文化公正最好的方法就是保持彻底的中立，但这种方法已经被自由民族主义者证明是不可能的了。按照自由多元主义的设想，在自由民主国家中，保留"多种族"或"多民族文化"的权利有利于社会正义的实现，因而在政治决策和文化生活中通过了许多鼓励保留族裔文化的措施；主流群体也已经开始把区别对待少数民族的权利视为比无差别公民权利更有利于实现普遍的个人自由和社会正义的基本规范和制度。在处理族裔文化关系的问题上，自由多元主义的价值观已经为多数民族和少数民族群体接受，这种有利于维护民族和民族成员族群文化和特征的"通融权利"（accommodation rights）④ 逐步取代了传统自由主义一元论设定的同化政策。虽然这些政策的制定目的是为

① Kymlicka, Will, *Multicultural Citizenship: A Liberal Theory of Minority Rights*. Oxford: Oxford University Press, 1995, p. 152.

② Ibid..

③ Ibid..

④ Kymlicka, Will, *Politics in the Vernacular*. New York: Oxford University Press, 2001, p. 51.

了实现个人自由、族群平等、社会正义和为了商议性民主更好地实施，但在实施的过程中，差别待遇的政策事实上保护了多元民族文化的存续，并为个人民族归属感和民族成员身份的认同提供了更优越的环境。

自由多元主义对"内部限制"的限定能保证个人对自身民族身份的选择权。在自由多元主义出现之前，自由主义者和民族主义者似乎有一个共识：民族文化和权利的维持并不要求选择权利或创造性的技巧，只需要忠诚、归依、自我消解的意愿。人们甚至认为，民族成员身份的存在来自天命而非选择的结果，因此民族义务是强制性的规则：民族归属是非自愿的、终极的，个人需要无条件支持所属民族的利益，盲目接受民族的所有文化和社会特征，甚至把为保卫民族整体利益牺牲自己生命看作民族成员的个人宿命。这意味着忠诚就是完全献身，个体价值相对于民族利益彻底地自我消解了。然而，从自由多元主义的或自由民族主义的观点来看，这种以整体利益侵犯个人权利的"忠诚"并非自由民族主义的内涵。恰好相反，自由多元主义为民族主义可能对个人造成的侵害设置了严格的限制——"个体有选择的自由"，[①] 自由多元主义的消极自由为个人设定了基本的自由权利。被赋予了基本的选择自由和权利的个人在对待自身民族身份和由此产生的对民族的义务的问题上也拥有选择权。具体来说，在面对民族义务的时候，个人不必承受来自民族整体或他人强加给自己的责任和道德枷锁，也不必牺牲自我利益甚至生命来"保证民族的持续生存、民族成员的福利、民族文化的繁荣，等等。"[②] 自由民族主义认为，民族成员身份是可以选择的，虽然个人在成长过程中不可避免受到自己出身的那个民族文化的影响，始终具有该民族文化的烙印，但是，这并不意味着无法逃避的民族性和民族义务。戴维·米勒认为，这种观点同伯林对民族归属感的论述有一定差距，因为伯林在个人自由、个人主体性权利与民族义务之间更倾向于首先保证个人自由和个人主体性权利的完整。但事实上，两种观点并不一定矛盾：个人的民族性和民族归属感受到民族文化和生长环境的影响，个人生活中的各种选择也必然受到民族文化背景的制

---

① ［以色列］塔米尔：《自由主义的民族主义》，陶东风译，译林出版社 2005 年版，第 85 页。

② 同上书，第 84 页。

约；但是，拥有自由选择权利的个人在对待民族文化和民族义务的问题上拥有了不同的选项。他们可以因对本民族文化彻底失望，认为它已经日薄西山、再无出头之日，并因此选择离开自己民族生活的国度或领域，拒绝说自己民族的语言，拒绝本民族文化在日常生活中出现，并将自己归化到其他民族的文化当中去。他们也可以选择成为民族文化和民族权利的拥趸者，选择保留并巩固本民族文化，承担为民族生存而创造和斗争的道德责任。此外，他们还可以将本民族文化视为开放的，可以改造的，并因此广泛吸纳其他民族文化为自己所用，重新发展、界定和繁荣本民族文化。自由选择的权利化解了民族义务、民族整体利益对个人自由、个人利益可能产生的强制与侵犯，服从与不服从以及在何种程度上服从民族义务都是个人选择的结果。也就是说，自由多元主义对民族主义的"内部限制"加上了前提条件：保证民族成员作为个人的消极自由不受侵犯。

（二）自由多元主义消解民族主义可能产生的进攻性倾向

在自由多元主义的理念中，宽容是非常重要的特性之一，其中就包括对各种民族群体的包容。自由多元主义制度指导下的自由民主国家，既尊重民族群体的自主、自治或自决权利以及保留民族特殊文化的愿望，同时又承认这些群体并非自足的和孤立的，而是同国家整体紧密联系在一起的。因此，金里卡提出的自由多元主义对民族主义的第二个限定条件是针对"外部保护"的。我们可以从两个方面来看待自由多元主义在外部保护中对民族主义的积极意义。一方面，外部保护可以保证少数民族及其成员不受其他民族或更大社会群体的侵害。对多民族国家中的少数民族而言，"外部保护"通常通过三种差别性公民权利来实现：自治权利、多种族权利和特殊代表权利（special representative rights）。自治权利是指在多民族国家中，赋予少数民族某种形式的政治自主权或区域管辖权，以确保它们的文化充分且自由地发展，并确保其成员的最佳利益。多种族权利的目的则是帮助种族性群体和宗教少数群体表达他们的文化特性并为之自豪，而同时不会妨碍他们在主流社会的经济与政治制度中取得成功。特殊代表权利则是指把立法机关中一定数量的席位专门留给处于不利地位的群体或边缘化群体成员（包括少数民族成员），以此保证他们不会在自由民主化决策过程中由于制度性劣势或障碍而无法表达自己的意见和追求自己的利益。① 金里卡认为，这三种措施回应了少数民族群体面对的不同外部压力：

"（1）较大的社会政治机构内的特殊群体代表权利，使得在作出全国层面上的决定时很少能忽视某个民族性或种族性少数群体。（2）自治权利把权力转移给较小的政治单位，因此，在作出对它们的文化具有特殊重要性的决定时，例如在教育、移民、资源开发、语言和家庭法等问题上，某个民族性少数群体就不会因多数群体的票数多或出价高而失败。（3）多种族权利保护特殊的宗教与文化习俗，单纯通过市场它们不会得到充分支持（例如，资助移民语言计划，或资助艺术群体），或者它们由于现存的法规（通常是无意的）而处于不利地位（例如不受星期日歇业法规的限制，或者不受与宗教信仰相冲突的着装规定的限制）。"②

金里卡认为，这三种形式的差别性公民权利都能有效降低少数民族在面对更大社会的经济压力和政治决定时的易受伤害性，为实现民族主义的需求提供更好条件。外部保护确保较大的社会不能剥夺少数民族及其文化生存和发展的基本条件；而且，外部保护对民族整体的作用并不一定与民族成员个人自由和利益相冲突，相反，在很多时候，这种外部保护更有利于民族成员个人自由的实现。③ 目前自由民主国家已经采用的多民族的联邦制度、民族区域自治、少数民族群体"飞地"（enclave）政策以及"肯定性行动"（affirmative action）等都为少数民族保留自己的民族习俗、文化、生活方式，增强在主流社会中的社会竞争力等提供了特殊的帮助。在当今一些多民族国家中，对少数民族群体、特殊的民族政策和差别性公民权利的实施已经取得了惊人的成功。不管是历史上就已经是多民族的国家，如瑞士和加拿大，还是更近代的如比利时、西班牙等，这些国家都是以和平、包容的方式解决了由于民族认同问题的矛盾引发的冲突，还更高程度地保护了国家的经济繁荣和公民的个人自由。

---

① Kymlicka, Will, *Multicultural Citizenship: A Liberal Theory of Minority Rights*. Oxford: Oxford University Press, 1995, pp. 26 - 33.

② ［加拿大］金里卡：《多元文化公民权：一种有关少数族群权利的自由主义理论》，杨立峰译，上海世纪出版集团 2009 年版，第 47 页。

③ 参见 Kymlicka, Will, *Multicultural Citizenship: A Liberal Theory of Minority Rights*. Oxford: Oxford University Press, 1995, Ch. 5。

　　另一方面，外部保护还可以防止自由民主国家中多数民族的民族主义走向沙文主义和法西斯主义。必要的外部保护有力保证少数民族不受多数民族和更大的社会同化，也防止了多数民族和更大的社会以世界主义的或乌托邦似的理想社会为由侵犯和破坏少数民族的民族特性和民族文化。因为自由民族主义尤其强调"在巩固民族理想的同时也并不无视其他的人类价值观念"。① 这意味着多数民族和更大的社会必须尊重在人数上处于劣势或经济、政治、文化生活中都更容易受损的少数民族的民族尊严，而外部保护就是限制前者可能产生的侵犯行为的最有力规范。前文中我们已经证明，在自由主义一元论的观念中，无论公民个人的民族文化和民族性格如何，都遵从无差别的社会规范和社会制度，这种表面的平等对那些具有特殊民族文化的、处于弱势、缺乏社会竞争力的少数民族群体及其成员是不利的。无差别公民权利可能形成国家中的多数民族以自身占据的社会资源优势、经济优势和政治生活中的多数席位提出某些强制同化的政策，造成国家中少数民族的民族文化乃至族群的整体消亡，甚至在某些时候采取暴力的方式逼迫少数民族群体归化到主流民族文化中去——事实上，这就是进攻性民族主义的典型表现。自由多元主义的"外部保护"政策化解了多数民族可能产生的进攻性民族主义给少数民族群体带来的威胁，以及由此产生的民族分离主义倾向（即便不分离，自由民主国家也得面对分离的威胁或者承受民族问题引发的社会不稳定）。

　　值得注意的是，外部保护的措施如自治权利、多种族权利也有可能对其民族成员的个人自由产生不利影响。因为独特的自治权利和多种族权利经常被用来限制那些质疑并试图改变民族传统文化的成员的自由，而这种可能会压制民族中个体或次级群体的自由权利的"内部限制"的权力来源正好是较大社会提供给该民族的"外部保护"。例如，加拿大的印第安人部落就一直宣称其部落自治委员会不应当服从按照《加拿大权利与自由宪章》进行的司法审查。因为如果服从司法审查的话，他们的成员就有可能在主流社会的法庭上提出对部落决定的挑战。因此，加拿大印第安人部落宣称，对于性别压迫的担心反映了主流文化对于印第安文化的偏见

---

① ［以色列］塔米尔：《自由主义的民族主义》，陶东风译，译林出版社 2005 年版，第 74 页。

或错误理解，印第安人的自治不应受到加拿大法案或宪章的限制，这不是为了限制印第安人中妇女的自由，而是为了捍卫印第安人相对于较大社会的"外部保护"。但是，加拿大土著妇女协会由于担心他们在保留地中存在性别歧视的危险，确实曾经要求土著政府的决定服从加拿大宪章。① 同样的，多种族权利也会带来强加的内部限制：少数民族也很可能通过寻求合法权利把传统的文化、习俗和律令强加给民族成员，而这些内部限制很可能与自由民主国家的基本人权和宪法原则相冲突。不过，自由民族主义提出的对少数民族"内部限制"的制约条件能够对这种由外部保护引发的对民族成员个人自由侵犯加以防范。可见，"内部限制"和"外部保护"的结合，成为自由多元主义对既尊重民族和民族主义的合法权益又防范其侵犯个人自由的有效手段。

（三）自由民族主义对待非自由主义的民族主义的态度

不可否认，在世界各民族文化中，有些民族和民族主义运动是完全反自由主义的。有的民族完全不允许其成员享有自主权利，有的民族则只把个人自主权赋予特定的人群，而否认其他人（如妇女、低等种姓或有色人种、少数民族等）的自主权。对此，自由民族主义者不可能不加批判地接受民族的内部限制，因为自由民族主义之所以尊重民族成员身份就在于其使个人自主权利更为完整。在处理与非自由主义的民族主义的关系问题上，自由民族主义者认为，"自由主义者不应该以摧毁非自由主义的民族为目标，而是要寻求使它们自由化的方法。……自由主义者不应该阻止非自由主义的民族保持其社会文化，但应该促进这些文化的自由化。"② 因为所有现存的自由民族都曾有不自由的历史，自由化总是需要一个长期

---

① 参见 Chritofferson. Carla. , "Tribal Courts Failure to Protect Native American Women: A Reappraisal of the Indiana Civil Rights Act". *Yale Law Journal* , 101/1, 1991, pp. 169 – 185. Resnik, Judith, Dependent Sovereigns: Indian Tribes, States, and the Federal Courts, *University of Chicago Law Review*, 56, 1989, pp. 671 – 759. Moss. W. , "Indigenous Self – Government and Sexual Equality under the Indian Act: Resolving Conflicts between Collective and Individual Rights", *Queen's Law Journal*, 15/2, 1990, pp. 279 – 305. Cairns. Alan, "The Charlottetown Accord: Multinational Canada vs Federalism", in C. Cook（ed.）, *Constitutional Predicament: Canada after the Referendum of* 1992（McGill – Queen's Press, Montreal）, 1994, pp. 25 – 63。

② Kymlicka, Will, *Multicultural Citizenship: A Liberal Theory of Minority Rights*. Oxford: Oxford University Press, 1995, p. 94.

制度改革的过程。根据伯林对民族主义特征的定义，许多民族都具有人类普遍价值的重叠共识，民族和民族主义中自由与不自由的成分是可变的，所有的文化都具有非自由主义的维度，也没有几种文化会完全压制其成员的个人自由。自由民族主义认为，自由主义没有理由把他们的原则强加给那些不承认自由原则的民族群体。这种态度的论证可以分为两步：首先，如果反自由主义的民族是一个具体的国家，那么以自由的名义在这个国家强制推行自由主义的原则显然是不合理的。虽然 18、19 世纪的许多自由主义者、自由民族主义者——如密尔、马志尼等——都认为自由主义国家为了让其他非自由主义的民族了解自由主义、遵从自由主义基本理念而对它们进行殖民或武力强迫他们服从自由主义原则是正当的；但现代的自由主义者普遍放弃了这种强制推行自由主义的态度，而自由多元主义者更是反对这种积极自由的强制。例如，沙特阿拉伯政府否认妇女或非穆斯林的政治权利，但是，任何一个自由民族主义者都不主张对此进行强制干涉，以迫使沙特阿拉伯政府把选举权赋予每一个人。其次，当反自由主义的民族是一个国家内部的少数民族群体时，会出现同样的难题。在这个问题上，许多当代的自由主义者认为强制性的第三方干涉是必要的。因为他们假定，"拥有权利不仅意味着立法机构应该在通过立法时尊重人们的权利要求，而且意味着应该有某种司法复审制度来确保立法机构尊重人们的权利要求。"[1] 也就是说，即便是国家通过了相应的外部保护法律和政策来保护国内少数民族群体的差别性公民权利，国家的最高法庭或类似机构仍有权利对其进行审核，以确保它们尊重个人的自由主义权利。但是，在自由民族主义者看来，民族性群体往往已经形成了具有自治要求权的独特政治共同体，对它们来说，强制推行的自由主义原则往往被视为民族侵略或民族沙文主义的进攻，结果常常会适得其反。在非洲，许多前殖民地国家的情况表明，在自由主义制度作为外部强加的政策推行而不是内部政治改革的结果出现时，往往是不稳定的和短命的。只有当民族性少数群体把自由主义的信念内化为本民族文化的一部分时，自由主义制度才能真正发挥

---

① ［加拿大］金里卡：《多元文化公民权：一种有关少数族群权利的自由主义理论》，杨立峰译，上海世纪出版集团 2009 年版，第 212 页。

作用。① 何况，强制地推行自由主义也不符合自由多元主义的基本理念——强制意味着对一律的追求，即便强制的目的是为了自由，它也否认了个人自由选择的基本权利。

自由民族主义者认为，对非自由主义的民族群体，推动其接纳自由主义原则、将自由主义内化为民族文化的最好方法是通过和平谈判而非高压政策。也就是说，如果要实现在自由主义理念上的一致，不同的民族群体之间（国际的或国内的）必须寻找到某种重叠共识。如果多民族国家内各民族的民族主义是多元的、具有重叠共识、道德上有限的，那么各民族间自然很容易都承认自由多元主义的基本理念。但如果某些民族的民族主义是一元的、道德上无限的、具有强烈的特殊主义倾向，就不得不依赖于某种其他调解基础，如一种"权宜之计"来协调民族间关系和该民族与国家间的关系。在这种情况下，自由民族主义者可能不得不忍受在少数民族群体中存在对民族成员个体自由权利的侵犯。这种侵犯是自由主义对民族主义"内部限制"的制约条件也无法解除的，因为这些民族成员接受了民族成员身份，选择继续留在本民族群体中并服从民族文化对个人权利的限制。当然，接受民族群体内非自由的现象存在并不意味着自由民族主义者对此束手无策或应当袖手旁观。一方面，这些非自由主义民族内部的自由主义改革者应当努力通过说服或实践来促进民族的自由主义化；另一方面，民族外部的自由主义者应当支持这个民族为促进民族自由化做出的任何尝试和努力。这种外部的支持和帮助，与强制推行自由主义是有本质区别的。

小　结

在本章中，我们着重分析了伯林的自由民族主义思想及自由民族主义思想在现代的发展。根据对温和的民族主义和进攻性民族主义这两种民族主义的极端形态的分析，伯林认为，温和的民族主义形式是值得同情的，他盛赞了泰戈尔温和的民族主义思想，认为他的民族主义思想既满足了个

---

① 参见 Walzer, Michael, *Just and Unjust Wars.* New York：Basic Books. 1980. " The Moral Standing of States", *Philosophy and Public Affairs*, 9/2, 1977, pp. 209 – 229。

人对民族情感、民族归属感的需要，彰显民族主义有利于人性发展和促进社会多元化的积极作用，又避免了民族主义极端的、进攻性的、暴虐的倾向，反对以武力征伐、暴力反抗的方式来达到民族主义的目标。究其根本，伯林的自由民族主义思想是自由多元主义对民族主义的改造，以普遍的人性需求消解民族主义的特殊主义的、超越性的特征；换句话说，自由民族主义是自由主义的改良模式，以更宽容的姿态包容民族主义的合理诉求——简言之，自由多元主义是能够与温和的民族主义兼容并相互促进的。伯林的自由民族主义思想表现在他自由主义的犹太复国主义思想中，他肯定以色列建国为世界犹太人构建了一个精神上和地理上的双重家园，为他们获得民族归属感和家园感起到至关重要的作用，也为促进犹太民族及其成员的自由提供了更大可能，但伯林始终反对以暴力恐怖的非自由主义方式达到这一目标。在伯林而言，他的思想中始终存在一些未解的矛盾：对于民族多元性与自由民主制度的统一性的矛盾、文化背景对个人的作用与个人主体性间的矛盾以及民族文化自决、政治自治诉求与社会正义之间的矛盾。这些问题，在后来的自由民族主义者思想中得到了进一步的解决。

　　总体而言，自由民族主义者肯定，自由多元主义与某种形式的民族主义在是可以共存的，二者之间有着必然的联系：一方面，对个人而言，民族归属感有利于更好实现个人自由选择权，维护个人尊严，为个人的身份认同、规范性身份的确立提供必要的文化背景。对自由民主国家来说，多元的民族文化是建构社会制度，确立社会运作模式的客观前提，多元的民族和民族文化能协调国家公民之间的关系，强化对国家的归属感和责任感，在公民间形成较强的信任感，进而促进社会正义原则与商议性民主的落实。另一方面，对要求文化权利和政治权利的民族和民族主义而言，自由多元主义又是不可或缺的条件：通过对民族主义"内部限制"的约束，自由多元主义为个人寻求民族归属感、回归本民族文化提供了可能；通过"外部保护"，自由多元主义为民族和民族主义的存续和发展提供了包容性极强的社会环境，防止少数民族及其文化遭到多数民族文化的同化和破坏；此外，自由多元主义消解了民族主义可能产生的进攻性倾向，防止强势民族的民族主义走向沙文主义和法西斯主义。总体而言，自由多元主义与民族主义以价值多元论为共同基础，找到了二者结合的基本点：自由多元主义尊重多元价值，强调多种文化的权利和需求得到平等的对待和保护，民族主义也可以选择自身多元的、道德上有限的、具有重叠共识的形式，强调自身文化自决的需求而非政治自治的诉求。也就是说，自由主义的普遍主义在多元论的支持下具有了更大的包容性，民族主义的特殊主义在某些方面也得到了自由主义的修正，自由民族主义从理论上来看，是完全能够自洽的。

第六章　自由民族主义的实践

虽然自由民族主义者已经反复论证过，在文化多元主义的社会现实面前，自由主义普遍主义与民族主义特殊主义之间存在相互支持、相互证成的关系，自由主义以多元主义的姿态包容了具体特殊主义需求的民族主义，而民族主义则以普遍主义的表达方式代替了特殊主义的忠诚，自由民族主义能够为当前世界的民族和民族主义问题寻找到一条更宽容、更和谐的解决道路。但是，在实践应用中，自由民族主义面对来自各方面的质疑和挑战，伯林自由民族主义思想中的四对矛盾也始终困扰着自由民族主义者。自由民族主义者们对自由民族主义本身有较为清晰的定位：作为一种经验性理论而非规范性理论，与其把自由民族主义当作一种民族主义的形态，不如把它当作自由主义的一种改良主义品种。

自由民族主义中的民族主义被限定为多元的、道德上有限的和具有重叠共识的，但是，民族主义的文化自决和政治自治的要求仍然是同时存在并有很强交叉性的，成为自由主义普遍主义与民族主义特殊主义冲突的直接外现，影响着自由民主国家民族政策的制定。作为一种经验性理论，自由民族主义必须要有解决这两个矛盾的特定技巧，以便在二者之间建立一种平衡。为了分清两种不同诉求的处理方式，我们把自由民族主义需要处理的矛盾分为两个方面来解析：一是民族文化自决权与自由民主社会正义之间的关系；二是民族政治自治权在自由民主家中的限度和合理形式。

第一节　民族文化权利与文化自决

自由民族主义者认为，民族成员身份首先是一种文化身份，其次是个人主张某种文化的权利。这里所谓的文化"是一种社会性文化——即一种为它的成员提供跨越人类全部活动范围的有意义的生活方式的文化，这些活动包括社会的、教育的、宗教的、娱乐的和经济的生活，而且既包括公共领域又包括私人领域。这些文化趋向于在地域上变得集中，而且以一种共享的语言为基础。"① 个人因出身而获得民族身份，并浸淫在民族文化之中，但这并不意味着文化身份是一成不变的。文化身份是一个个人选择问题：人们出生在某种民族和民族文化之中，当他们成长到足以理解自己的民族和文化的时候，就能够对其进行批判性反思并形成对这种文化的观念和自身民族归属的选择。也就是说，主张民族文化不是只能对本民族文化感兴趣和只准支持本民族文化，也不是指任何一种民族文化都应该受到无条件的尊崇，而是指这一切都取决于个人的自由选择。金里卡认为，民族成员身份是一种个人自由选择的结果，文化的权利之所以应当受到尊重，是因为文化成员身份是每个人都无法避免的基本特征，它不仅是人性对归属感和家园感的需要，更是实现个人自由必不可少的要素，它是个人自由选择的背景，也是个人自我认同的必要条件。

在对待民族文化权利与个人自由权利的关系问题上，自由民族主义者首先认为文化权利其实是一种个体权利。这种观点挑战了自由主义一元论对文化权利的观念，后者通常把文化权利当作一种集体权利。自由民族主义认为，个人只有通过他们在一个民族共同体中的成员身份，才能实现个人的文化权利。民族文化及其行为模式是民族成员区分自己与他人的基本特征——个人具体的行为模式、语言、规范、象征、神话传说、历史都是文化的组成元素——从某种意义上说，民族文化构建了活生生的个人。表面来看，自由民族主义的这种观点接近社群主义的集体权利观，但是，自由民族主义仍然是自由主义的，它并不承认是作为整体的集体的文化权利，而是把文化权利作为个体自由权利的一部分。维护个体的文化成员身份给个体带来的利益来自他们民族成员的身份，只能通过特定的民族共同体中的成员身份才能获得，但这并不改变文化权利仍是一种个体利益的基本属性，因为民族文化权利主张了两件事：一是界定了一种善。即某种民族文化的存在和发展是一种客观的善，与其他文化相比具有不可通约的独

---

① ［加拿大］金里卡：《多元文化公民权：一种有关少数族群权利的自由主义理论》，杨立峰译，上海世纪出版集团 2009 年版，第 96 页。

特价值，并认定这种文化赋予了生活某种特定的价值；二是界定了一个权利的受益者。该民族成员个体的收益成为主张民族文化权利的根本原因，也就是说，"文化权利应该仅仅通过参照其对于成员的价值而得到合理化。"① 因为如果以集体权利来界定文化权利，就有可能对个体自由造成威胁：当文化权利被赋予集体的时候，集体就可能采取一切手段来获取群体成员的一致同意或者强制地推行这项权利。在这种情况下，那些想要选择放弃或改造某种文化特征的个体成员就会被迫放弃自己的意愿，屈从于集体的权威。"把权利赋予群体的最终结果是某些应该大家共享的权利，只被群体中的某些成员享受到。"② 此外，自由民族主义者还认为，民族群体的界定是非正式的、难以固定的，民族在很大程度上是一个松散的、持续变化的、"想象的"共同体。它与政府、商业机构或其他组织不同，缺乏清晰可辨的界限，如果把文化权利当作一种集体权利的话，我们会很难界定权利的主体；而个人则是再清晰不过的权利主体。例如，在美国实行的肯定性行动（affirmative action）中有一项政策是赋予每个民族群体在一个治理机构中同样数量的代表席位，以此保障每个民族群体在某项社会事务中平等的发言权，我们应当看到，这种政策的设计是为了保证民族群体中的个体成员能够得到平等机会，而不至于因为所属群体的弱势使个体成员平等的公民权利受到损害。

不过，在社会生活中，民族文化权利通常不是个体能够主张成功的，它往往需要以民族整体利益的方式出现。例如，生活在一种繁荣的文化中、体验团结一致的集体情感、共享一种语言的自在等利益，都必须通过对民族文化权利的维护得以实现，但最终的受益者并非抽象的民族而是实实在在的个人。杰里米·沃尔德伦把群体的善界定为联合生产的、不能独占的善，而且只有当这种善有利于所有人时，它才能有益于任何一个特定的个人。③ 这意味着如果丧失了民族文化权利，民族群体利益的损失有可能大于所有个体成员利益损失的累加，但并不表示民族群体因此获得了优

---

① ［以色列］塔米尔：《自由主义的民族主义》，陶东风译，译林出版社 2005 年版，第 38 页。

② 同上。

③ Waldron, J., "Can Communal Goods be Human Rights", a paper delivered at a conference on Development, *Environment, and Peace as Human Rights*, Oxford, 1987, pp. 21 – 22.

于甚至超越个人权益的特殊利益。自由民族主义不认为民族是无足轻重的，只不过它的重要性源自对个体生活的贡献：民族作为实现个体权利的存在，其自身的价值与利益必定最终与个人相一致，而不具有其他的独立于个体权利之外的利益。自由民族主义处理族群利益和个人权利之间关系的时候坚守了消极自由的基本立场，这就和社群主义区别开来了。根据自由民族主义对个人权利和民族集体权利的理解，在处理民族文化权利的时候，自由民族主义主张基于民族文化综合普遍的价值来维护民族群体的权益，这与民族成员个体维护民族身份的权利以及他们参与本民族群体的社会、文化以及政治生活的权利是不同的。

其次，自由民族主义者认为文化自决是自由民主国家中民族主义合理的要求。民族自决权一直是当代政治话语的中心，民族自决权往往与领土独立、主权要求、政治自治联系在一起。然而，自由民族主义认为，自由主义框架下的民族主义自决权应当是文化的而非政治的诉求，"就是说这是一种维护一个民族作为一种独特的文化实体的存在的权利。"① 自由民族主义者的这种观点实际上是继承了赫尔德的文化民族主义思想，把民族主义限定在文化的领域，也把民族主义的诉求限定在文化自决的层面上。对自由民族主义者来说，民族自决（self‒determination）所涉及的是个体界定自己个人身份与民族身份的权利。正如伯林所说，民族自决权是一种对身份的追求，而不是对密尔式的自由与公民自由的追求。民族自决实际上是文化自决的诉求，是为了承认而进行的斗争，是"个体表达其民族认同的权利，以及个体保护、维持、培育他们作为一个独特实体的民族的生存权利。……民族自决权只是文化权利的特殊情形"。②

在本书第五章中我们已经证明，自由民族主义确认文化成员身份是构成个人选择基础的一种重要的基本善，特殊的文化权利和地位是自由民主国家中少数民族文化存续和发展所必须的，而文化自决权要求社会提供一个共享的公共空间，在那里个人的民族身份能够得到承认和充分表达。毫无疑问，单一民族国家是文化自决权得以表达的最佳环境，因为它可以保证最大程度

---

① ［以色列］塔米尔：《自由主义的民族主义》，陶东风译，译林出版社 2005 年版，第 50 页。

② 同上书，第 66 页。

的民族自治以及最大范围地享受民族生活，在同质的社会中，每个人都能同等享有同样的善的观念和文化背景。但通常而言，不是每个民族都有机会获得这种高度一致的自治和自决权利：当前的自由民主国家大多数是多民族、多元文化的构成，文化的差异和冲突必然存在，并非每个民族的文化都能够成为国家主流文化得以彰显，这也就意味着有些民族文化的表达在公共空间确实会影响到社会的正常运转和其他民族成员的个人权利。例如，锡克教教徒包头巾，穆斯林教徒遵守斋月的戒律，印度妇女穿着纱丽，这些本来在民族生活中再正常不过的行为一旦进入公共生活空间，就会产生某些冲突：我们能否允许锡克教教徒在建筑工地不戴保护头盔而只戴头巾？我们能否允许穆斯林教徒在斋月期间提前一个小时下班以便能赶上家里的晚饭？又或者我们是否应该让一个担任警察职务的印度女孩在工作时间不穿统一的制服而穿着纱丽？如果在个体参与民族文化生活的行为与公共生活实践产生冲突时要求个体把民族文化生活的相关行为都限定在私人生活领域，而在公共生活中遵从主流文化，其实仍是迫使他们放弃自己的身份，就像伯林描述的一些犹太人那样——对自己的民族和民族文化绝口不提，只在特殊的场合、特定的人面前才会偶尔提及自己民族成员的身份。

　　既然自由民主国家不能做到对所有民族文化都保持绝对中立，也无法让多元的、甚至不可通约民族文化在公共空间相安无事，必须要有所取舍，那么就需要尽可能地创造一个可以提供不同服务的多元系统，以尽量满足多元民族文化表达的需要。为了实现这一目的，就有必要建立一些替代性机构（如民族机构、自治共同体甚至联邦或联盟国家等）代替单一政治国家行使与民族相关的权利，以最大限度地实现民族文化自决的权利。自由民族主义者认为，根据不同民族的具体情况和特定条件，不同民族应当在不同的程度上实现民族自决权。例如，生活在大型的、孤立的领土上的民族就比生活在人口稠密地区的民族更可能获得自治，因为前者在自然资源、土地、地理位置等方面具有明显优势。但这决不意味着占有人口多数的民族就有优于少数民族的更大自治权，而是说所有民族都应该平等地享有其所在环境所许可的最大范围的民族自决权。[1]　根据这个理论，

---

　　① 　［以色列］塔米尔：《自由主义的民族主义》，陶东风译，译林出版社 2005 年版，第 69 页。

自由民族主义者进一步提出，在多民族国家中，实施那些旨在保护少数民族文化的、宗教的、语言的身份认同，保证他们在与多数民族共同生活、共同竞争、友好合作的过程中继续维持自己的民族独特性的政策和措施是必要的。① 这种根据不同民族具体情况作不同自治层级的区分与马志尼的门槛原则有根本的区别：马志尼认为只有满足了一定条件（如人口数量、文明历史、独立语言和文字等）的优势民族才有构成民族国家、实现民族文化自决的权利，而其他弱小民族则应被纳入优势民族之中。自由民族主义的区分则是根据不同民族的具体条件制定具体政策，使各民族文化的自决权最大化。以金里卡为代表的自由民族主义者认为，如果社会的具体情况不允许我们借由民族自治的方式获得民族文化自决的权利，那么制定一种针对特定少数民族群体的差别性公民权利也是可行的方案，只要对其"内部限制"加以合理限定，在保障该民族群体成员个人自由的前提下，由更大群体（社会、国家）对少数民族群体提供"外部保护"也是实现民族文化自决权利的可取途径。

塔米尔认为，民族文化自决权的合理性可以从六个方面得到论证②：(1)"在一个民族中所享有的成员身份是个人身份的形成因素。"③ 换言之，个体能否形成身份认同感、赢得他人的尊重、过上幸福生活很大程度上受到自己民族共同体的影响，一个成功的、安全的、有尊严的民族群体能够为个人的福祉提供不可取代的家园感和安全感。(2)民族文化自决权是一种个人权利。考虑到维护民族身份对个人有重要的意义和利益，因此有必要赋予他们一系列保护这些利益的权利，因此，民族文化自决是一种必要的、合理的个人善的价值的保障。(3)为了个人自由表达民族成员身份的权利，应当赋予民族以适当的文化自决权。民族成员身份不能被视为完全私人领域的事务，它必须有公开表达的机会才能是真实的。要让个人最充分、最自在地表达自己，就应赋予其文化自决的权利，为个人提供表达身份的足够机会。(4)"共享的公共空间的存在是保证民族作为有生命力的、积极的

---

① 可参见金里卡《多元文化公民权》《少数的权利》等著作中对此的论述。

② ［以色列］塔米尔：《自由主义的民族主义》，陶东风译，译林出版社 2005 年版，第 67、68 页。

③ 同上书，第 67 页。

共同体得以维持的必要条件。"① 享受公共生活是指个人能从自己生活的社会中获得益处，并感到自在和幸福，只有这样，个体才能"体验到他生活在这样一个共同体中，这个共同体能够使他毫无阻碍地公开表达和发展他人格中那些与他作为自己共同体成员的身份感紧密联系在一起的方面"。②(5)民族文化自决要求拥有特定的公共领域。这个公共领域不仅是为保证个人利益而建构的，也是为保证民族成员身份自由表达而设立的。(6)民族文化自决权的充分发展只有在"民族群体被其成员以及非成员同时承认为自主的人类行为与创造力的时候"③ 才能充分实现，民族成员才可以不必参照外在因素发展自己的民族生活，成为真正自主的个体。

塔米尔从个人自由和个人权利出发来分析民族文化自决权的合理性，认为文化的、个人主义的民族文化自决观念使民族权利的正当性与民族群体成员个人权利的正当性联系在一起，表明了在民族文化自决的问题上，自由民族主义是在自由多元主义的范围内对民族主义合理诉求的尽量满足。针对自由民主国家内不同民族主义的文化自决要求，自由民族主义者普遍认为，鉴于民族文化对个人自由和幸福生活的重要意义，"所有的民族都应该平等地享受其特定环境所许可的最广程度的民族自决权"④，其目的在于"保护少数民族文化的、宗教的、语言的身份认同，保证他们与多数民族生活在一起的机会，以及'与多数民族友好合作而又同时维护自己与多数民族不同的特征，并满足其随之产生的特殊需要'的那些措施。"⑤

第二节　民族自治与民族分离主义

第五章中我们已经分析过，伯林更倾向于赞同民族的文化自决权利而非民族政治自治的要求。在伯林看来，政治自治是实现文化自决的工具，无论其程序是如何符合民主，也不能成为民族主义的根本目的。一旦政治自治成为民族主义的根本目的，就有可能向着进攻性的方向迅速发展开去，因为一

---

① ［以色列］塔米尔：《自由主义的民族主义》，陶东风译，译林出版社 2005 年版，第 67 页。

② Raz, J., *The Morality of Freedom*. Oxford: Clarendon Press, 1986, p.209.

③ ［以色列］塔米尔：《自由主义的民族主义》，陶东风译，译林出版社 2005 年版，第 68 页。

④ 同上书，第 70 页。

⑤ 同上书，第 69 页。

个民族政治权利的伸张往往意味着对其他民族同等权利的威胁。伯林认为，为了避免进攻性民族主义的产生，限制民族主义的政治自治要求是必要的。可见，伯林的自由民族主义思想相较其后的自由民族主义者更保守一些。然而，在实践中，作为犹太复国主义者的伯林又认为以色列建国这一民族主义的政治诉求是完全合理的，它不仅是对犹太人历史上遭遇不幸的一种补偿，更是当今世界所有犹太人民族塑造归属感、家园感的必要条件。由此我们可以看出，伯林对民族主义的政治自治要求也不是完全排斥的，只是他认为，民族的政治自治必须要有合理的要求，至少要保证消极自由的底线，才能避免文化民族主义向进攻性民族主义的恶性演变。伯林之所以对民族政治自治具有相对保守的态度，与他所处的年代不无关系：伯林目睹了法西斯主义、纳粹主义、民族沙文主义等进攻性民族主义的巨大破坏性，它不仅打破了自由主义关于建立自由民主国家，进而实现自由主义的世界主义的美好构想，还直接冲破了消极自由的底线，危及每个人的基本自由权利，这是作为自由主义者的伯林无法容忍的民族主义的恶果。在伯林所处的时代，他对民族政治自治诉求的谨慎态度是无可厚非的。

在人类社会进入 21 世纪之后，世界绝大多数国家重新建立了自由、民主的国家秩序，民族主义则出现了新的形态，诱发了新的矛盾和冲突。为此，自由民族主义者认为，单纯赋予各民族以最大可能的文化自决权利已经无法解决当前的许多民族矛盾和地区间民族冲突。在世界各国的民族主义情绪不断升温的同时，自由民主国家内部公民身份的认同感正在逐步降低，自由民主国家的凝聚力减弱。这些现象表明，现代民主制度的健康和稳定发展不仅需要自由民主的社会制度，还有赖于民族文化的推动。一些自由民族主义者（如金里卡）认为，针对多民族国家内部不同民族的民族主义诉求，差别性的公民权利是实现民族文化繁荣和保证国家稳定的重要手段，当然，这些公民权利都是政治性与文化性相结合的。金里卡认为，针对多民族国家中的民族分离主义、民族自治诉求以及民族文化自决和发展的保障要求，自治权利、多种族权利和特殊代表权利是当前最可行的三种方案。①

---

① ［加拿大］金里卡：《多元文化公民权：一种有关少数族群权利的自由主义理论》，杨立峰译，上海世纪出版集团 2009 年版，第 33—41 页。

一　多种族权利、特殊代表权与宽容

对自由民主国家中的少数民族群体而言，对多种族权利和特殊代表权的要求事实上是对宽容的要求。承认并适应少数民族的"差异"文化并采取差别性公民权利减少他们的易受伤害性，已经成为当前自由民主国家的普遍做法。其中，多种族权利旨在保护少数民族特殊的宗教、文化、习俗等，以避免它们因缺乏市场竞争力而在社会文化中处于极不利的地位；特殊代表权则赋予少数民族群体固定的代表席位，以防止少数民族群体的权益在国家重大决策过程中由于代表人数过少而受到忽视或伤害。需要注意的是，多种族权利和特殊代表权的根本目的是整合而非分离，是为了防止因民族文化特殊性而让少数民族群体成员无法融入主流社会的生活，而不是把少数民族群体与主流社会隔离开来。针对少数民族群体提出的差别性公民权利是希望通过改革社会的主流制度，使其更加适应不同民族的文化差异并承认各民族文化传统的价值。这其实是对社会更大程度宽容的渴望，是同参与并遵守支撑着社会团结的主流制度相容的。例如，一些加拿大锡克教教徒非常希望加入加拿大的皇家骑警队，但是他们的宗教信仰要求他们戴头巾，而如果他们不改变自己的服饰，就很难获得他们想要的这份骑警工作。而对此设置的针对着装规定的豁免权这一多种族权利，是帮助他们融合进较大社会共同体、表示对国家的忠诚的有效手段，"他们所要求的特权只能被看作是促进而不是阻碍了他们的整合。"① 正如塔瑞克·莫杜德（Tariq Modood）所说："最需要在心理上和政治上确定一个共同框架和国家象征物的是少数民族。因为确定了是什么使我们愿意连接成一个独立国家，可以减轻少数民族的压力，尤其是减轻对那些在这个国家内还没有被完全接纳的新民族的压力，使他们不用为了反驳对他们的不忠诚的指控，而不得不在社会生活的所有领域或自由选择的领域都保持顺从。"②

二　民族自治权利与民族分离主义

通常而言，我们很容易理解多种族权利和特殊代表权是为了促进社会

---

① ［加拿大］金里卡：《多元文化公民权：一种有关少数族群权利的自由主义理论》，杨立峰译，上海世纪出版集团 2009 年版，第 226 页。

② Modood, Tariq, "Establishment, Multiculturalism, and British Citizenship", *Political Quarterly*, 65/1: 87–91; 97–99, 1994, p. 64.

整合和政治团结而实施的差别性公民权利，而对民族政治自治权利的合理性，则显得犹豫得多，因为前两者是想赢得较大的政治共同体的更多宽容，借其更大的力量保护本民族文化，后者则直接挑战了自由民主国家整合公民身份的追求，是想要弱化较大政治共同体对民族的辖制与联系。金里卡认为，自治权利是差别性公民权利最极端的例子，"因为它将人民划分为不同的'民族'，每个民族都有它自己的历史性权利、领土和自治权力，从而都有自己的政治共同体。"①　而且，许多民族主义都把民族的政治共同体看作是原生的，而他们目前从属的较大的国家共同体是派生的。这样看来，民族自治的要求似乎是更趋向于分离主义而非整合的。因为从自由主义一元论的观点来看，如果承认少数民族群体的自治权，那么公民身份就是重叠的———一个人既是国家公民，也是民族政治共同体成员———而这两种身份存在潜在的冲突，人们不得不追问哪个身份才是最本质的。况且，对政治自治权的要求似乎是无尽的，除非这个民族得以脱离从属的多民族国家，建立完全属于自己的单一民族国家。由于这种担心，自由主义一元论指导下的多民族民主国家采取了以"公民国家主义"掩盖民族主义特殊诉求的做法，试图以普遍的、无差别公民身份否认民族成员身份，以达到整合多民族群体的目的。但是，这种做法已经被证明是失败的了。例如，美国曾经推行强迫美洲印第安人部落放弃他们独特政治地位的"印第安人终结政策"（Indian termination policy）②，但遭到了印第安人部落及其成员的强烈反抗，最终惨淡收场。

　　事实上，拒绝民族政治自治权不但不能增强社会凝聚力，反而只会加

----

　　①　［加拿大］金里卡：《多元文化公民权：一种有关少数族群权利的自由主义理论》，杨立峰译，上海世纪出版集团 2009 年版，第 232 页。

　　②　注："印第安终结政策"是美国政府于 20 世纪 40—60 年代实施的针对美洲印第安人的政策，主要是试图以无差别公民身份将印第安人吸收入美国主流社会，以此消灭他们的族群属性。为此，美国国会提出终结历史上联邦政府和部落之间签订的特殊协定，联邦政府不再承认印第安人部落的合法性及其对部落成员超越法律之外的约束力。1953 年到 1964 年间，109 个印第安人部落被取缔，近 5527 平方公里的印第安人保留地被私有化，13263 名美洲印第安人失去了部落从属。参见 Getches, David H.; Wilkinson, Charles F.; Williams, Robert L. *Cases and Materials on Federal Indian Law*. St. Paul, MN: Thomson/West, 2005, pp. 199 - 216. ISBN 0 - 314 - 14422 - 6. 及 "Ponca Tribe of Nebraska: Community Environmental Profile", *Mni Sose Intertribal Water Rights Coalition*. Retrieved 2007 - 05 - 01。

剧少数民族群体的疏离感，从而增加它们独立的愿望。把无差别公民身份强加给那些有独特民族文化，并自认为是单独政治共同体的民族群体，的确容易增加多民族国家内部的冲突——在保有民族成员身份和政治权利与服从无差别公民身份之间，民族主义者更愿意选择前者。近年的社会现实表明，任何试图抹杀民族成员身份，消除民族间差别的做法都会适得其反。尽管美国和加拿大政府一直以来都不时运用它们可支配的手段来破坏其国内民族群体的民族身份认同，如设立印第安人儿童的寄宿学校、禁止部落习俗或取缔讲法语或西班牙语的学校，但这些民族群体仍然顽强地保留了自己的民族文化和民族成员身份意识。在苏联，尽管教育、媒体都被共产主义意识形态垄断，但克罗地亚人、斯洛伐克人、乌克兰人仍然不会首先认为自己是"南斯拉夫人""捷克斯洛伐克人"或"苏联人"，而是坚称自己本民族的名号与身份。[1] 正如安东尼·史密斯所说，"无论一种民族认同是何时和怎样形成的，它一旦确立后，即便不是不可根除的，也是无比困难的，除非把这个民族全部屠杀掉。"[2] 金里卡认为，"由于对自治的要求已成定局，因此我们只好包容它们。以共同公民身份的名义拒绝这些要求，将只会促进疏远和分离主义运动。"[3]

　　承认少数民族群体的政治自治权利，能够减少因无法获得满足而带来的暴力冲突的可能性，而且，各民族自治权利带来的也很难说是民族群体的和谐共处和通力合作，成为团结、安定的自由民主国家的中坚力量，我们最可能看到的结果就是各民族自治团体能够在必要的社会问题上进行合作。与此同时，承认民族政治自治权利只是降低而非消除民族分离主义的可能。如果获得了自治权的民族政治共同体不断地要求更多的自主权，甚至是渴望独立，他们的民族认同已经"变得如此强烈，以至于在我们国内是事实上的两个并列的独立民族……（那么）最好的解决办法最终可

---

① ［加拿大］金里卡：《多元文化公民权：一种有关少数族群权利的自由主义理论》，杨立峰译，上海世纪出版集团 2009 年版，第 235 页。

② Smith, Anthony, "A Europe of Nations—or the Nation of Europe?", *Journal of Peace Research*, 30/2: 129 – 135, 1993, p. 131.

③ ［加拿大］金里卡：《多元文化公民权：一种有关少数族群权利的自由主义理论》，杨立峰译，上海世纪出版集团 2009 年版，第 236 页。

能是其中一个民族从共同体中分离出去"。① 民族分离的诉求一般出现在有两个或两个以上不可调解的民族认同群体的多民族国家,如以色列和巴勒斯坦人的关系就是如此。在这个问题上,自由民族主义者似乎回到了密尔的关于"一个民族一个国家"的构想:如果一个少数民族群体不愿意同化,那么就必须分离出去建立自己的民族国家。但一般来说,我们都假定民族分离主义是一种道德的和政治的灾难,因为这意味着动荡、冲突甚至战争。然而,一些更积极的自由民族主义者认为,如果分离的过程是和平的或相对温和的,而且分离的结果是一个充满对立与冲突的国家变成了两个健康的自由民主国家,我们就没有理由反对这种分离要求。例如,挪威在 1905 年从瑞典脱离出去,新加坡在 1965 年被迫从马来西亚独立出来,在现在看来,或许不会有人认为这两个分离主义的案例是一种历史的错误。自由民族主义者乐观地认为,如果魁北克能够以相似的方式从加拿大脱离出去,苏格兰能够通过公投成为独立国家,加泰罗尼亚人也能够得到决定是否从西班牙独立出去的公投机会,我们没有理由对此大加阻挠。"毕竟,自由主义根本上所关注的并不是国家的命运,而是个体的自由与幸福;而且脱离并不必然伤害个体权利。"②

自由民族主义认为民族政治自治权利伴随相应的义务。鉴于每个民族及其成员都有获得承认和身份认同感的平等权利,那么每个民族及其成员在提出满足本民族文化自决权利的诉求时,就必须回答这个问题:在表达本民族自治和自决需要的同时,我们对其他民族有什么义务?戴维·米勒认为,对这个问题的回答,应当由四个已经被广泛接受的义务和一个尚存争议的义务组成:

"1. 克制在物质上伤害另一个国家的义务,或者通过军事侵略的方式,或者以将污染物转移到民族边界以外为形式的自然伤害。2. 不剥削单方面受你行为影响的国家的义务。3. 遵守签订的国际协议的义务,当然包括建立联盟制度的条约。4. 互惠义务,来自一个国家在需要时刻借

① Miller, David, *Market, State and Community*: *The Foundations of Market Socialism*, Oxford: Oxford University Press, 1989, p. 288.

② [加拿大] 金里卡:《多元文化公民权:一种有关少数族群权利的自由主义理论》,杨立峰译,上海世纪出版集团 2009 年版,第 237 页。

以帮助另一个国家的互助实践。"① 5. 尚有争议的义务是"保证自然资源之公平分配的义务。"②

这五项义务勾勒了分离出去的独立的民族应当负有的国际正义的义务。对于那些具有强烈分离愿望的民族来说，他们独立控制自己民族在政治、经济、文化等各方面的合法权益应当得到尊重，但是这些民族的独立行为无疑会对它周边其他地区或民族产生相应的影响，因此，在谋求民族分离和民族国家独立的过程中，分离后的民族应当对其他具有同样发展自己民族文化和社会的民族负有相应的义务。

不过，由于民族群体所处的具体环境及自治能力的差异，并非每个民族都可能从母国中分离出去、形成并维持一个独立的自由民主国家。对具有分离主义倾向的民族来说，为了分离出去以后能更好地发展本民族的经济、政治、文化而不是加速民族群体的衰落，必须具备一定的条件。在这个问题上，自由主义者内部具有不同的观点。其一，18 世纪的自由主义者从个人权利和社会正义的角度出发认为，"除非一个群体能够证实它从现有的政治制度中受到了不公平对待，否则它的脱离愿望的力量很小甚至没有力量。"③ 例如，伯奇（Anthony H. Birch）就认为，民族群体从母国分离需要有四个条件："该民族是被迫加入母国中的；母国提供给该民族成员的权利和安全存在严重失败；保护该民族群体合法的政治和经济利益失败；违反了原本计划用于保护该民族地区基本利益的显性或隐性协议。"④ 这四个条件表明，个体的权利和自由受到不公正待遇是民族分离主义的必要条件。其二，另一种观点认为，少数民族分离的愿望应当成为合理的因素，但这种分离的前提是该民族必须遵守"递归原则"，也就是说"任何国家中的任何亚共同体都有权选择脱离那一个国家，如果它反过来愿意允许任何亚—亚共同体（sub – sub – community）有同等权利，以至无穷。"⑤ 戴维·米勒不仅从自由主义的原则看民族分离的条件，他

---

① ［英］戴维·米勒：《论民族性》，刘曙辉译，译林出版社 2010 年版，第 104—105 页。

② 同上书，第 105 页。

③ 同上书，第 109 页。

④ Birch, A. H., "Another Liberal Theory of Secession", *Political Studies*, 32（1984），1989, pp. 596 – 602.

⑤ ［英］戴维·米勒：《论民族性》，刘曙辉译，译林出版社 2010 年版，第 110 页。

同时认为民族认同和民族归属感也是必须考虑的问题，他列举了四个必要条件①：（1）"只有在一个民族性当前被否定自决的地方，现有边界才会受到质疑。"② （2）我们需要确认在欲脱离民族所要求的区域内没有包含自身认同与该民族极不相容的少数民族群体，以至于不能建立一个可行的民族国家。该民族构建的新国家仍然是多民族的。（3）当欲脱离母国的民族构建了民族国家后，那些没有离开母国的该民族成员的基本权益必须受到保障。（4）新的民族国家在地域上必须能够保护自己，同时不应大大弱化母国的利益。

第三节　多民族国家的社会团结与合作

虽然自由民族主义的理念允许在必要的情况下以民族分离的方式来实现民族文化自决和政治自治的目的，但是，很多少数民族由于特定的原因无法实现分离。对于那些较小的民族群体而言，某种在母国内的自治形式更适合他们自身的发展需要。戴维·米勒提出，一般而言，具有下列三种情形的民族群体不太适合追求民族独立和构建民族国家："第一种情形是民族性和（它）所渴望控制的地域非常小，因而不可能实际地起到一个独立国家的作用。"③ 例如，对那些因人口过少、缺乏经济可行性或者不能保护其边界的民族而言，继续依附于较大的国家并通过差别性公民权利实现民族自决是比分离更佳的选择。"第二种情形出现在我们考虑的民族群体的地域包含一个与较大国家存在民族隶属关系且数目巨大的少数群体。"④ 这种设定是为了保障后者同等的民族权利和公民权利的需要，以避免因脱离造成的对少数民族群体的不利影响。"第三种且在某种程度上是最有趣的情形出现于有关地域的许多居住着有着模棱两可的民族认同（这一情形经常与第二种情形共存）"的民族群体。⑤ 例如在 1982 年西班牙加泰罗尼亚地区举行的一次调查中，"26% 的人口认为自己是加泰罗尼

---

① ［英］戴维·米勒：《论民族性》，刘曙辉译，译林出版社 2010 年版，第 110—114 页。

② 同上书，第 110 页。

③ 同上书，第 116 页。

④ 同上。

⑤ 同上书，第 117 页。

亚人，40%的人认为自己既是加泰罗尼亚人也是西班牙人，30%的人认为自己主要是西班牙人。"① 同样的，在苏格兰人当中，也有许多人拥有双重的民族认同。因此，加泰罗尼亚或苏格兰的独立可能会违背这部分具有双重民族认同者的民族认同意愿，影响他们的民族归属感和家园感。

对那些不具有独立能力的民族群体而言，放弃单一民族国家的理想，选择在多民族国家内的地方自治是一种很好的替代方案，这样"民族可以在享有民族自决权的同时又享有因更大的政治联盟中的成员身份而得到的利益"②。自由民族主义者认为，追求政治自治的合理目的是文化自决和发展民族的经济、政治生活，对经济无法独立和不能武力保卫领土安全的少数民族群体而言，民族区域自治、联邦或邦联的形式更能让该民族逐步享有平等的民族权利。如果每个民族都获得了相应了自决、自治权力，那么传统的多民族国家的权力会实现"向上"和"向下"的转移：一方面，传统多民族国家的经济、资源及生态等世界性问题的决策权逐步"向上"转移给地区性组织和国际机构，因为后者能够更全局性地掌控这些问题，且更容易实现全球合作。毕竟在人类进入21世纪以后，许多超国界的问题迫在眉睫，如维护世界和平、环境保护、核武器控制、反对国际恐怖主义等，自由民主国家已经不能成为解决这些问题的独立主体，人类确实需要超国家的地区性组织和世界性组织来统率完成这些必须全人类协作的艰巨任务。另一方面，建构文化政策、促进民族文化发展等权力则"向下"移交给民族自治机构，因为它们能根据自己民族的具体要求和状况来决定文化发展的走向。这样一来，"处于地区的保护伞下面，所有的民族，不管它们的大小、资源、地理位置或经济生存能力如何，都能够获得文化与政治的自治，脱离不再成为问题。"③ 塔米尔认为，这种一方面朝向更大范围的合作；另一方面，实现更加自主的民族政策，是比分离和构建单一民族国家更好的替代性选择。因为多民族国家"向上"和"向下"的权力转移可以保证国家边界的相对稳定，避免无限的民族分离运

---

① Hannum, H. *Autonomy, Sovereignty and Self - Determination: The Accommodation of Conflicting Rights*, Philadelphia: University of Pennsylvania Press, 1990, p. 268.

② ［以色列］塔米尔：《自由主义的民族主义》，陶东风译，译林出版社2005年版，第156页。

③ 同上。

动导致世界格局巴尔干化，进而避免了可能因资源、人口争夺带来的残酷民族战争。此外，对许多自由民主国家而言，分离主义已经逐步影响到国内的社会团结和稳定。英国人有可能失去北爱尔兰、苏格兰和威尔士；科西嘉人、布列塔尼人、诺尔曼人或许会不想继续被当作法国人；魁北克人离开加拿大联邦的愿望日趋强烈；即便是德国人，或许也无法保证普鲁士、巴伐利亚和萨克森将来会继续坚守德国人的身份。既然所有的多民族国家都无法保证在自己国内不会出现分离主义的愿望，那么采取地区组织合作与民族共同体自治相结合的方式就可能是最佳的选择了。塔米尔说："从自由主义的民族主义的视角看，鼓励民族之间的合作在三个方面是有益的。首先，它使小民族的成员得以过充实而满意的民族生活；其次，它通过减轻少数民族成员的同化——作为一种改进经济与职业前途的途径——压力而赋予个体以自由。合作的目的在于尽可能地使所有民族共同体在其成为选择目的机会方面有同样的前景；最后，它巩固了以下的观念：发展繁荣的民族生活并不依赖于排外或孤立，而是依赖于跨民族性（transnationalities）的发展，这种跨民族性有助于减轻民族主义的更加种族中心主义的、仇外的方面。"① 不难看出，塔米尔提出的解决自由民主国家与民族主义之间矛盾的做法仍然具有公民国家主义的色彩，她也是试图用统一的公民文化来涵盖特殊的民族文化，只不过她采用了更温和的方式，使民族文化问题尽可能地在一个民族的范围内得到解决。

此外，对享有国家公民身份和民族群体成员双重身份的个人来说，双重身份认同更有利于他们追求个人的幸福生活和关于善的观念。地区组织合作和民族区域自治的结合，使个人意识到自己同时从属于不同的共同体，并与不同层级的成员拥有相同的利益偏好。交叉的成员身份克服了共同体道德引发的恐惧。在有些问题上，个人可能更偏向自己民族的成员，但由于自己同时在另一些群体中的成员身份，能够让他们宽容地对待非本民族的成员并把他们视为"另一个角度的"同胞。利普哈特（Lijphart）认为，重叠的成员身份促进了节制与合作："当归属于一系列不同的有组织或无组织的、具有不同利益与形态的群体时，他们的态度会变得节制，

---

① ［以色列］塔米尔：《自由主义的民族主义》，陶东风译，译林出版社 2005 年版，第158—159 页。

这是多重心理压力的结果。而且，当某组织的领导人具有异质成员身份时，他们将受制于这种多重身份并在政治上造成多重压力，从而倾向于采取更稳健的中间立场，这种节制与适度对于政治稳定是至关重要的。"①

小　结

时间进入 21 世纪，针对日益复杂多变的民族主义形式，自由民族主义提出了许多经验性的解决方法。一般而言，自由民族主义者赞同在多民族国家中实施差别性公民权利，以实现自由民主国家内部少数民族群体的文化自决愿望，并赋予具有政治自治要求的少数民族群体适度的民族自治权利，以保障他们能够更好地推进民族文化建设。一些积极的自由民族主义者，如金里卡，甚至认可当某个少数民族群体的民族自决和自治愿望特别强烈时，能够允许和乐观接受和平、稳定、渐进的民族分离运动。学者塔米尔的自由民族主义观相对而言更接近伯林的思想，她主张传统多民族国家"向上"转移世界性、地区性问题的决策权，"向下"赋予国内少数民族群体更大的文化自决权和民族事务自治权，从而达到协调自由主义普遍理念和民族主义特殊诉求的目的。总体而言，在处理民族和民族主义问题上，自由民族主义者的基本原则是一致的：自由民族主义尊重所有人作为人的基本自由和权利，同时肯定独特的民族文化对个人自由和幸福的重要意义。在保障个人基本自由的前提下，尽量满足不同民族因特殊民族文化需求产生的文化自决和政治自治的需求，以期实现民族间平等和世界和平。

---

① Lijphart, A. , *Democracy in Plural Societies*. New Haven：Cambridge University Press, 1977, p. 10.

结　论

　　自由主义与民族主义的渊源可以追溯到自由主义的诞生之时，汉斯·科恩将自由主义和民族主义比作"1789 年的两大遗产"，但也承认"民族主义比自由主义更为强烈"①。从 17 世纪开始，古典自由主义学者就对民族主义有过若干简短却极具深意的论述。他们认为民族主义是自由主义的天然含义，是实现自由主义基本理念必不可少的前提。一开始，自由主义将民族主义视为反抗封建专制统治，争取个人自由、社会民主的同盟军，号召以民族的名义重新构建世界政治版图。最初的自由主义的民族主义就是在这一时期产生的。同时，古典自由主义者认为，自由主义的基本理念只有在单一民族国家中才能得到最佳实践，只有享有共同语言、文化、历史和习俗的人们才能在代议制民主中形成共同体纽带和极大的包容性。自由民族主义仿佛一开始就是自由主义和民族主义天然结盟的产物，推动了欧洲各民族寻求民族独立和个人自由的同步进行。

　　但是，受到启蒙运动的极大影响，自由主义思想从"消极的"古典自由模式逐步向理性主义一元论的方向演变，世界主义的理想无法容忍世界多民族和多文化存在的可能，因此，民族主义同其他非自由主义的因素一起被贴上了非理性主义的标签，被自由主义一元论者视为人类理性不发达的表现和幼稚病的产物给彻底否定了。自由主义一元论者认为民族主义的影响将会随着人类理性的巨大进步和世界主义的逐步发展最终消亡。然而，被忽略和被压制的民族主义没有被理性主义消灭掉，反而在 19 世纪以火山爆发的姿态打破了自由主义一元论关于世界主义的美好构想。在浪

---

　　① Kohn, Hans, *The Age of Nationalism：The First Era of Global History*, Califorlia University, 1962, p. 12.

漫主义思潮的刺激下，民族主义成为弱势民族复兴民族文化，重塑民族尊严的有力武器，最终酿成了 20 世纪的两次世界大战。二战结束后，为彻底与暴力恐怖、非理性的民族主义撇清关系，自由主义者基本放弃了与民族主义联合的关系。不过，民族主义在 20 世纪的新发展和复杂化趋势，迫使自由主义者不得不重新直面民族主义，再次认真研究自由主义与民族主义的关系。

虽然在两次世界大战之后，学术界对民族和民族主义的研究有爆炸性的发展，研究著作可谓汗牛充栋。但是，伯林对民族主义的研究有独特的进路：

第一，伯林的民族主义思想和对待民族主义的态度与他的自由多元主义思想紧密相关。作为 20 世纪最具影响力的自由主义者之一，伯林以反对理性主义一元论为开端，提出价值多元是人类社会的客观事实，任何极端一元论的理论最终都会走向自由的反面——极权和压迫。在此基础上，伯林提出"消极自由"和"积极自由"两种自由概念的区分，使自由主义从理性主义一元论的限制中松绑出来，变得更为宽容和富有弹性，成为多元主义的自由主义，进而对民族主义不再持绝对的敌视或冷漠态度。此外，伯林认为，自由主义与价值多元论之间并不存在必然的逻辑联系，二者的耦合关系很大程度上是弹性的。伯林之所以推崇自由多元主义而反对自由主义一元论，根本原因在于自由多元主义真正反映了启蒙运动最初的本意——宣扬理性而非理性的滥用。正是如此，自由多元主义既反对以自由或理性的名义施行普遍主义的一元论，同样也反对虽然承认多元价值的客观性与不可通约性，却反对多元价值存在的特殊主义一元论。多民族和民族文化的存在是伯林价值多元论思想的证明，也是他自由多元主义思想得以成立的现实依据。

第二，伯林从反理性主义一元论的角度出发，认为民族主义是对理性主义一元论的反动，是"浪漫主义反叛的派生物"[①]。伯林指出，民族主义"起源于人类本能的情感而非理性，起源于本能的认同需要，即一个人归属于一种特定的政治、社会或文化结构，事实上，是归属于前三者合

---

① ［英］以赛亚·伯林：《反潮流：观念史论文集》，冯克利译，译林出版社 2002 年版，第 423 页。

一的生活模式的需要。这种生活模式不可被分割为互不相干的几部分，也无法通过思想的显微镜加以分析，它是一种只能以感官去体验和感觉的东西，无法被思考、分析、割裂、被赞成或反对。"① 民族主义是人类多元价值存在的明证，反映了多元化的人性需要。民族归属和民族认同感是人类最基本的情感需要和幸福感来源，是人独有的价值体验，甚至不能被个人自由或其他价值所取代。伯林认为，寻求承认和身份认同是民族主义最核心的需求。伯林思想中对承认的需要的肯定向上可以追溯到黑格尔、托克维尔等人的思想中②，向下则与当代社群主义者对族群的归属需要、个人群体成员身份的强调相衔接。

作为理性主义一元论的反叛产物，民族主义从反启蒙、反理性主义的角度对理性主义一元论发起了进攻。启蒙主义是普遍主义的，寻找一种适用于全人类的共同理性标准和社会理想。相反，民族主义是一种特殊主义的意识形态，否认有一种超越所有民族界限和文化差异的抽象标准或普遍价值，而总是要追问某种价值是"谁的""来自哪里"之类的归属问题。民族主义正是以特殊主义的态度表明了对理性主义一元论的反叛，但伯林指出，这并不意味着民族主义者就一定是多元主义的。恰好相反，世界上许多民族主义者都是一元论者：他们虽然承认世界上有众多民族和差异化的民族文化，但却不能容忍这种差异的存在，而是试图以本民族的价值和文化取代其他民族的价值和文化，甚至不惜以暴力手段实现这一目的。因此，虽然民族主义因浪漫主义反对理性主义一元论而兴起，却可能最终走向极端的一元论模式，如法西斯主义就是典型代表。

第三，伯林认为，作为影响人类社会最重要的意识形态，民族主义具有四个基本特征："坚信归属一个民族是压倒一切的需要；坚信在构成一个民族所有要素之间存在着一种有机关系；坚信我们自己的价值，仅仅因为它是我们的；最后，在面对争夺权威和忠诚的对手时，相信自己的民族

---

① Berlin, I., *The Sense of Reality*: *Studies in Ideas and their History*. ed. Henry Hardy, with an introduction by Patrick Gardiner. London: Chatto and Windus, 1996, p. 231, 232.

② 参见南茜·弗雷泽，阿克塞尔·霍耐特：《再分配，还是承认?》，周穗明译，上海人民出版社 2009 年版。

的权利至高无上。"① 民族主义的这四个基本特征即是构成民族主义的各
种成分，其构成比例和程度的差异造成了不同形式的民族主义，在不同的
地域、国度和时间表现各异。伯林从民族主义对现实政治生活的影响强度
来考量，以是否具有进攻性为标准，将民族主义区分为温和的民族主义和
进攻性民族主义两种代表类型，分别代表民族主义的两个极端形态。伯林
认为温和的民族主义是文化的而非政治的、具有承认其他民族文化同等自
由权利的多元主义思想，在道德上是有限的、具有某种重叠共识；而进攻
性民族主义则是浪漫主义的产物，不仅有文化的和政治的诉求，还具有价
值超越性观念，是"道德上无限的"、一元论的，充满了暴力、非理性、
挑衅，倾向于"导致残忍和毁灭性的压迫，最终是骇人听闻的种族大屠
杀"。② 此外，伯林提出，除浪漫主义之外，进攻性民族主义还有一个鲜
为人知的理论根源，即康德的理性主义思想：从价值的普遍性到特殊性、
从先验个人到民族集体的自我观念，价值观念和自我概念的转化使康德的
开明理性主义思想结出了浪漫民族主义的恶果——民族有机体论、沙文主
义、神秘主义乃至法西斯主义，无不与之相关。伯林这一独特的观点说
明，一贯被自由主义者视为非理性主义产物的民族主义，在与理性主义结
合之后，再次展现了它的威力，不但扭曲了理性主义的本意，还将理性主
义一元论可能产生的极权和压迫发挥到极致。

第四，针对民族主义的文化自决和政治自治的诉求，伯林认为文化自
决的权利是民族主义的合理要求，它可以促进个人自由和获得幸福的机
会，是值得同情的，自由民主国家应当尽可能地给予满足。而对民族政治
自治的要求，伯林则持保留的态度，因为政治目的极可能与积极自由的极
权主义转向结合起来，以民族权利、民族利益为由侵犯民族成员及其他民
族成员的基本自由权利。但是，由于民族主义的政治目的和文化要求具有
太过强烈的交叉性和相互转化的可能，以至于我们无法把民族的政治目的
和文化要求完全区分开来，事实上，民族主义也无法做到完全的非政治
化。对此，伯林认为，即便我们要认同和赋予民族的政治自治要求，也一

① ［英］以赛亚·伯林：《反潮流：观念史论文集》，冯克利译，译林出版社2002年版，第
411页。

② Berlin, I. , *The Sense of Reality*: *Studies in Ideas and their History*. ed. Henry Hardy, with an introduction by Patrick Gardiner. London: Chatto and Windus, 1996, p.232.

定要将其视为民族实现文化自决的工具，而不能视其为一种独立的价值。

伯林自由多元主义的思想为民族主义在自由民主国家中的存在合理性提供了强有力的证明，构成了不同于18世纪自由主义"一元论"思想中的自由民族主义观。在伯林看来，自由民族主义意味着自由主义和民族主义不存在根本的冲突，是一种民族主义的特殊形式，或者说是自由主义的一种改良形态。自由民族主义决不要求牺牲自由主义者所珍视的自由以及其他个人基本权利，也不会认可民族主义特殊主义的、超越性的价值需求，而是"在巩固民族理想的同时并不无视其他的人类价值观念"①。正是在这个意义上，伯林被视为当之无愧的自由民族主义之父。在某种程度上，伯林的自由民族主义思想是对19世纪的自由主义者，如本杰明·康斯坦丁（Benjamin Constant，1769—1830）、亚历西斯·德·托克维尔（Aleds de Tocqueville，1805—1859）和密尔等人对待民族主义的态度的回归——他们都把民族情感视为自由社会团结的纽带，在共同文化中的成员忠诚有助于维持自由民主的政治秩序，因此自由主义和民族主义不仅是兼容的，还是共生的关系。

与启蒙时代的自由主义者和20世纪其他自由主义者相比，当代的自由多元主义者已经能够把多元民族和民族文化的存在当作构建自由民主国家的基本前提，并参照其多元的诉求来讨论如分配正义、商议性民主、权利和义务、社会责任等自由民主国家构建过程中的各种问题，并以此为指导来完善国家在民族成员身份和公民身份认定、少数民族特殊权利问题、移民问题和国际正义等棘手问题的解决方案。在自由民族主义者看来，在多元文化的现实面前，自由主义者必须是多元的、也必须是自由民族主义的。他们乐观地认为："除了一些世界主义者以及激进的无政府主义者以外，绝大多数的自由主义者都是自由主义的民族主义者。"②

虽然在伯林之后的自由民族主义者提出了许多解决世界民族和民族主义问题的方法——民族文化自治、民族区域自治、推行民族性联邦或邦联制度等，但这些方法的有效性及其利弊尚未通过自由民主国家的推行完全

---

① ［以色列］塔米尔：《自由主义的民族主义》，陶东风译，译林出版社2005年版，第74页。

② 同上书，第142页。

展示出来，仍需要时间和实践的验证。正如伯林所说，民族主义既可能是尊重个人权利、承认自由价值为前提的温和民族主义，也可能随时变身为有害的、极权主义的进攻性民族主义。正因为民族主义瞬息万变，所以即便是自由民族主义者也不能保证自由民族主义的形式就是有百利而无一害的。但我们可以肯定的是，民族主义不会在可预期的未来消失，它仍然是悬而未决的问题。

参考文献

一 英文参考文献：

"Scotland to hold independence poll in 2014 – Salmond". BBC. 10th, Jan. 2012.

Aarsbergen – Ligtvoet, Connie. 2006. *Isaiah Berlin: A Value Pluralist and Humanist View of Human Nature and the Meaning of Life*, Amsterdam/New York: Rodopi.

Acton, Lord. 1922. "Nationalism", in J. Figgis and R. Laurence (eds.) *The History of Freedom and Other Essays.* London: Macmillan: 285 – 290.

Alter, P. 1989. *Nationalism.* London: Edward.

Arnold Zimmern Alfred. 1918. "Nationality and Government". London: Chatoo& Windus. at the *Australian Political Science Association conference*, 2203 (at the University of Tasmania).

B. Williams, 1978. "Introduction of Concepts and Categories", *Concepts and Categories*, London: Hogarth Press: X ⅶ.

Baker, Ernest. 1948. *National Character and the Factors in its Formation.* London: Methuen.

Barry, B, 2002. *Culture and Equality: An Egalitarian Critique of Multiculturalism.* Cambridge: Harvard University Press.

Barry, Brian. 1983. "Self – Government Revisited". in David Miller and Larry Siedentop (eds.) *The Nature of Political Theory.* Oxford: Clarendon Press.

Ben – Artzi, Amir. 2001. *Anthropological Dimensions in Isaiah Berlin's Approach to Ideas* (in Hebrew) MA Thesis, Tel Aviv University.

Bunner, E. 1992. *Marx and Engels on Nationalism and National Identity*: *A Reappraised*. D. Phil. Thesis, University of Oxford.

Bentham, Jeremy. 1843. "Essay on Language", *The Works of Jeremy Bentham*, Vol. 8: 310, Gale.

Bentham, Jeremy. 1843. "Plan of Parliamentary Reform", vol. 3 490; *A Plea for the Constitution*, vol. 4: 260, 280, *The Works of Jeremy Bentham*, vol. 8: 310, Gale.

Berlin, I. 1947. "The Man Who Became a Myth". *Listener* 38: 23 – 25.

Berlin, I. 1951. "Jewish Slavery and Emancipation". *Jewish Chronicle*, 21 (September): 17, 24.

Berlin, I. 1961. "Review of Elie Kedourie, Nationalism". *Oxford Magazine*, New Series 1: 147 – 148.

Berlin, I. 1969. *Four Essays on Liberty*. London and New York: Oxford University Press.

Berlin, I. 1972. "Zonist Politics in Wartime Washington: A Fragment of Personal Reminisscence". *Yaacov Herzog Memorial Lecture*, Hebrew University of Jerusalem 61.

Berlin, I. 1973. "A Nation Among Nations". *Jewish Chronicle*, Color Magzine, 4 (May): 28 – 34.

Berlin, I. 1974. "Go there to Find Your Identity". *Jewish Chronicle* 16 (April), supplement on 50th anniversary of the Friends of the Hebrew University, i – ii.

Berlin, I. 1976. *Vico and Herder: Two Studies in the History of Ideas*. London: Hogarth Press.

Berlin, I. 1978. *Concepts and Categories: Philosophical Essays*, ed. Henry Hardy, with an introduction by Bernard Williams. London: Hogarth Press.

Berlin, I. 1978. *Russian Thinkers*, ed. Henry Hardy and Aileen Kelly, with introduction by Aileen Kelly. London: Hogarth Press.

Berlin, I. 1979. "Einstein and Israel". *New York Review of Books*, 8 (November): 13 – 8.

Berlin, I. 1979. *Against the Current: Essays in the History of Ideas.* ed. and with a bibliography by Henry Hardy, with an introduction by Roger Hausheer. London: Hogarth Press.

Berlin, I. 1980. *Personal Impressions.* ed. Henry Hardy, with an introduction by Noel Annan. London: Hogarth Press.

Berlin, I. 1983. "Giambattista Vico and Cultural History", in Leigh S. Cauman and others (eds.) *How many Questions? Essays in Honor of Sidney Morgenbesser*: 474 – 497.

Berlin, I. 1983. "The Conscience of Israel", Contribute to Yishayahu Leibowitz. *Ha' aretz*, 4 (March): 8.

Berlin, I. 1986. Interview. *Israeli Democracy*: 40 – 43.

Berlin, I. 1988. "Israel Solution" (letter) . *Independent*, 28 (September): 19.

Berlin, I. 1990. *The Crooked Timber of Humanity: Chapters in the History of Ideas.* ed. Henry Hardy. London: John Murray.

Berlin, I. 1996. *The Sense of Reality: Studies in Ideas and their History.* ed. Henry Hardy, with an introduction by Patrick Gardiner. London: Chatto and Windus.

Berlin, I. 1999. *The Roots of Romanticism.* ed. Henry Hardy, with an introduction by Henry Hardy. London: Curtis Brown.

Berlin, I. 2001. "The Origins of Israel" in I. Berlin, *The Power of Ideas.* H. Hardy (ed.), London: Pimlico: 143 – 161.

Berlin, Isaiah. 1955 – 1956. "Equality", Proceedings of the Aristotelian SocietyLVI, pp. 301 – 326 (http: //plato. stanford. edu/entries/equality/) .

Berlin. I. 2010. "Nationalism: the Melting – Pot Myth: an Interview with Bryan Magee", http: //berlin. wolf. ox. ac. uk/ (March 5) .

Berlin. I. , 1980. "Chaim Weizmann", in *Personal Impression*, London, Hogarth Press.

Bernard Williams. 1994. "Pluralism and Liberalism: A Reply to George Crowder, 'Pluralism and Liberalism' " . *Political Studies*, 42: 306 – 309.

Binnie, Jean, "Night Visit", radio play first broadcast 27 June 2000 by

BBC Radio 4.

Birch, A. H. 1989. "Another Liberal Theory of Secession", *Political Studies*, 32 (1984): 596 – 602.

Blattberg, Charles. 1997. *Putting Practices First : From Pluralist to Patriotic Politics* , D. Phil. thesis, Oxford University,

Boxill, J. B. 1981. *Positive and Negative Freedom in Classical and Radical Liberalism*, D. Phil. thesis, University of California, Los Angeles.

Brown, D. 1999. "Are there Good and Bad Nationalism" . *Nations and Nationalism* 5 (2) . (pp. 281 – 302) . London: ASEN: 286.

Brubaker, R. 1992. *Citizenship and Nationhood in France and Germany* . Cambridge, Mass. : Harvard University Press.

Burke, E. 1967. *Reflections on the Revolution in France.* London: Dent: 193.

Burtonwood, Neil. 2006: *Cultural Diversity, Liberal Pluralism, and Schools: Isaiah Berlin and Education*, London: Routledge.

Cairns. Alan. 1993. "The Fragmentation of Canadian Citizenship", in William Kaplan (ed.), *Belonging : The Meaning and Future of Canadian Citizenship* , Montreal : McGill – Queen's Press, 181 – 220.

Cairns. Alan. 1994. "The Charlottetown Accord: Multinational Canada vs Federalism", in C. Cook (ed.), *Constitutional Predicament: Canada after the Referendum of* 1992 , Montreal : McGill – Queen's Press, 25 – 63.

Chappel, James. 2005. *Dignity is Everything: Isaiah Berlin and his Jewish Identity*, Haverford College Senior Thesis.

Cherniss, Joshua. 2009. *A Mind and its Time: The Development of Isaiah Berlin's Political Thought* 1928 – 1953, D. Phil. thesis, University of Oxford.

Chritofferson. Carla. 1991. "Tribal Courts Failure to Protect Native American Women: A Reappraisal of the Indiana Civil Rights Act" . *Yale Law Journal*, 101/1: 169 – 185.

Cleemput, Geert Van. 1995. "Clarifying Nationalism, Chauvinism, and Ethnic Imperialism", *International Journal on World Peace* 12 No 1 (March), 59 –97.

Cobban, A. 1969. *The Nations States and National Self – Determination.* London: Collins.

Cohen, G. A. 1986. "Self – Ownership, World – Ownership and Equality: Part Ⅱ". *Social Philosophy and Policy* 3: 77 – 96.

Coles, Norman. 2004. *Human Nature and Human Values: Interpreting Isaiah Berlin* Bexhill on Sea: Egerton House.

Connor, Walker. 1972. "Nation – Building or Nation – Destroying", *World Politics*, 24 (319 – 345): 350 – 351.

Crowder, George. 2008. "Berlin, Value Pluralism and the Common Good", *Philosophy and Social Criticism* 34 No 8 (October), 925 – 939.

Crowder, George. 1998. "From Value Pluralism to Liberalism", *Critical Review of International Social and Political Philosophy* 1 No 3.

Crowder, George. 2003. "Hedgehog and Fox", review article covering *FL*, *POI*, *FIB*, *TCE* and *The Legacy of Isaiah Berlin* , *Australian Journal of Political Science* 38 No 2 (July), 333 – 377.

Crowder, George, and Henry Hardy (eds) . 2007. *The One and the Many: Reading Isaiah Berlin* . Amherst, NY: Prometheus.

Crowder, George. 2004. *Isaiah Berlin: Liberty and Pluralism*, Cambridge: Polity [Key Contemporary Thinkers series] .

Crowder, George. 2007. "Berlin, Isaiah", in Duncan Brack and Ed Randall (eds), *Dictionary of Liberal Thought* . London: Politico's.

Crowder, George. 2007. "Two Concepts of Liberal Pluralism", *Political Theory* 35 No 2 (April), 121 – 146.

Curtis, Jenefer A. 1987. *Reconsidering Positive and Negative Liberty*, MA thesis, University of Western Ontario.

Dénes, Iván Zoltán (ed.) . 2006. *Liberty and the Search for Identity: Liberal Nationalisms and the Legacy of Empires* . Budapest/New York: Central European University Press.

Dewiel, Boris Cedric. 1998. *Democracy As Diversity: Civil Society, Pluralism and the Limits of the State*, Ph. D. thesis, University of Calgary.

Drolet, Michael. 1990. *Discourse and Liberty: Tocqueville and the Post –*

Revolutionary Debat, Ph. D. thesis, University of Kent.

Dubnov, Arie M. 2010 . "Anti – Cosmopolitan Liberalism: Isaiah Berlin, Jacob Talmon and the Dilemma of National Identity", *Nations and Nationalism* 16 No 4 (October), 559 –578.

Dubnov, Arie. 2007. "The Giant Shadow of Isaiah Berlin and Jacob Talmon – A Unique Kind of Intellectual Friendship: On Nationalism, Democracy, Liberalism and Freedom" (in Hebrew), *Kivunim hadashim* [*New Directions*, published by the World Zionist Organization], vol. 15 (January), 123 – 146.

Dubnov, Arie, "A Tale of Trees and Crooked Timbers: Jacob Talmon and Isaiah Berlin on the Question of Jewish Nationalism", in Arie Dubnov (ed.), *Jacob Talmon and Totalitarianism Today: Legacy and Revision* [*History of European Ideas* 34 No 2], 220 – 238.

Dubnov, Arie. 2007. "Between Liberalism and Jewish Nationalism: Young Isaiah Berlin on the Road towards Diaspora Zionism", *Modern Intellectual History* 4 No 2: 303 – 326.

Dworkin, R. 1985. *A Matter of Principle*. Cambridge, MA: Harvard University Press.

Dworkin, Ronard. 1981. "What is Equality? Part II : Equality of Resources", *Philosophy and Public Affairs*, 10/4: 283 – 345.

E. Renan. 1939. "What is a Nation", in A. Zimmern (ed.), *Modern Political Doctrine*, London: Oxford University Press: 190.

Ergang. R. Reinhold, 1966. *Herder and Foundations of German Nationalism*, Octagon Books.

F. A. Hayek. 1976. Law, Legislation andLiberty, 2. The Mirage of Social Justice, London: Routledge and KeganPaul, ch. 11; 1978. "The Atavism of Social Justice", in *New Studies in Philosophy, Politics, Economics and the History of Ideas*, London.

Ferrell, Jason, *Isaiah Berlin and the Politics of Pluralism*, Ph. D. thesis, McGill University, 2002.

Galipeau, C. J. , *Isaiah Berlin's Liberalism : An Exposition and Defense* ,

Ph. D. thesis, University of Toronto, 1990.

Galston. William. 1991. *Liberal Purposes*: *Goods*, *Virtues*, *and Duties in the Liberal State*. Cambridge: Cambridge University Press.

Gardels, N. 1991. "Two Concepts of Nationalism: an Interview with Isaiah Berlin", *New York Review of Books*, November 21, pp. 19 – 23.

Glazer, Nathan. 1983. *Ethnic Dilemmas*: 1964 – 1982. Harvard University Press, Cambridge, Mass.

Goldstein, Evan, "Sir Isaiah's Modest Zionism", *Haaretz*, 7 June 2009.

Gray, John. 2000. "Pluralism and Toleration in Contemporary Political Philosophy", *Political Studies*48: 323 -333.

Gray, John. 1986. *Liberalism* . Milton Keynes , England: Open University Press.

Gray, John. 1995. *Isaiah Berlin* . London: Harper Collins.

Gray, John. 2000. *Two Faces of Liberalism*. Cambridge: Polity.

Green. T. H. 1941. *Lectures on the Principles of Political Obligation*. London: Longman's, Green, &Co. : 130 – 131.

H. Dukas and B. Hoffman. 1979. *Albert Einstein*: *The Human Side*, Princeton: Princeton University Press.

Habermas, Jügen. 1995. "Commentary on Rawls", *The Journal of Philosophy*, Vol XC Ⅱ , No. 3, March.

Hampshire, S. 1991. "Nationalism" in E. and A Margalit (eds), *Isaiah Berlin*: *A Celebration*. London: Hogarth Press.

Hannum, H. 1990. *Autonomy*, *Sovereignty and Self – Determination*: *The Accommodation of Conflicting Rights*, Philadelphia: University of Pennsylvania Press.

Hardy, Henry (ed.) . 2009. *The Book of Isaiah*: *Personal Impressions of Isaiah Berlin* Oxford: The Boydell Press in association with Wolfson College.

Hardy, Henry, Kei Hiruta and Jennifer Holmes (eds), 2009. *Isaiah Berlin and Wolfson . College*, with a foreword by Hermione Lee. Oxford: Wolfson College.

Henry Hardy and Roger Hausheer ed. *The Proper Study of Mankind* : *An*

Anthology of Essays, with a foreword by Noel Annan and an introduction by Roger Hausheer. London: Chatto and Windus.

Herder, J. 1967, "Another educational philosophy of history of mankind", *Herder Complete Works*. Hildesheim: Georg Ooms Press.

Hurka, Thomas. 1997. "The Justification of National Partiality". In Robert McKim and Jeff McMahan, eds., *The Morality of Nationalism*. New York: Oxford University Press.

Ignatieff, Michael. 1998. *Isaiah Berlin: A Life*. London: Chatto and Windus.

James Chappel. 2005. *Dignity is Everything: Isaiah Berlin and His Jewish Identity* [D]. Pennsylvania: Haverford College.

Jinkins, Michael. 2004. *Christianity, Tolerance and Pluralism: A Theological Engagement with Isaiah Berlin's Social Theory*. London/New York: Routledge.

Judt, Tony. 1994. "The New Old Nationalism", *New York Review of Books*, 26 May, 44 - 51: discussion of books by Yael Tamir and Michael Ignatieff.

Kocis, Robert. 1989. *A Critical Appraisal of Sir Isaiah Berlin's Political Philosophy*. Lewiston, NY, etc. : Edwin Mellen Press.

Kohn Hans. 1949. "Arndt and the Character of German Nationalism", *American Historical Review*, 54.

Kohn, Hans. 1944. *The Idea of Nationalism*, New York: Macmillan.

Kohn, Hans. 1962. *The Age of Nationalism: The First Era of Global History*. Califorlia University.

Kristeva, Julia. 1993. *Nations without Nationalism*, New Yord: Columbia University Press.

Kukathas, C. 1993. "The Idea of a Multicultural Society" and "Multiculturalism and the Idea of an Australian Identity", in Chandran Kukathas (ed.), *Multicultural Citizens: The Philosophy and Politics of Identity* (Centre for Independent Studies, St Leonard's), 19 - 30, 145 - 147: 156.

Kymlicka, Will. 2001. *Politics in the Vernacular*. New York: Oxford University Press.

Kymlicka, Will. 2002. *Contemporary Political Philosophy*. New York: Oxford University Press.

Kymlicka, Will. 1989. *Liberalism, Communty and Culture*. New York: Oxford University Press.

Kymlicka, Will. 1995. *Multicultural Citizenship: A Liberal Theory of Minority Rights*. New York: Oxford University Press.

Levy, Jacob T. 2000. "Isaiah Berlin", in *The Encyclopedia of Nationalism*. New York: Academic Press.

Levy, Jacob T. 2000. *The Multiculturalism of Fear*. New York: Oxford University Press.

Lijphart, A. 1977. *Democracy in Plural Societies*. New Haven: Cambridge University Press.

Lilla, Mark, Ronald Dworkin and Robert B. Silvers (eds). 2001. *The Legacy of Isaiah Berlin*. New York: New York Review of Books. Llosa, Mario Vargas. 1992. "Nationalism and Utopia", in *Touchstones: Essays on Literature, Art and Politics*, trans. and ed. John King (Lond on, 2007: Faber), 219 – 224.

MacCormick, N. 1981. *Legal Right and Social Democracy*. Oxford: Clarendon Press.

MacCormick, Neil. 1982. "Nation and Nationalism." in N. MacCormick, *Legal Right and Social Democracy*. Oxford: Clarendon Press.

Mali, Joseph, and Wokler, Robert (eds). 2003. *Isaiah Berlin's Counter – Enlightenment*. Philadelphia: American Philosophical Society.

Margalit and Raz. 1990. "National Self – Determination". *Journal of Philosophy*, 87 (9): 439 – 461.

Margalit, Avishai & Joseph Raz. 1995. "National Self – Determination." in *The Rights of Minority Cultures*, (ed.) by Will Kymlicka. Oxford: Oxford University Press.

Margalit, Avishai, and others. 1990. *On the Thought of Isaiah Berlin: Papers Presented in Honour of Professor Sir Isaiah Berlin on the Occasion of his Eightieth Birthday* (Jerusalem: Israel Academy of Sciences and Humanities);

also published in Hebrew as *Iyunim be - haguto shel Yeshayahu Berlin*.

Margalit, Avishai. 1997. "The Moral Psychology of Nationalism", in Robert McKim and Jeff McMahan (eds), *The Morality of Nationalism*. New York and Oxford: Oxford University Press.

Margalit, Avishai. 2010. "Home and Homeland: Isaiah Berlin's Zionism", *Dissent* 57 No 3 (Summer), 66 -72.

Margalit, Edna and Avishai (eds). 1991. *Isaiah Berlin: A Celebration*. London: Hogarth Press.

McMahan, Jeff. 1997. "The Limits of National Partiality". In Robert McKim and Jeff McMahan (eds.) *The Morality of Nationalism*. New York: Oxford University Press.

Meinecke, F. 1972. *Historicism: The Rise of a New Historical Outlook*. 1st edn 1959. London: Routledge and Kegan Paul.

Mendus, S, 1989. *Toleration and the Limits of Liberalism*. London: Macmillan.

Mill, J. S. 1972. *Utilitarianism; On Liberty; Representative Government*. H. B. Acton (ed.), London: Dent: 363 - 364.

Mill, J.S. 1972. "Considerations on Representative Government", in *Utilitarianism, Liberty, Representative Government*, ed. H. Acton. London: J. M. Dent.

Miller, David. 1989. *Market, State and Community: The Foundations of Market Socialism*. Oxford: Oxford University Press.

Miller, Davie. 2005. "Crooked Timber of Bent Twig? Isaiah Berlin's Nationalism". *Political Studies*. VOL 53: 100 - 123.

Modood, Tariq. 1994. "Establishment, Multiculturalism, and British Citizenship", *Political Quarterly*, 65/1: 87 -91; 97 -99.

Moss. W. 1990. "Indigenous Self - Government and Sexual Equality under the Indian Act: Resolving Conflicts between Collective and Individual Rights", *Queen's Law Journal*, 15/2: 279 -305.

Nussbaum, M. 1992. *Love's Knowledge: Essays on Philosophy and Literature*. Oxford: Oxford University Press.

Patten, Alan. 2010. "The Most Natural State: Herder and Nationalism", *History of Political Thought* 31 No 4: 657 – 689.

Peterson, W. 1975. "On the Subnations of Europe", in N. Glazer and D. Moynihan (eds.), *Ethnicity: Theory and Experience* Cambridge, Mass.: Harvard University Press: 117 – 208.

Plaw, Avery. 2002. *Isaiah Berlin's Pluralist Thought and Liberalism*, Ph. D. thesis, McGill University.

Pogge, T. 1988. "Rawls and Global Justice". *Canadian Journal of Philosophy* 18: 227 – 255.

Rawls, J. 1972. *A Theory of Justice.* Oxford: Oxford University Press.

Rawls, J. 1989. "The Domain of the Political and Ideas of the Good", *Philosophy and Public Affairs*, 17/4, 233 – 255.

Rawls, J. 1993. *Political Liberalism.* New York: Columbia University Press.

Raz, J. 1986. *The Morality of Freedom.* Oxford: Clarendon Press.

Resnik, Judith. 1989. *Dependent Sovereigns: Indian Tribes, States, and the Federal Courts*, University of Chicago Law Review, 56, 671 – 759.

Ryan, Alan (ed.). 1979. *The Idea of Freedom: Essays in Honour of Isaiah Berlin*. Oxford: Oxford University Press.

Seglow, Jonathan. 1998. "Universal and Particulars: the Case of Liberal Cultural Nationalism". *Political Studies.* ⅩⅥ, 963 – 977.

Semko, Jesse Joseph Paul. 2004. *Isaiah Berlin and Charles Taylor on Johann Gottfried Herder: A Comparative Study*, MA thesis, Department of Political Studies, University of Saskatchewan, Saskatoon.

Seton – Watson, H. 1977. *Nations and States.* London: Methuen.

Silone, I. 1939. *The Living Thoughts of Mazzini.* London: Cassell.

Smith, Anthony. 1993. "A Europe of Nations—or the Nation of Europe?", *Journal of Peace Research*, 30/2: 129 – 135: 131.

Smith. A. D. 1983. *Theories of Nationalism.* London: Duckworth.

Spencer, Vicki Ann. 1995. *Herder, Culture and Community: The Political Implications of an Expressivist Theory of Language*, D. Phil. thesis, Oxford University.

Stuart Hampshire. 1991. "Nationalism", in *Isaiah Berlin: A Celebration*, Chicago: University of Chicago Press.

Tamir, Y. 1995. *Liberal Nationalism*. Princeton University Press.

Tamir, Yael. 1993. "A Strange Alliance: Isaiah Berlin and the Liberalism of the Fringes", *Ethical Theory and Moral Practice* 1 No 2 [Will Kymlicka (ed.), *Nationalism, Multiculturalism and Liberal Democracy*], 279 - 289.

Tamir, Yael. 1995. *Liberal Nationalism*. Princeton University Press.

Taylor, C, 1979, "What's Wrong with Negative Liberty", in A. Ryan (ed.), *The Idea of Freedom*, Oxford: Oxford University.

Taylor, C. 1997. "Nationalism and Modernity". In M. a. McKim, *The Morality of Nationalism* (pp. 31 – 55) . New York: Oxford University Press.

Treitschek, H. 1977. "Politics. " in M. Zliger, ed. , *A Reader in Political Philosophy*. Jerusalem: Hebrew University.

Waldron, J. , 1987. "Can Communal Goods be Human Rights", a paper delivered at a conference on *Development , Environment , and Peace as Human Rights* , Oxford.

Walzer, M. 1990. "What Does it Mean to Be an American?" , *Social Research*, 57.

Walzer, M. 1992. Comment, in Amy Gutmann (ed.) *Multiculturalism and the " Politics of Recognition "*, Princeton : Princeton University Press, 100 – 101.

Walzer, Michael. 1977. *Just and Unjust Wars*. New York: Basic Books.

Walzer, Michael. 1980. "The Moral Standing of States", *Philosophy and Public Affairs* , 9/2: 209 – 229.

Worms, Fred S. 1999. "Zionism and Sir Isaiah Berlin", *Ariel* (Jerusalem) 110 (May) , 47 - 54.

Zernatto, Guido. 1944. "Nation: The History of a Word", *Review of Politics*, 6: 351 – 366.

二　中文参考文献:

C. W. 沃特森:《多元文化主义》,叶兴艺译,长春:吉林人民出版社 2005 年版。

埃里克·霍布斯鲍姆:《民族与民族主义》,李金梅译,上海:上海人民出版社 2000 年版。

爱德华·莫迪默等主编:《人民·民族·国家——族性与民族主义的含义》,刘泓等译. 北京:中央民族大学出版社 2009 年版。

安东尼·吉登斯:《民族—国家与暴力》,胡宗泽等译,北京:三联书店 1988 年版。

安东尼·史密斯:《民族主义:理论、意识形态、历史》,叶江译,上海:上海人民出版社 2006 年版。

邦雅曼·贡斯当:《古代人的自由与现代人的自由:贡斯当政治论文选》,阎克文等译,上海:上海人民出版社 2005 年版。

本尼迪克特·安德森:《想象的共同体:民族主义的起源与散布》,吴叡人译,上海:上海人民出版社 2000 年版。

边沁:《道德与立法原理导论》,时殷弘译,北京:商务印书馆 2000 年版。

查尔斯·泰勒:《黑格尔》,张国清等译,南京:译林出版社 2002 年版。

查尔斯·泰勒:《自我的根源》,韩震等译,南京:译林出版社 2008 年版。

达巍、王深、宋念申编:《消极自由有什么错》,北京:文化艺术出版社 2001 年版。

戴维·米勒:《论民族性》,刘曙辉译,南京:译林出版社 2010 年版。

杜赞奇:《从民族国家拯救历史:民族主义话语与中国现代研究》,王宪明等译,北京:社会科学文献出版社 2003 年版。

厄内斯特·盖尔纳:《民族与民族主义》,韩红译,北京:中央编译出版社 2002 年版。

弗朗索瓦·傅勒:《思考法国大革命》,孟明译,北京:三联书店 2005 年版。

甘阳：《伯林与后自由主义》，《读书》，1998（4）。

甘阳：《反民主的自由主义还是民主的自由主义》，《21世纪》，1997（2）。

甘阳：《将错就错》，北京：生活·读书·新知三联书店2002年版。

甘阳：《自由的敌人——真善美统一说》，《读书》，1989（6）。

甘阳：《自由主义：贵族的还是平民的》，《读书》，1999（1）。

顾肃：《自由主义基本理念》，北京：中央编译出版社2005年版。

顾昕：《伯林与自由民族主义思想》，《公共论丛》第五辑《直接民主与间接民主》，北京：生活·读书·新知三联书店1998年版。

海斯：《现代民族主义演进史》，帕米尔等译，上海：华东师范大学出版社2011年版。

郝立新、伊赛尔：《伯林与当代西方政治哲学》，《哲学动态》，1998（1）。

胡传胜：《观念的力量：与伯林对话》，成都：四川人民出版社2002年版。

胡传胜：《自由的幻像——伯林思想研究》，南京：南京大学出版社2001年版。

霍布斯：《利维坦》，黎思复等译，北京：商务印书馆1986年版。

蒋柳萍、王邦佐：《多元论与自由：伯林反启蒙的自由主义思想研究》，《江西社会科学》，2006（1）。

拉明·贾汉贝格鲁：《伯林谈话录》，杨祯钦译，南京：译林出版社2002年版。

拉齐恩·萨利等：《哈耶克与古典自由主义》，秋风译，贵阳：贵州人民出版社2003年版。

乐山主编：《潜流：对狭隘民族主义的批判与反思》，上海：华东师范大学出版社2004年版。

雷蒙·威廉斯：《关键词——文化与社会的词汇》，刘建基译，北京：生活·读书·新知三联书店2005年版。

李育红：《伯林浪漫主义研究述评》，《三峡大学学报》（人文社会科学版），2006（1）。

里亚·格林菲尔德：《民族主义：走向现代的五条道路》，上海：上海三联书店 2010 年版。

列奥·施特劳斯、约瑟夫·克罗波西主编：《政治哲学史》（上下卷），李天然等译，石家庄：河北人民出版社 1993 年版。

刘擎：《面对多元价值冲突的困境——伯林论题的再考察》，《华东师范大学学报》（哲学社会科学版），2005（6）。

刘擎：《悬而未决的时刻——现代性论域中的西方思想》，北京：新星出版社 2006 年版。

刘擎：《自由主义与民族主义》，《世界经济与政治论坛》，2005（6）。

刘旭：《伯林谈多元与自由的差别》，《天涯》，1999（1）。

刘训练编：《后伯林的自由观》，南京：江苏人民出版社 2007 年版。

陆建德：《思想背后的利益——文化政治评论集》，南宁：广西师范大学出版社 2005 年版。

陆月宏：《有问题意识的自由主义研究——评〈自由的幻像——伯林思想研究〉》，江海学刊，2004（2）。

罗尔斯：《正义论》，何怀宏等译，北京：中国社会科学出版社 2009 年版。

罗尔斯：《作为公平的正义：正义新论》，姚大志译，上海：三联出版社 2002 年版。

罗杰·斯克拉顿：《保守主义的含义》，王皖强译，北京：中央编译出版社 2005 年版。

马德普：《价值多元论与普遍主义的困境——伯林的自由思想对自由主义政治哲学的挑战》，《天津师范大学学报》（社会科学版），2001（6）。

马德普：《普遍主义的贫困》，天津：天津师范大学 2002 年版。

马克·里拉等编：《以赛亚·伯林的遗产》，刘擎等译，北京：新星出版社 2006 年版。

迈克尔·H. 莱斯诺夫：《二十世纪的政治哲学家》，冯克利译，北京：商务印书馆 2001 年版。

迈克尔·沃尔泽：《论宽容》，袁建华译，上海：上海人民出版社 2000 年版。

迈克尔·沃尔泽：《正义诸领域：为多元主义与平等一辩》，褚松燕译，南京：译林出版社 2009 年版。

南茜·弗雷泽，阿克塞尔·霍耐特：《再分配，还是承认?》，周穗明译，上海：上海人民出版社 2009 年版。

欧阳康主编：《当代英美著名哲学家学术自述》，北京：人民出版社 2005 年版。

钱永祥：《纪念伯林之死》，《二十一世纪》，1997（12）。

钱永祥：《我总是生活在表层上：谈思想家伯林》，《读书》，1999（4）。

钱永祥：《纵欲与虚无之上——现代情境里的政治伦理》，北京：三联书店 2002 年版。

乔治·克劳德：《自由主义与价值多元论》，应奇等译．南京：江苏人民出版社 2006 年版。

斯蒂芬·马塞多：《自由主义美德》，马万利译，南京：译林出版社 2010 年版。

塔米尔:《自由主义的民族主义》，陶东风译，南京：译林出版社 2005 年版。

王联主编：《世界民族主义论》，北京：北京大学出版社 1995 年版。

威尔·金里卡：《多元文化公民权：一种有关少数族群权利的自由主义理论》，杨立峰译，上海：上海译文出版社 2009 年版。

威尔·金里卡:《少数的权利：民族主义、多元文化主义和公民》，邓红风译，上海：上海译文出版社 2005 年版。

威尔·金里卡：《自由主义、社群与文化》，应奇、葛水林译，上海：上海译文出版社 2005 年版。

威廉·A. 盖尔斯敦:《自由多元主义的实践》，佟德志等译，南京：江苏人民出版社 2010 年版。

威廉·A. 盖尔斯敦:《自由多元主义——政治理论与实践中的价值多元主义》，佟德志等译，南京：江苏人民出版社 2005 年版。

魏光明：《民族主义与当代国际政治》，《国际政治》，1997（12）。

西奥多·A. 哥伦比斯等:《权力与正义》，北京：华夏出版社 1990 年版。

休·希顿－沃森：《民族与国家——对民族起源于民族主义政治的探讨》，吴洪英等译，北京：中央民族大学出版社 2009 年版。

徐迅:《民族主义》(修订版),北京:中国社会科学出版社 2005 年版。

颜伯儒:《以撒·柏林(Isaiah Berlin,1909—1997)——反潮流的自由主义者》,台北:天主教辅仁大学 1993 年版。

耶尔·塔米尔:《自由主义的民族主义》,陶东风译,上海:上海译文出版社 2005 年版。

伊格纳季耶夫:《伯林传》,罗妍莉译,南京:译林出版社 2001 年版。

以赛亚·伯林:《俄国思想家》,彭淮栋译,南京:译林出版社 2001 年版。

以赛亚·伯林:《反潮流:观念史论文集》,冯克利译,南京:译林出版社 2002 年版。

以赛亚·伯林:《浪漫主义的根源》,亨利·哈代编,吕梁等译,南京:译林出版社 2011 年版。

以赛亚·伯林:《论民族主义》,秋风译,《战略与管理》,2001(4)。

以赛亚·伯林:《扭曲的人性之材》,岳秀坤译,南京:译林出版社 2009 年版。

以赛亚·伯林:《启蒙的时代:十八世纪哲学家》,孙尚扬、杨深译,南京:译林出版社 2005 年版。

以赛亚·伯林:《苏联的心灵》,潘永强、刘北成译,南京:译林出版社 2010 年版。

以赛亚·伯林:《苏珊桑·格塔,一个战时的审美主义者——〈纽约书评〉论文选》,高宏译,北京:新世界出版社 2004 年版。

以赛亚·伯林:《我的思想之路》,秋风译,[2014 - 03 - 11] http://liberal. 126. com。

以赛亚·伯林:《现实感:观念及其历史研究》,潘荣荣、林茂译,南京:译林出版社 2004 年版。

以赛亚·伯林:《自由及其背叛:人类自由的六个敌人》,赵国新译,南京:译林出版社 2005 年版。

以赛亚·伯林:《自由论〈自由四论〉》(扩充版),胡传胜译,南京:译林出版社 2003 年版。

以赛亚·伯林:《自由四论》,台北:台湾联经出版公司 1988 年版。

应奇、刘训练编:《第三种自由》,北京:东方出版社 2006 年版。

约翰·格雷:《伯林》，马俊峰等译，北京：昆仑出版社 1999 年版。

约翰·格雷:《自由主义》，曹海军等译，长春：吉林人民出版社 2005 年版。

约翰·格雷:《自由主义的两张面孔》，顾爱彬、李瑞华译，南京：江苏人民出版社 2002 年版。

约翰·凯克斯:《反对自由主义》，应奇译，南京：江苏人民出版社 2005 年版。

约翰·密尔:《论自由》，程崇华译，北京：商务印书馆 1959 年版。

约翰·密勒:《功利主义》，徐大建译，上海：上海世纪出版集团 2008 年版。

约瑟夫·拉兹:《自由的道德》，孙春晓等译，长春：吉林人民出版社 2006 年版。

翟学伟等编译:《全球化与民族认同》，南京：南京大学出版社 2009 年版。

詹姆斯·博曼:《公共协商：多元主义、复杂性与民族》，黄相怀译，北京：中央编译出版社 2006 年版。

张国清:《如何挽救"他者事业"——福柯和伯林非理性哲学批判》，《复旦学报》（社会科学版），2004（4）。

张国清:《以赛亚·伯林自由主义宪政思想批判》，《江苏行政学院学报》，2005（1）。

张国清:《在善与善之间：伯林的价值多元论难题及其批判》，《哲学研究》，2004（7）。

张汝伦:《柏林和乌托邦》，《读书》，1999（7）。

张文喜:《自我的幻像——对伯林的两种自由概念的批评》，《东南学术》，2002（3）。

张文显:《二十世纪法哲学思潮研究》，北京：法律出版社 1998 年版。

张旭春:《政治的审美化与审美的政治化——现代性视野中的中英浪漫主义思潮》，北京：人民出版社 2004 年版。

资中筠等:《万象译事》（卷一），沈阳：辽宁教育出版社 1998 年版。

后 记

　　我对以赛亚·伯林思想的关注，最早始于 2003 年。一次偶然的阅读，使我沉醉于伯林的文字。在自由主义的众多流派中，伯林以狐狸自喻的"多元论"改变了自由主义"一元论"的命运，使现代自由主义实现了多元论的转向。也正因为此，伯林以"两种自由概念"为代表的自由多元主义思想颇具争议，引人论争不止。在对伯林各个时期作品的反复阅读中，我不仅逐渐明了他的自由多元主义思想，还发现了贯穿其思想的另一条主线，那就是对民族主义始终保持关注的热情。

　　作为一名幼年就移民英国的俄国里加犹太人，伯林坚持认为自己的一生贯穿了三条主线，即作为俄国人的、英国人的和犹太人的三重身份认同，三者共同影响着他的认知成长、思维方式和研究内容。虽然无论是作为俄国人、英国人还是犹太人，伯林都得到了所在群体的积极承认，被视为群体的骄傲，这让伯林的一生显得在任何情况下都如鱼得水，仿佛不存在身份认同的缺失或错位；然而，犹太人身份的独特性、犹太人长期以来遭受的不平等待遇以及犹太民族持久而无尽的苦难却牵动着伯林的思考。尽管很少公开显露出典型的、面具化的犹太人特质，伯林也毫不隐晦自己作为犹太人的身份，而且在政治生活中公开支持犹太复国主义运动（Zionism，又译锡安主义）。在犹太复国主义运动中，伯林与犹太复国主义运动家、以色列第一任总统哈伊姆·魏茨曼（Chaim Weizmann，1874—1952）建立了深厚的友情，并对魏茨曼的政治思想产生了重要影响。伯林利用自己在英美世界的巨大影响力，为以色列的建国作出了不可估量的贡献。直至生命的最后时刻，伯林依然写信给阿维赛·玛格利特（Avishai Margalit），专门表明了他针对以色列问题的民族主义观点。

　　尽管伯林直至临终依然坚持犹太人建国的基本权利，但这并不意味着伯林在人生的最后时刻成为了他一直反对的民族主义者。恰好相反，伯林在论述民族主义时，时刻保持着一名自由主义学者的理性。伯林在分析民族主义一般特征的基础上，将民族主义区分为进攻性民族主义和温和的民族主义两大类型。他认为，进攻性民族主义不仅造成一元的强制，更是违背了自由多元主义关于消极自由的基本理念；而温和的民族主义诉求在某种程度上符合人性的需要，也是实现和促进个人自由的必要元素。伯林不仅对进攻性民族主义保持高度警惕，而且在同情温和的民族主义的同时，也清醒地意识到温和的民族主义有随时向进攻性民族主义转化的可能。伯林认为，民族主义的政治自治最终只是一种工具价值，无论其程序是多么民主，如果非要通过政治决策来设定文化的优先性，就是过于机械化地处理文化本身了。与其他价值相比，自决的意义在于它能够创造一个良好的环境，使个人自由发展，并能避免被其他无法共享或理解自己文化和价值的人控制自己而产生不适感。由此我们可以看出，伯林的民族主义思想始终是由他的自由多元主义思想决定和限制的。

伯林的自由民族主义思想，开辟了自由主义重新认识、鉴别民族主义的新路径，也为自由主义与民族主义在新的时代背景下的结合与共存提供了可能。在当前世界各国家、地区的民族主义运动形式多元化、民族主义运动诉求复杂化、民族分离主义运动民主化等新的情况面前，伯林的自由民族主义思想为我们处理好自由、民主的多民族国家内部的民族主义问题，维护不同民族国家间和平提出了一种新的思路。

本书得以与读者见面，我最感谢的是我的博士导师、南京大学顾肃教授。是他指导我在读博期间完成了对伯林自由民族主义思想较为系统的研究，并多次鼓励我将研究的最终成果付梓，让我有勇气将拙作以飨读者。我还要感谢此书的责任编辑冯春凤老师，她为本书的出版作了大量的文字工作，使其尽可能完美地呈现。我还要感谢我的父亲张克平先生、母亲顾福珍女士，以及我的丈夫喻涛先生，在此书的修改过程中，他们一如既往地支持我完成我钟爱的研究。最后，感谢所有在我学习、研究和撰稿过程中给予我各种帮助的朋友们，在此不能一一提名，一并表示感谢！

张圆

2016 年 1 月 17 日于瓦窑坝